Média, Informação e Democracia

Média, Informação e Democracia

J.-M. Nobre-Correia
Professor emérito de Informação e Comunicação
na Université Libre de Bruxelles

ALMEDINA

MÉDIA, INFORMAÇÃO E DEMOCRACIA

AUTOR
J.-M. Nobre-Correia

EDITOR
EDIÇÕES ALMEDINA, S.A.
Rua Fernandes Tomás, 76-80
3000-167 Coimbra
Tel.: 239 851 904 · Fax: 239 851 901
www.almedina.net · editora@almedina.net

REVISÃO
Inês Guerreiro

DESIGN DE CAPA
Edições Almedina S.A.

PAGINAÇÃO
João Félix – Artes Gráficas

IMPRESSÃO E ACABAMENTO
ACD Print, S.A.

1.ª edição: fevereiro, 2019

DEPÓSITO LEGAL
451600/19

ALMEDINA | GRUPOALMEDINA

BIBLIOTECA NACIONAL DE PORTUGAL – CATALOGAÇÃO NA PUBLICAÇÃO
CORREIA, J. M. Nobre

Média, informação e democracia
ISBN 978-972-40-7790-1

CDU 316

Para a Anabela,
companheira destes dias,
razão maior
de um regresso...

Jules: [...] Tu as un titre?
Périgord: «La guerre s'éloigne.»
Jules: Non, mes enfants, non. Qu'elle s'éloigne tant qu'elle veut, la guerre.
Mais pas à la Une. À la Une, les guerres se rapprochent [...].
Jean-Paul Sartre, *Nekrassov*

L'industria della notizia ha bisogno di gesti eccezionali e il pubblicizza,
e i produttori di gesti eccezionali hanno bisogno dell'industria della notizia
che dia senso allo loro azione.
Umberto Eco, *Prima Comunicazione*

ÍNDICE

PREFÁCIO

A paisagem mediática europeia não era então exatamente um longo rio tranquilo. Até porque, desde os começos do século XIX, as inovações foram-se sucedendo no sector da imprensa e, depois, já no século XX, na rádio e, mais tarde ainda, na televisão. Mas a partir dos anos 1960-70, as inovações tecnológicas foram numerosas e sucederam-se a uma velocidade vertiginosa, provocando aquilo a que alguns ousaram chamar «a revolução dos média». Enquanto os discursos económicos e políticos dominantes evoluíram, eles também, por vezes, de maneira bastante radical. O que teve evidentemente repercussões no campo mediático, na arquitetura das estruturas socioeconómicas e nas formas de conceber a informação em termos jornalísticos.

Uma das primeiras repercussões foi a proliferação dos média: na imprensa periódica primeiro, na diária em seguida[1], depois na rádio e, finalmente, na televisão. Antes que viessem juntar-se a estes média «tradicionais» todos aqueles nascidos da digitalização e da internet. O que provocou uma fragmentação das audiências, uma queda das receitas publicitárias de cada média e uma aceleração vertiginosa da concorrência. Com evidentes consequências importantes na quantidade e na qualidade da

[1] Neste livro fazemos a distinção clássica entre *diário* (publicado pelo menos cinco dias na semana) e *periódico* (publicado menos de cinco dias por semana).

informação vinda a público, nas formas de tratamento da informação e nos contornos que o jornalismo tomou.

Porém, à proliferação dos média sucedeu, como consequência também dos novos discursos dominantes em termos económicos e políticos, um gigantesco movimento de concentração que os fez escapar cada vez mais aos «editores puros» – àqueles cuja atividade única ou pelo menos principal se situava no sector dos média – para entrarem na órbita de meios financeiros e industriais. E então, os critérios técnicos, deontológicos e éticos da profissão, e consequentemente a qualidade da informação proposta aos cidadãos, passaram a ter menos importância e a serem considerados até de somenos importância em relação aos interesses económicos e financeiros dos novos grupos proprietários, interesses estes que se situam antes de mais noutras áreas de atividade.

As noções de liberdade da informação e de liberdade de informar, assim como as de independência da informação e de pluralismo da informação, tomaram assim nova atualidade e uma acuidade particularmente intensa. E é destes diferentes aspetos essenciais à existência de uma autêntica sociedade democrática que tratam os textos aqui reunidos.

Estes textos não têm por origem as mais de mil crónicas sobre a informação, a comunicação e os média publicadas quase sempre semanalmente em publicações belgas (*Pub*, *Media Magazine*, *Trends Tendances*, *Le Vif-L'Express*) e portuguesas (*Público*, *Expresso* e *Diário de Notícias*), ou mesmo pontualmente, nos diários bruxeleses *La Libre Belgique* e *Le Soir*, no portuense *Jornal de Notícias* ou no parisiense *Le Monde*, nem mesmo dos livros publicados em nome próprio. Provêm antes do mais, com uma ou outra exceção, dos quase 200 textos publicados em obras coletivas e em revistas académicas da área da informação-comunicação ou especializadas na análise política.

Na seleção dos trinta e dois textos que figuram neste livro, a grande maioria das vezes escritos originalmente em francês e editados por vezes em diversas línguas europeias, o critério dominante foi o da informação jornalística, ao qual veio acrescentar-se o de temáticas que poderiam, dadas as circunstâncias, interessar particularmente o «leitorado» português. Depois da homogeneização ortográfica, procedeu-se a uma homogeneização na formulação dos títulos, subtítulos e intertítulos que não eram necessariamente os mesmos nas edições de origem, cada publicação dispondo naturalmente dos seus próprios critérios nesta matéria. Quando necessário, foram acrescentadas em rodapé algumas notas explicativas sobre pessoas ou instituições estrangeiras evocadas. Não se procedeu, porém, a qualquer atualização das situações socioeconómicas dos média citados e que evoluíram evidentemente com o tempo: isso suporia uma reescrita parcial de aspetos não essenciais dos textos. Convém pois notar as datas em que estes textos foram publicados, datas que figuram no final de cada um deles.

O desenrolar cronológico dos textos não é evidentemente de natureza a evitar que, editados em publicações diferentes em momentos diferentes, haja aqui e ali certos aspetos evocados mais de uma vez. E, por outro lado, há aspetos que numa primeira abordagem parecem dizer mais respeito a um ou outro país europeu estrangeiro em particular: uma leitura extrapolativa permitirá, no entanto, facilmente, assim se espera, compreender melhor certas particularidades do caso português e da situação da informação jornalística em Portugal...

Fundão e Coimbra, janeiro de 2018

Nota final

Para quem foi estudante, investigador, assistente e professor durante mais de 45 anos num país francófono, traduzir os seus próprios textos de francês para português constituiu uma terrível prova, as ideias não se formulando manifestamente da mesma maneira numa língua e noutra. Dificuldade a que veio acrescentar-se a da procura de uma terminologia técnica especializada. Quando a terminologia em português não corresponde exatamente àquela em francês, optou-se por utilizar o termo em português, seguido entre parênteses retos do termo em francês, em caracteres itálicos...

1
A lógica do acontecimento

A dimensão económica adquirida pela imprensa no século XIX, e em seguida, no século XX, pela rádio e pela televisão, levou a uma dinâmica da concorrência que provocou uma conceção distorcida da informação...

O jornal é um produto intelectual. E isto foi escrito bastantes vezes. Mas é também uma mercadoria. O que já foi lembrado muito menos vezes.

Regida pelas leis do mercado, a empresa de informação tenta desde logo chegar aos melhores resultados financeiros possível. E, para o conseguir, deve tentar rentabilizar ao máximo o seu produto, o jornal.

Concretamente, tratar-se-á antes do mais de vender uma parte considerável do espaço do jornal aos anunciantes. E de vender de seguida o maior número possível de exemplares do «produto».

No entanto, num mercado que escapa à situação de monopólio – e que há quem prefira definir como sendo em «concorrência monopolista» ou «imperfeita»[2] –, o crescimento das vendas só pode ser fruto de uma das três situações seguintes: alargamento do mercado potencial das empresas de

[2] Olivier Burgelin, «Les effets politiques des mass media», in P. Birnbaum *et al.*, *Critique des pratiques politiques*, Paris, Galilée, 1978, p. 29.

informação, implicando um aumento da procura de um dado jornal; conservação do mercado potencial das empresas de informação e crescimento da procura de um dado jornal em detrimento dos títulos concorrentes; alargamento do mercado potencial das empresas de informação e diminuição da concorrência, implicando ambos um crescimento da procura de um dado jornal.

A acontecimentização da informação

Estes parâmetros tomarão toda a significação na altura em que, no século XIX, a imprensa deixará de ser apenas um instrumento ao serviço da ideologia de um capital e de uma burguesia que se afirmam, passando a ser ela mesma lugar de reprodução da mais-valia. Porque o alargamento da instrução pública e o início da concentração urbana tinham criado uma necessidade de informação. «O capital constata que as pessoas estão curiosas em saber o que se passa; encontra nesta curiosidade, como em qualquer outro desejo ou necessidade, a ocasião de desenvolver um mercado»[3]. O que aliás se tornara possível pelo desenvolvimento dos transportes e das telecomunicações, assim como pela industrialização da tipografia.

Para atrair o máximo de leitores, o jornal – e antes do mais a sua primeira página – deverá seduzir, chocar, impressionar. Impressionar fortemente. Impressionar o inconsciente do leitor. Impressioná-lo na sua emotividade, nos seus receios e nas suas obsessões, nos seus sonhos e nos seus desejos.

No decurso do século XIX, assiste-se pois a um deslizar dos estatutos social e económico do jornal. E o seu conteúdo muda igualmente: o político e o social vão «*fait*-diversificar-se»[4], «o *canard* indo enxertar-se no jornal»[5].

[3] Nicolas Will, *Essai sur la presse et le capital*, Paris, UDE, 1976, p. 41 (col. 10-18, nº 1023).

[4] Madeleine Varin d'Ainvelle, *La presse en France. Genèse et évolution de ses fonctions psycho-sociales*, Paris, PUF, 1965, p. 208 (col. Université de Grenoble, nº 37).

[5] René Pucheu, *Le Journal, les mythes et les hommes*, Paris, Éditions ouvrières, 1962, p. 45 (col. Vivre son temps, nº 3). «*Canard*» é um termo francês utilizado em diversas outras línguas quando estas tratam de história da imprensa. Literalmente, o termo designa a

Os processos de popularização, de industrialização e de «canardização» do jornal desenvolveram-se assim de maneira paralela.

A linha diretora passou a ser clara: «Na escolha dos temas, a preferência é sempre dada às proezas individuais, aos pormenores sensacionais, em detrimento de factos mais importantes, mas que falam menos à imaginação.»[6] É o singular, o único, o insólito e o extraordinário que fazem a informação. E não a quotidianidade dos homens e o lento encaminhamento das coordenadas da sociedade. É o acontecimento que faz a informação. E não o curso das coisas.

O que é um acontecimento? «É o que dilacerou alguma coisa.»[7] Percorramos as páginas de um jornal: «Os comboios só começam a existir quando descarrilam, e quantos mais viajantes mortos houver mais os comboios existem; os aviões só acedem à existência quando são desviados; os carros têm como único destino percutir os plátanos; cinquenta e dois fins de semana por ano, cinquenta e dois balanços; tantos mortos e tantos feridos nas estradas e tanto melhor para a informação se os números não deixarem de aumentar! É preciso que haja por detrás do acontecimento um escândalo, uma fissura, um perigo, como se a vida só devesse revelar-se pelo espetacular, como se o expressivo, o significativo fosse sempre anormal: cataclismos naturais ou perturbações históricas, conflitos sociais, escândalos políticos...»[8]

As leis económicas da informação fizeram do leitor um *voyeur*. E a informação passa a ser espetáculo. Um espetáculo posto rapidamente em valor pela

ave palmípede, de bico largo e amarelo: o pato. Na história da imprensa, designa, porém, (por volta de 1750), a «falsa notícia lançada na imprensa para abusar o público» e, por extensão (a partir de 1848), um «jornal de pouco valor», diz o dicionário de língua francesa *Le Robert*.

[6] Jean-Pierre Seguin, *Nouvelles à sensation. Canards du XIXe siècle*, Paris, A. Colin, 1959, p. 19 (col. Kiosque, nº 3).

[7] Jean T. Desanti, «La structure déchirée», in *Cause Commune*, Paris, Denoël/Gonthier, nº 5, fevereiro de 1973, p. 5.

[8] Georges Perec, «Approches de quoi ?», in *Cause Commune*, idem, p. 3.

titulação [*titraille*] e a paginação [*mise en pages*] do jornal. Um espetáculo visualizado e proposto como incentivo pelas ilustrações. Um espetáculo detalhado, esmiuçado e humanizado por uma narrativa «fait-diversificada». «Não que já não haja diferença entre o *fait-divers* e o acontecimento; mas, sobre qualquer acontecimento no sentido moderno da palavra, o imaginário de massa quer poder enxertar qualquer coisa do *fait- divers*, o seu drama, a sua magia, o seu mistério, a sua singularidade, a sua poesia, o seu trágico-cómico, o seu poder de compensação e de identificação, o sentimento da fatalidade que o habita, o seu luxo e a sua gratuidade.»[9]

O inevitável pseudoacontecimento

A vida do mundo não é, porém, sempre fértil em acontecimentos. Ou então, o grau de imprevisibilidade e de espetacularização destes não basta. Habituado às sensações fortes, o leitor-consumidor não suporta durante muito tempo a tibieza. E a venda do jornal poderia sofrer as consequências. Mas seria esquecer que «o fluido mágico do jornal é capaz de magnificar o menor feito da existência banal, de lhe conferir uma espécie de "consagração" que o transforma em pseudoacontecimento»[10].

O pseudoacontecimento pode depender da simples encenação ou ser criado de raiz. E a sua narrativa ser recheada de pormenores rigorosamente exatos, que lhe darão um caráter verosímil.

[9] Pierre Nora, «L'événement monstre», in *Communications*, Paris, Seuil, nº 18, 1972, p. 165. Em várias ocasiões recorremos neste livro à noção de *fait-divers* no sentido que esta noção tem na língua original e não àquele que tomou manifestamente hoje em dia na linguagem corrente em Portugal. Segundo Anne-Claude Ambroise-Rendu, o *fait-divers*, nascido no século XIX, reconcilia de certa maneira o sensacional e o imperativo informativo. «É a notícia do dia que pode ser esquecida no dia seguinte», consistindo antes do mais em crimes, agressões, acidentes e suicídios, traduzindo o gosto do público pelo sangue e pelo macabro (pp. 311–315), in Christian Delporte, Jean-Yves Mollier e Jean-François Sirinelli (org.), *Dictionnaire d'histoire culturelle de la France contemporaine*, Paris, PUF, 2010, 900 p. (col. Quadrige Dicos Poche).

[10] René Pucheu, *Le Journal, les mythes et les hommes*, p. 89.

Pode assim elaborar-se uma autobiografia sensacional, como a publicada há longos anos por uma revista francesa sob o título «Eu era a ama de Estaline». Esta ama imaginária descrevia um miúdo, Estaline, como «um verdadeiro monstro – estragava os seus brinquedos, torturava os animais, arrancava as asas às moscas e dava numerosos outros sinais de desumanidade precoce». O tipo mesmo de revelações perfeitamente integráveis na lógica da informação acontecimental. «Revelações» que, de resto, fizeram caminho: «depois da morte de Estaline e do XX Congresso do partido comunista da URSS, onde as atrocidades que ele havia cometido foram reveladas, o artigo de Boudou Zvanidze (a ama imaginária) tomou uma importância considerável: chegou até a cochichar-se que o próprio Khrushchov fizera alusão a isso no seu célebre discurso contra Estaline, como uma nova prova da crueldade deste último. O artigo faz doravante parte integrante dos dados biográficos sobre Estaline, não só no Oeste, mas também (ao que parece) na União Soviética.»[11]

Mas pode igualmente criar-se um acontecimento de raiz. A sede de acontecimentos levará mesmo o jornalismo e os jornalistas ao cinismo e à atrocidade: no tempo da guerra da Argélia, «um fotógrafo francês independente, dispondo de excelentes contactos no seio da OAS[12], organizou ele mesmo o assassinato de uma argelina: acompanhou os assassinos da OAS, escolheu a vítima, fotografou os assassinos a abater a infeliz, depois a agonia desta última em cima do passeio»[13]. A lógica do acontecimento e da «exclusividade» é assim levada ao paroxismo.

[11] Edward Behr, *Y a-t-il ici quelqu'un qui a été violé et qui parle anglais?*, Paris, R. Laffont, 1976, pp. 100–101 (col. Notre Époque). Ver também Alain Aupech, «Le classement des informations», in *Presse actualité*, Paris, nº 113, novembro de 1976, pp. 6–7, a propósito do «caso Monsenhor Lefebvre».

[12] Organisation Armée Secrète: organização político-militar clandestina francesa que, a partir de 1961, se opôs à independência da Argélia.

[13] Edward Behr, *Y a-t-il ici quelqu'un qui a été violé et qui parle anglais?*, p. 210.

William Randolf Hearst, que foi um dos criadores da imprensa estado-unidense[14] de sensação resumia bem esta conceção da informação: «No futuro, seremos nós a provocar as catástrofes de caminhos de ferro, seremos nós a provocar a epidemias, e, como seremos os autores, teremos a exclusividade, dado que estaremos no terreno antes de quem quer que seja...»[15]

Fruto do ascendente do mercado sobre as empresas de informação, a informação-acontecimento, a informação-espetáculo, é igualmente de natureza a prestar os melhores serviços ao poder e aos meios dominantes das nossas sociedades.

Porque, com efeito, a mudança de fundo das relações de produção que favoreceu primeiro e impôs em seguida a ascensão das estruturas tecnocráticas e burocráticas no seio das sociedades industriais e pós-industriais teve como consequência o facto de a propriedade ter dado largamente lugar à função. Já não se é tanto o que se possui. É-se cada vez mais o estatuto que se tem.

«A função está na primeira linha. Governa de maneira mediatizada. E ninguém se espantará que os média lhe interessem. É o que se diz dela, o que se pensa dela, o que impõe porque impõe. A sua fama é parte integrante do seu poder. Está em contenda, em cada instante, com a comunicação. Conhece o preço extremo da informação. Não deseja correr riscos.»[16]

Daqui em diante, as empresas de informação não serão as únicas a criar acontecimentos. Os meios dirigentes e o poder passarão igualmente a ser

[14] Ao longo dos textos aqui reunidos, utilizamos o termo «estado-unidense» em vez do habitual «americano», porque todos os habitantes do Norte ao Sul do continente, do Canadá ao Chile, e não apenas os dos Estados Unidos, são americanos e se reivindicam como tal. Estado-unidense é aliás o termo utilizado tanto pelos brasileiros como pelos hispanofónos ou pelos quebequenses. O termo «americano» só é mantido no caso de citações em que é utilizado.

[15] André Harris e Alain de Sedouy, *Qui n'est pas de droite?*, Paris, Seuil, 1978, p. 33.

[16] Marc Paillet, *Le Journalisme*, Paris, Denoël, 1974, p. 26 (col. Regards sur le monde).

produtores de acontecimentos. «Acontecimentos que só o são em relação aos média: conferências de imprensa, entrevistas exclusivas, alocuções televisivas.»[17] A vida política e social passa aliás a ser uma sucessão descosida de acontecimentos, fora da história. E os acontecimentos passam a ser tanto mais importantes quando são espetaculares e parecem imprevisíveis. A encenação [*mise en scène*] do gesto passa a ser mais importante do que o conteúdo mesmo do gesto.

«Doravante, o próprio Estado transforma-se em empresa de espetáculo, em "produtor" de espetáculo. Doravante, a política transforma-se em encenação [*mise en scène*].»[18] Mais ainda, o acontecimento passa a ser acontecimento antes mesmo de o ter sido: um discurso de Valery Giscartd d'Estaing (então presidente da República) ou de Jacques Chirac (seu ex-primeiro-ministro) é prontamente anunciado como «muito importante» muito antes de ter sido pronunciado e talvez mesmo muito antes que o redator anónimo [*nègre, prête-plume*] de serviço o ter muito simplesmente redigido...

Mas o pseudoacontecimento produzido pelo poder e os meios dirigentes pode, por outro lado, ter uma segunda função: a de escamotear o verdadeiro acontecimento. Sabe-se, por exemplo, que durante a guerra do Vietname, «quando a Casa Branca se encontrava embaraçada, recorria à conferência de imprensa do presidente. Esta era organizada e relatada de tal maneira que a conferência em questão, longe de dar as informações necessárias, passava ela mesma a ser acontecimento, fazendo esquecer o outro»[19]. Porque a informação acontecimental tem também a sua lei de Gresham: os novos acontecimentos afastam, enxotam os antigos.

[17] Olivier Burgelin, «Les effets politiques des mass media», p. 36.

[18] Roger-Gérard Schwartzenberg, *L'État spectacle*, Paris, Flammarion, 1977, p. 7.

[19] Annie Cipra e Christian Hermelin, «Apprendre à lire le journal», in *Presse actualité*, Paris, nº 124, janeiro de 1978, p. 16.

Um processo ao dispor dos excluídos

Fruto da chegada do capitalismo industrial às empresas de informação no século XIX, o acontecimento foi assim recuperado depois pelo poder e os meios dirigentes das sociedades industriais e pós-industriais. A etapa seguinte desta lógica do acontecimento será a do seu aproveitamento pelos excluídos do poder e mais particularmente pelas minorias ativas.

Porque, ao lado do acontecimento-espetáculo, há também o acontecimento-violência. Quanto mais um gesto (físico ou verbal) for violento, quanto mais espetacular, mais ele se situará na lógica da informação acontecimental. E, quanto maior for a violência, mais será suscetível de passar a ser informação. Num relatório da British Broadcasting Corporation publicado em 1972, constatava-se precisamente que «metade de toda a violência apresentada na televisão britânica consistia numa violência da vida real e estava contida nos telejornais ou nos magazines de atualidade»[20]. Uma constatação tanto mais importante quanto as denúncias da violência no pequeno ecrã visam geralmente apenas os filmes e os folhetins programados pela televisão.

Na realidade, «os média fizeram [...] da história uma agressão e tornaram o acontecimento monstruoso»[21]. E aquele que se estima vítima da injustiça, aumenta as suas probabilidades de ser ouvido se recorrer à violência. O grupo marginal só é reconhecido pelos média depois de ter recorrido à violência ou ao gesto espetacular[22].

Falar-se-á das prisões quando os presos se tiverem revoltado e destruído o mobiliário das células. Interrogar-nos-emos sobre o destino dos originários das Molucas do Sul e sobre o estatuto do país deles, quando

[20] Akiba A. Cohen *et al.*, «The Effects of Type of Event, Proximity and Repetition on Children's Attention to and Learning from Television news», in *Communications*, Sankt Augustin, Verlag Hans Richarz, nº 1, 1977, p. 30.

[21] Pierre Nora, «L'événement monstre», p. 164.

[22] Giovanni Bechelloni, «Terrorismo, giovanni, mass media», in *Problemi dell'informazione*, Bolonha, Il Mulino, nº 3, 1977, p. 307.

os refugiados nos Países Baixos tiverem obrigado a parar um comboio em terreno descampado e tomado os seus viajantes como reféns. E os atos de terrorismo de palestinianos fizeram provavelmente mais pela informação sobre o seu destino e sobre o da sua pátria inexistente do que todos os discursos nos hemiciclos internacionais e todas as negociações diplomáticas.

«Um grupo, minoritário, cujos projetos não são conformes com os da sociedade global e arriscam pô-la em perigo, encontra-se imediatamente excluído do acesso aos média. Desde o momento em que se quer exprimir ou ser ouvido, deve dar à sua ação uma forma particularmente retumbante para que os média venham até ele. Neste sentido, a violência é um meio de entrar no campo da informação utilizado quando os "comunicadores", pela sua seleção, não permitem à informação atingir o seu destinatário, o público.»[23]

O acontecimento contra os poderes

O acontecimento-violência faz assim do jornal um intermediário. Um intermediário entre, por um lado, os criadores do acontecimento e, por outro, o poder e a opinião pública. O média veicula uma mensagem com destino ao poder e ao público.

Na etapa seguinte da lógica do acontecimento, o média deixa de ser unicamente intermediário: passa a ser instrumento de ação, passa a ser arma política.

O caso do rapto de Aldo Moro[24] parece a este propósito particularmente significativo. «Se um terrorista rapta um homem político precisamente para que toda a gente venha a conhecer as suas posições, que fazemos? Publicamos os seus panfletos e jogamos o seu jogo, ou não os publicamos e jogamos ainda o seu jogo, dado que demonstramos o que ele

[23] René Lasserre e Denis Muzet, «La violence, moyen d'information», in *Communications*, Sankt Augustin, Verlag Hans Richarz, nº 2, 1976, p. 253.

[24] Ministro e primeiro-ministro de Itália em diversas ocasiões, Aldo Moro era presidente da Democracia Cristã, principal partido político italiano, na altura do seu rapto.

quer demonstrar, que não há liberdade de imprensa, dado que a notícia chegará apesar de tudo a toda a gente por uma qualquer via alternativa?»[25] O jornalismo liberal é assim posto perante as suas próprias contradições...

Concretamente, o rapto de Aldo Moro permitiu não apenas às Brigadas Vermelhas decapitar um homem político chave do *establishment* italiano, mas igualmente servirem-se dos média – e mais particularmente dos jornais diários – como instrumento de destruição do sistema político italiano. Porque tudo deixa pensar que os comunicados endereçados à imprensa durante o cativeiro de Aldo Moro tinham como objetivo principal utilizar os média como instrumento de desagregação do aparelho de Estado e dos aparelhos dirigentes da sociedade italiana.

A lógica da informação acontecimental passa a ser clara: nascida ao serviço do poder económico, aproveitada em seguida pelo poder político, passa a ser, bem contra a sua vontade [*malgré elle*], uma arma de dois gumes que poderia perfeitamente voltar-se contra estes mesmos poderes que a conceberam.

«Entrámos no reino da inflação acontecimental.»[26] No entanto, a impressão de rutura proposta pela abordagem acontecimental da vida quotidiana é a maior parte do tempo ilusória. «Com efeito, na maior parte das vezes, o curso das coisas recomeça com algumas cicatrizes, perturbações ligeiras.»[27] Será preciso concluir, com o jornalista e escritor inglês Gilbert Keith Chesterton, que, «em vez de imprimir "um pintor de construção civil mata-se ao cair de um andaime", seria muito mais exato [...] indicar que "cinquenta mil pintores de construção civil *não caíram* dos seus andaimes e terminaram o dia em excelente saúde"»[28]?

[25] Umberto Eco, «Una colossale conferenza stampa», in *Prima comunicazione*, Milão, nº 55, junho de 1978, p. 44.

[26] Pierre Nora, «L'événement monstre», p. 167.

[27] Annie Cipra e Christian Hermelin, «Apprendre à lire le journal», p. 19.

[28] Simon Leys, «Les Chinois se libèrent», in *L'Express*, Paris, 2 de dezembro de 1978, p. 63.

Texto revisto e traduzido pelo autor

Edição original: «La logique de l'événement», pp. 143-150, in *Information et Media*, MCF, Bruxelas, 1979, 352 pp. (Cahiers JEB).

2
Para além do texto: o jornal

Uma publicação impressa não se define apenas pelo conteúdo dos textos que publica. Outras componentes entram na sua confeção e contribuem igualmente para a caracterizar...

Decididamente, os estudos quantitativos do período entre as duas guerras mundiais pesam ainda fortemente nas atuais análises de imprensa: meio século depois, ainda se andam a calcular unidades lexicais e unidades temáticas. Não que a *démarche* berelsoniana (ou as suas variantes) seja sem interesse, porque, hoje ainda, presta incontestavelmente numerosos serviços. O problema é que um jornal é mais do que simples texto. Outra coisa, bem mais rica e bem mais complexa, que define mais exatamente o seu estatuto sociológico e ideológico.

Antes de ser texto, um jornal é com efeito produto de uma técnica com regras particulares. Aliás, para o público consumidor, é antes do mais «um objeto global, com uma visualização específica, que se lê não apenas linha após linha, mas que se vê globalmente e mesmo que se toca»[29]. Um objeto com um *título* (um nome), realizado num género de *papel*, apresentado num *formato*, num *grafismo* e numa *paginação* [*mise en page*], com um estilo de *titulação*, uma política de *ilustração* e um tipo de *publicidade*.

[29] Juan Luis Cebrián, «Rapporto fra linguaggio e immagine nel giornale», in *Problemi dell'informazione*, Bolonha, vol. 3, nº 2, abril–junho de 1978, p. 308.

O título

O título é o nome, a identificação, a imagem de marca, o rótulo que permite um reconhecimento fácil (e mesmo à distância) do «seu» jornal pelo público. Mas, de uma certa maneira, permite muitas vezes anunciar qual o conteúdo do jornal e delimitar social e geograficamente o público que deseja alcançar:

• títulos como *Financial Times* (Londres), *L'Écho de la Bourse* (Bruxelas) e *Jornal da Economia* (Lisboa) ou *L'Équipe* (Paris) e *La Gazzetta dello Sport* (Milão) ou ainda *Le Quotidien du Médecin* (Paris) situam imediatamente os principais centros de interesse do jornal;

• outros, como *La Croix* (Paris), *Le Drapeau rouge* (Bruxelas), *Mundo obrero* (Madrid) ou *La Voce repubblicana* (Roma), anunciam as grandes opções filosóficas destes diários;

• outros ainda, como *Journal de Genève*, *Frankfurter Allgemeine* e *Nice-Matin* ou *Het Belang van Limburg* (Hasselt), *La Sicilia* (Catânia), *Sud-Ouest* (Bordéus) e *L'Unione sarda* (Cagliari), indicam a região que tomam como alvo principal – mesmo que, exceção que confirma a regra, o diário *Roma* seja publicado... em Nápoles!;

• da mesma maneira, o título pode recordar uma atitude política perante uma viragem histórica, ou as consequências normais desta: *La Libre Belgique* (Bruxelas), *Combat* (Paris), *Le Dauphiné libéré* (Grenoble);

• mas pode também marcar ao mesmo tempo uma continuidade (em relação ao conteúdo e ao público que se quer alcançar) e uma rutura (em relação à atitude política anterior): *La Nouvelle Gazette* (Charleroi), que sucede a *La Gazette de Charleroi*, colaboracionista, e *Le Parisien libéré*, que quer ocupar o espaço de *Le Petit Parisien*, publicado sob a ocupação nazi;

• um título pode, evidentemente, marcar também uma certa ambição universal: é o caso de *Le Monde* (Paris), *Die Welt* (Bona), *The Times* (Londres) ou de *Il Tempo* (Roma);

• mas, pela sua neutralidade, o título pode funcionar ainda como puro rótulo comercial, como uma espécie de logótipo que permite identificar rapidamente, inconscientemente, o produto: é o caso de *ABC* (Madrid), *La Stampa* (Turim), *Die Presse* (Viena), *Corriere della Sera* (Milão), *Le Soir* (Bruxelas), *The Daily Telegraph* (Londres) e de *O Diário* (Lisboa).

Seja como for, no espírito do leitor, o título de um jornal é rapidamente associado à ideia que se faz das opiniões ideológicas deste. De tal maneira que, como o diz Umberto Eco, «escrever "Os socialistas querem o divórcio" no *Avanti!* (jornal dos socialistas italianos) tem um sentido, escrevê-lo em *Il Popolo* (órgão da Democracia cristã) tem outro»[30].

O papel

A escolha do papel assume, também, uma função que é em certa medida indicativa do conteúdo do jornal. Este papel «é brilhante ou não. É mais ou menos belo, mais ou menos agradável ao toque, mais ou menos luxuoso. É branco ou de cor; pode ser sinal de riqueza ou de pobreza do jornal. Mais ou menos deteriorável, mais ou menos descartável, é indicativo do caráter duradouro ou efémero que pode ter para o leitor. Mais ou menos luxuoso, é indicativo do mundo do leitor, mundo real ou mundo de sonho»[31].

Esta capacidade de expressão é, no entanto, pouco explorada pela imprensa diária. Mesmo se certos jornais, como os diários económicos e financeiros *Financial Times* e *24 Ore-Il Sole* (Milão), utilizem um papel de cor. Marcam assim uma diferenciação e uma especificidade em relação aos outros títulos, permitindo ao mesmo tempo ao leitor atribuir-se uma pertença a um meio social.

[30] Umberto Eco, «Guida all'interpretazione del linguaggio giornalistico», in Vittorio Capecchi e Marino Livolsi, *La Stampa quotidiana in Italia,* Milão, Bompiani, p. 341 (col. Nuovi saggi italiani, nº 9).
[31] Annie Cipra e Christian Hermelin, «Apprendre à lire le journal», in *Presse actualité,* Paris, nº 122, novembro de 1977, pp. 23–24.

Em contrapartida, a utilização de diferentes tipos de papel é aproveitada pela imprensa periódica (não diária): esquematicamente, os periódicos «populares» empregam geralmente um papel de má qualidade, esbranquiçado, enquanto os destinados a um público com certos meios financeiros preferem o papel brilhante e leve. Certos magazines utilizam mesmo mais de um tipo de papel num mesmo número, querendo assim separar diferentes tipos de conteúdo: a maior parte das vezes, o papel de granulagem [à gros grain] dá um ar «sério», «científico», enquanto o papel leve e brilhante parece «ligeiro», «frívolo». Este código não está evidentemente fixado e pode mesmo funcionar ao contrário do que acaba de ser dito: o caderno em papel amarelo de granulagem grossa que é publicado durante os meses de verão no magazine *Le Point* quer significar que a informação «séria» acabou e que o tempo dos jogos chegou...

A cor e/ou a espessura das folhas de um jornal funciona(m) pois à maneira de um código que assinala ao leitor que género de imprensa tem entre as mãos, que tipo de leitura deve fazer e que crédito deve atribuir a esta leitura.

O formato

Se fizermos abstração dos países onde, por razões diversas, os jornais se sujeitam a certas normas de homogeneização (tais como a Espanha, onde o tabloide está generalizado, a Suíça, onde o berlinês é a regra, ou a Itália, onde antes do aparecimento de *La Repubblica* só o grande formato [*broadsheet*] existia), o formato constitui na maior parte dos casos um primeiro dado sobre o conteúdo do diário.

Esquematicamente, o grande formato é o jornal clássico, o da continuidade, de tom austero e sereno, enquanto o tabloide pode tanto ser o jornal popular, dinâmico e sensacionalista como o jornal jovem, inovador e crítico. Esta tipologia é rigorosamente observada em Londres, sendo os quatro *quality papers* em grande formato, quando os *popular papers* são tabloides. Ela é praticamente aplicável aos diários de Paris, onde aos grandes formatos dos «velhos» jornais se opõe o pequeno formato dos novos jornais aparecidos após 1973[32] e que querem alcançar públicos novos, geralmente circunscritos, muito intelectualizantes e comprometidos [*engagés*], dando uma importância muito particular à informação económica e cultural, assim como às questões de sociedade e de vida moderna, propondo igualmente uma nova perspetiva dos acontecimentos. Exemplo mais marcado da imprensa «popular» francesa, *Le Parisien libéré* adotou também definitivamente o pequeno formato em 1975, depois de ter publicado diariamente, durante anos, edições em grande formato e edições em tabloide. Uma exceção à regra, *La Croix*, que não é certamente nem um jornal popular nem um jornal jovem e que adotou o formato tabloide em março de 1968 – trata-se então de rejuvenescer a imagem do produto e de tentar assim alargar o seu público. Um caso atípico: *Le Monde*, que é publicado em formato berlinês.

O grafismo

Mas o jornal é também um grafismo. Ou, como escreve o diretor de *El País*, Juan Luis Cebrián, «um objeto submetido mais ou menos às mesmas regras do desenho industrial, com as quais se pode fazer uma cafeteira ou um objeto em cristal»[33].

Este grafismo é portador de conotações ideológicas, sociais e culturais:

• um aspeto sóbrio, discreto e austero, com poucas ou nenhumas ilustrações, anuncia geralmente um jornal conservador, com uma certa idade ou um «leitorado» de elite, e um conteúdo de referência: *Le Monde* (Paris), *Frankfurter Allgemeine* (Francoforte), *Journal de Genève* (Genebra), *Neue Zürcher Zeitung* (Zurique);

[32] Recordemos, por uma questão de precisão histórica, que a imprensa parisiense conheceu vários tabloides antes desta data. O primeiro diário tabloide parece assim ter sido *L'Express* (que era então diário), em 1955.

[33] Juan Luis Cebrián, «Rapporto fra linguaggio e immagine nel giornale», p. 316.

• linhas cuidadas, construção equilibrada, harmonia do texto e da imagem, ilustração de qualidade e gosto pela originalidade, para um jornal com um público bastante jovem, onde se encontram, lado a lado, quadros e universitários, globalmente tecnocratas, por vezes socializantes, contestatários e ecologizantes: *Le Matin de Paris*, que é o melhor exemplo disso, mas também *El País* (Madrid) e, em certa medida, *La Repubblica* (Roma);

• grafismo fragmentado [*brisé*], género cartaz, berrante, com fotografias e títulos que procuram chocar a sensibilidade e a imaginação humanas, para um jornal globalmente popular: *Bild-Zeitung* (Hamburgo), *The Sun* (Londres), *Daily Mirror* (Londres), *Le Parisien libéré*, *A Capital* (Lisboa).

Por outro lado, este dado gráfico influencia cada vez mais a própria escrita de imprensa. Doravante, o diretor [*rédacteur en chef*] ou o chefe de rubrica passará encomenda de textos destinados ao jornal, definindo-os antes de mais em termos de número de «linguados» [*feuillets*] e de batidas. E o simples facto, por exemplo, de o «bulletin de l'étranger» de *Le Monde*, de o «Das Streiflicht» do *Süddeutsche Zeitung*, de «Le Point de vue du "Matin"» em *Le Matin de Paris* ou de o editorial do *Journal de Genève* ocuparem sempre o mesmo espaço é, por si só, destinado a criar um tipo de informação e de análise, um género de escrita.

A escrita de imprensa inscreve-se pois, cada vez mais, num certo modo de produção jornalística e, mais particularmente, numa certa conceção do grafismo no domínio da imprensa. O que é bem explicado por Juan Luis Cebrián quando escreve que, «atualmente, no *El País*, muitas páginas são desenhadas antes de serem escritas, e os redatores reúnem as suas informações pensando exatamente não apenas no que elas vão dizer, mas também no sucesso gráfico que terão»[34].

[34] Juan Luis Cebrián, «Rapporto fra linguaggio e immagine nel giornale», p. 316.

A paginação [*mise en pages*]

Paralelamente, o jornal adota um certo número de critérios para a atribuição do espaço, isto é, uma certa paginação [*mise en pages*]. De facto, no caso das rubricas regulares, como no de simples acontecimentos, o diretor [*rédacteur en chef*] do jornal é cada vez mais levado a interrogar-se: que número de páginas atribuir-lhes?; que espaço conceder-lhes no interior de uma página?; que importância dar-lhes na(s) hierarquia(s) da paginação?; que importância fixar-lhes no interior de uma página?

Basta folhear as páginas de vários diários publicados no mesmo dia para que a diversidade dos mesmos nos permita compreender que as respostas a estas perguntas não são de modo algum ditadas por uma qualquer fórmula com ares matemáticos... Porque, mais uma vez, «a paginação [*mise en pages*] não é neutra; é uma operação que hierarquiza as notícias... quer dizer, que a classifica numa certa ordem de preferência; e, como esta classificação é função dos objetivos do jornal, pode afirmar-se, sem receio de errar, que a paginação [*mise en pages*] é extremamente reveladora das tendências profundas do diário, no plano político ou filosófico»[35].

Será um acaso se diários como *Le Monde* e *El País*, que têm a ambição de ser ou vir a ser *o* jornal das elites e das classes dirigentes dos mundos de língua francesa e de língua castelhana (e mesmo mais para além disso), atribuem o primeiro lugar (do ponto de vista do número de páginas e do da hierarquia da paginação) às questões de política estrangeira e internacional?

A importância dada aos diferentes assuntos relativos à política, à economia, ao social, à cultura, ao *fait-divers*, ao desporto, aos lazeres,... assim como o lugar que lhes é atribuído no corpo do jornal permitem adivinhar as grelhas de que este se serve para relatar e interpretar a vida e o tempo que passam. Estas grelhas ganharão maior precisão ideológica com o exame

[35] Danièle Thibaut, *Explorer le journal*, Paris, Hatier, 1976, pp. 43–44 (col. Profil formation, nº 305).

da escolha e da disposição dos assuntos da primeira página, assim como com o exame da organização do sumário e dos nomes das rubricas (regulares ou não) do jornal em questão.

A titulação

Estudando «como os grandes diários de informação condicionam as opiniões do público», Umberto Eco justificava assim o facto de ter conduzido esta investigação a partir da titulação[36] de seis diários italianos no dia seguinte ao de um debate na Câmara dos Deputados sobre a inconstitucionalidade do divórcio: «Um diário "percorre-se". Muitas vezes percorremo-lo pendurado no quiosque, sem o comprar; muitas vezes percorremo-lo em casa, lendo unicamente um artigo e dando ao resto uma rápida olhadela aos títulos. Razão pela qual um diário deve sobretudo ser analisado no que comunica através do título, dos subtítulos e esta espécie de sobretítulo que em linguagem jornalística se chama "falso título". A disposição dos títulos, o número de colunas atribuídas a cada um, o número e a seleção das notícias tituladas em primeira página constituem o conteúdo principal do diário, aquele que chega a todos.»

Porém, para além da sua tradicional dupla função de informação e de atração, é também através da titulação que – como escreve ainda Umberto Eco – «o jornal faz chegar as suas "mensagens" fundamentais. O título decide da interpretação do artigo». O que quer dizer que «o título faz função de "código" para o resto do artigo. Se não o substitui, no sentido em que o leitor recebe a informação dada pelo título e deixa de lado o artigo, determina, todavia, a maneira como o artigo será lido»[37].

Atualmente, a importância da titulação é particularmente posta em evidência pelo facto de, no que diz respeito a acontecimentos que tiveram

[36] No meio jornalístico utiliza-se também o termo «titulagem» em vez de «titulação».
[37] Umberto Eco, «Il Lavaggio dei lettori», in *L'Espresso*, Roma, 13 de julho de 1969.

lugar longe da sua zona de difusão[38], muitos diários viverem exclusivamente de despachos de agências de informação. Despachos que, na maior parte dos casos, são publicados sem que um trabalho de reescrita tenha tido lugar previamente. Apenas a escolha dos despachos e a titulação permitem então individualizar os diferentes jornais e dar uma coloração particular a um mesmo texto publicado em diários com opções políticas diferentes:

- diários de referência como *Le Monde* terão tendência a praticar uma titulação acontecimental informativa e serena, formulada quase à maneira do rótulo de um ficheiro onde o texto que segue deveria ser arrumado...;
- diários jovens, concebidos em função da nova «distribuição» da informação entre a imprensa, a rádio e a televisão, praticarão de preferência a piscadela de olho e o calembur (como *Le Quotidien de Paris*), a ironia e a irrisão (como *Libération*);
- diários que existem antes do mais por razões partidárias praticarão a tomada de posição (como *L'Humanité*) ou a palavra de ordem e o *slogan* (como *Le Quotidien du Peuple*, de Paris);
- diários com vocação «popular» (como *France-Soir* e sobretudo *Le Parisien libéré*) praticarão antes do mais aquilo a que se poderia chamar a técnica do soco, que produz ao mesmo tempo sensações fortes e «esclarecimentos» rápidos sobre o acontecimento;
- diários menos «tipificados» – oscilando entre o jornal «de qualidade» e o jornal «de opinião» – e sociologicamente (um pouco) «apanha tudo»

[38] Em tempos não muito distantes, quando se falava do total de exemplares de um publicação vendidos em banca, vendidos por assinatura ou oferecidos gratuitamente, o termo utilizado em português era «difusão» («difusão paga» e «difusão total», incluindo esta também os gratuitos): tal como *difusión* em castelhano, *diffusion* em francês e *diffusione* em italiano, as outras línguas românicas. Os danos provocados pela avalancha do inglês na língua portuguesa fizeram que se diga hoje «circulação» como *circulation*. Manteremos, no entanto, aqui o termo original «difusão», mais adaptado à realidade dos dados.

(como *L'Aurore*, *Le Figaro* e *Le Matin de Paris*) praticarão naturalmente a síntese e a interpretação do acontecimento.

Porém, é evidente que esta tipologia não é de modo algum respeitada de maneira estrita pelos diários. Para estes, trata-se antes de mais de terem um estilo próprio, em vez de observarem uma qualquer grelha rígida e estabelecida de antemão.

A ilustração

A ilustração toma cada vez mais importância na realização de um jornal, sobretudo desde a introdução do *offset* nos ateliês de tipografia dos diários. Mesmo um jornal como *Le Monde*, que tradicionalmente recorria apenas a mapas geográficos e a gráficos, atribui um espaço cada vez mais importante a desenhos sobre os acontecimentos ou personagens da atualidade, continuando a fotografia a estar quase ausente e, de qualquer modo, limitada apenas aos suplementos culturais.

O papel da ilustração pode ser múltiplo:

- ilustrar, pura e simplesmente, uma unidade redatorial onde se fala do sujeito ou do objeto que figura na ilustração;
- pôr em evidência e atribuir um estatuto particular a um dos sujeitos ou dos objetos de que fala a unidade redatorial;
- introduzir uma certa demarcação da redação do jornal em relação ao conteúdo da unidade redatorial (em proveniência de uma agência ou de um colaborador exterior);
- marcar um certo tom crítico em relação às personalidades ou às situações de que fala a unidade redatorial;
- tomar discretamente posição perante um acontecimento – posição que o jornal (pretendendo-se neutro) não pode afirmar de forma clara.

Sabemos, com efeito, que a copresença do texto e da imagem numa mesma mensagem «não se traduz por uma soma (texto + imagem), mas por uma interrelação (texto <—> imagem), e que desta interrelação surge um sentido novo suplementar»[39]. E sabemos igualmente que, a pretexto de «documento autêntico», a imagem de atualidade pode na realidade «destruir um homem político de uma maneira bem mais radical do que um texto. Isto é tanto mais evidente quanto o público atribui à imagem uma grande credibilidade»[40].

Mas, se a imagem desempenha um papel em relação ao texto, o texto da imagem – a legenda – «pode contribuir para sobrecodificar a imagem, para a descodificar, para a contracodificar: para lhe dar um acréscimo de sentido, para explicar o seu sentido ou, pelo contrário, para lhe destruir o sentido»[41].

A publicidade

A publicidade desempenha, também, um papel considerável na definição do conteúdo de um jornal e do seu discurso ideológico. Este papel da publicidade tem suscitado pouco interesse. Na melhor das hipóteses, estudou-se a publicidade como tal, sem tentar saber como se articula a sua relação com o texto «redatorial».

No entanto, não é por acaso que *Le Monde* só publica na primeira página publicidades que dizem respeito a quatro domínios: livros, perfumes, joias e corridas de cavalos, (produtos e espetáculos que definem sociológica e culturalmente um público). Diário de uma certa nova esquerda marxista, *Il Manifesto* (Roma) só publica publicidades respeitantes a produtos culturais (livros, revistas, espetáculos) que se situam na área [*mouvance*] da esquerda. Mais radical, *Libération* renunciou muito simplesmente a publicar publicidade, qualquer que seja, enquanto o socializante *Le Matin de Paris* decidia simplesmente «recusar toda a publicidade com caráter político».

[39] Laurence Bardin, «Le texte et l'image», in *Communication et langages*, Paris, nº 26, 2º trimestre de 1975, p. 111.

[40] Entrevista de Albert Plecy, in *Presse actualité*, Paris, nº 113, novembro de 1976, p. 26.

[41] Annie Cipra e Christina Herlemin, «Apprendre à lire le journal», in *Presse actualité*, Paris, nº 132, dezembro de 1978, p. 21.

Mas a intervenção da publicidade no conteúdo do jornal pode operar-se de outro modo. Pode, por exemplo, dar lugar a um fenómeno de mimetismo, que levará o redatorial a ajustar a sua linguagem à da publicidade – da mesma maneira que, aliás, a linguagem da publicidade tenta decalcar a da informação.

Pode igualmente influenciar o grafismo de um jornal. Numa brochura publicada em 1960, a administração do jornal *Le Monde* fazia realçar as vantagens publicitárias do «cinzentismo» das suas páginas: «Um anúncio em *Le Monde* é sempre mais lido... tanto mais certamente que não pode em caso algum passar despercebido. Façam a comparação da visibilidade (em *Le Monde* e noutro diário vespertino). Ninguém o ignora, *Le Monde* é o único de todos os grandes diários a não enfeitar o seu conteúdo redatorial com nenhum *cliché*. Privilegiam-se assim os anunciantes cujos *clichés*, onde quer que sejam colocados, se destacam nitidamente em relação à composição tipográfica dos artigos»[42]. Visava a brochura de *Le Monde* o jornal *France-Soir* quando falava de «um diário vespertino»? O facto é que, no plano visual, apercebemo-nos de que, naquele que foi o diário de Pierre Lazareff, «as páginas chegam com a montagem periférica dos anúncios, e enche-se o branco intermediário com texto»[43].

Pode, porém, ter-se por vezes a impressão de que o discurso redatorial e de que o discurso publicitário de um jornal se opõem. Há mesmo quem pretenda que seria o caso de *Le Nouvel Observateur*[44]. A não ser que consideremos que este discurso publicitário possa criar um meio ambiente que sirva de chave, de código, para a leitura do discurso redatorial. «A imagem económica de um média não é forçosamente fornecida pelos seus artigos

[42] Abel Chatelain, *«Le Monde» et ses lecteurs sous la IVème République*, Paris, Armand Colin, 1962, p. 166 (col. Kiosque, nº 18).

[43] Entrevista de Gérard Blanchar, in *Presse actualité*, Paris, nº 101, maio de 1975, p. 22.

[44] Claude Vielfaure, «Radioscopie du "Nouvel Observateur" d'avril 1977», in *Communication et langages*, Paris, nº 35, 3º trimestre de 1977, pp. 107–116.

redatoriais e pela cor política dos seus líderes.»[45] E o discurso redatorial do jornal poderia assim «dizer menos» sobre isso do que diria fora de tal meio ambiente.

A articulação de um todo

Numa perspetiva de análise, título, papel, formato, grafismo e paginação [*mise en pages*] são elementos que dizem respeito mais ao continente do que ao conteúdo. Mas poderia responder-se a isso, com Abraham Moles, que «a análise do conteúdo é a análise do continente»[46] ou até mais do que isso: «o "conteúdo" de um média [...] pode ser comparado com o saboroso bocado de bife que o ladrão oferece ao cão de guarda do espírito para adormecer a sua atenção» – como escreve Marshall McLuhan. Mais ainda: «O "conteúdo" da escrita ou da tipografia é a palavra; ora, o leitor não presta mais ou menos atenção ao impresso ou à palavra.»[47]

É certo que não é preciso cair no extremismo, genial mas excessivo, de M. McLuhan. Convém antes fazer o balanço entre o suporte, a embalagem e o discurso verbal e icónico, mas também aquilo a que se poderia chamar o discurso jornalístico-técnico. De qualquer forma, trata-se de estudar a articulação entre «suporte», «forma» e «conteúdo», e não de estudar separadamente o que não é separável...

Texto revisto e traduzido pelo autor

Edição original: «Au-delà du texte: le jornal», in *Trimedia*, Lille, nº 7, julho de 1979, pp. 4-7.

[45] Claude Vielfaure, «Radioscopie du "Nouvel observateur" d'avril 1977», p. 116.

[46] Abraham Moles, «Préface», in Albert Kientz, *Pour analyser les media*, Tours, Mame, 1971, p. 6 (col. Medium).

[47] Marshall McLuhan, *Pour comprendre les media*, Paris, Mame/Seuil, 1968, p. 34 (col. Intuitions).

3
Do jornal de ontem ao ecrã de amanhã

Motivo de espanto para o cidadão europeu: a relativa uniformidade dos média portugueses, quando a imprensa, a rádio e a televisão se encontram em plena mutação na maior parte dos países do continente. Uma mutação com ar de revolução...

Duas constantes caracterizam a história dos média europeus de há um século a esta parte. Quando um média atinge um grau de massificação suficientemente elevado, assiste-se a um inevitável fenómeno de diversificação: novos tipos de suportes procuram atingir e satisfazer grupos socioculturais mais específicos. Quando um novo média faz a sua aparição, começa por adotar formas de tratamento da atualidade do seu predecessor, que – uma vez posta em questão a sua posição preponderante – procura adaptar o seu conteúdo, linguagem e formas de tratamento da atualidade, adotando em seguida certas fórmulas de técnica jornalística de novo média...

Foi assim nos fins do século XIX e nos começos do século XX, quando a industrialização da imprensa e o alargamento considerável do público leitor provocaram uma primeira diversificação dos diários. Foi assim entre as duas guerras mundiais, quando a importância cada vez maior da rádio suscitou uma diversificação substancial dos periódicos (não diários): a generalização da rádio acentuou a diversificação e a especialização da imprensa diária e, sobretudo, periódica, enquanto as estações de rádio se dotaram de canais diferentes, com programações específicas destinadas a públicos particulares. E a implantação da televisão promoveu, por seu lado, uma redistribuição total das cartas em matéria de média.

Esta redistribuição é, evidentemente, facilitada pela evolução da tecnologia: adoção da modulação de frequência, da estereofonia, da fotocomposição, do *offset*, do digitalizador [*scanner*], do fac-símile, do *laser*, do ecrã de visualização, da informática. No caso da imprensa escrita, sobretudo, as novas tecnologias provocam, aliás, uma verdadeira revolução das condições de produção e uma diminuição considerável dos custos de produção.

A redistribuição das cartas

A partir desse momento, as funções essenciais de cada um dos média parecem estar claramente definidas: a rádio anuncia o acontecimento, a televisão permite vê-lo poucas horas depois e, enquanto no dia seguinte a imprensa diária fornece os elementos complementares de informação e de explicação necessários à sua compreensão, a imprensa periódica toma por seu lado uma atitude de recuo, de interpretação e de inserção do acontecimento num contexto mais global.

Primeira reação a esta redistribuição das cartas: os periódicos diversificam-se e especializam-se numa perspetiva sociológica ou temática. No domínio da informação geral, três grandes tipos posicionam-se solidamente:

- os «quotidianos do sétimo dia», instituição dominical tipicamente britânica que alia a informação do dia a um conteúdo «magazine» relativamente intemporal: *News of the World*, 4,1 milhões de exemplares (no género «popular»), ou *The Sunday Times*, 1,3 milhões (no género «qualidade»);
- os *newsmagazines*, síntese breve e completa dos acontecimentos significativos da semana, para um público com um nível cultural e um poder

de compra elevados: o alemão *Der Spiegel*, os franceses *L'Express*, *Le Nouvel Observateur* e *Le Point*, os italianos *Panorama* e *L'Espresso* ou o espanhol *Cambio 16*;

• os magazines ilustrados que doseiam subtilmente imagens sofisticadas, ousadas, sensacionais e exóticas e dão um lugar de destaque aos «grandes deste mundo»: os alemães *Stern*, *Bunte*, *Quick*, o francês *Paris Match*, os italianos *Oggi* ou *Gente*.

Três outros tipos ocupam posições tradicionalmente importantes:

• os magazines femininos (generalistas, de moda, de cozinha, de decoração, de educação, de beleza);

• os magazines económicos e financeiros: o britânico *The Economist* – monstro sagrado do género –, os franceses *L'Expansion*, *Le Nouvel Économiste* e *La Vie Française*, os alemães *Wirtschaftswoche* e *Capital* ou o italiano *Il Mondo*;

• os magazines para jovens (contos, bandas desenhadas, vedetas da canção,...).

Dois outros fenómenos recentes atingem frequentes vezes tiragens fabulosas:

• os magazines de programas de televisão: os alemães *Hörzu* (3,6 milhões de exemplares) e *Funk Uhr* (2,6), os britânicos *Radio Times* (3,4) e *TV Times* (3,2), os franceses *Télé 7 Jours* (2,7), *Télé Poche* (1,8) e *Télé Star* (1,3) ou o italiano *Sorrisi e Canzoni* (1,4);

• os jornais gratuitos, que vivem exclusivamente da publicidade e são distribuídos em todas as caixas de correio de uma localidade ou região [*toutes-boîtes*] ou à entrada das salas de espetáculos e dos grandes armazéns, ou ainda enviados a pessoas que fazem parte de ficheiros profissionais bem específicos.

Falta acrescentar a esta larga gama os magazines desportivos, de fotografia, de erotismo, de banda desenhada, de vídeo, de cinema, de informática, de caça ou pesca, de automóveis, de motos, de aviões, de animais.

Sobretudo desde os anos 1960, a imprensa periódica europeia entrou, com efeito, numa fase de profunda mutação e de constante expansão. E foi a partir dela que editores célebres – como os franceses Hersant e Filipacchi, os italianos Rizzoli, Mondadori e Rusconi ou os alemães Bauer, Springer, Burda e Bertelsmann – constituíram verdadeiros impérios de papel.

Rentabilizar a diferença

À medida que a rádio e a televisão se impunham, a imprensa diária foi abandonando a pretensão utópica de se dirigir a um público indiferenciado. E, hoje em dia, os jornais que procuram ainda um público representativo das diversas componentes da sociedade são cada vez menos numerosos. A primeira preocupação de um diário passou a ser a de propor uma informação diferente da oferecida pelos média audiovisuais. Tanto mais que a imprensa dispõe de vantagens evidentes: o leitor pode consumir o «seu» jornal no momento e ao ritmo que lhe convém (e não obedecer aos horários e às cadências impostas pela rádio ou pela televisão) e selecionar unicamente as informações que lhe interessam (e não suportar o alinhamento dos assuntos escolhidos pelo apresentador) – sem esquecer (o que é essencial) que os vinte a trinta minutos habituais de um radiojornal ou de um telejornal correspondem *grosso modo* à matéria contida em menos de uma página em formato tabloide...

Os diários de informação especializada vêm assim tendo uma importância cada vez maior. O incremento das competições internacionais e das reportagens televisivas provocaram um reforço dos diários desportivos (o francês *L'Équipe*, 310 mil exemplares, é de um notável nível jornalístico, os italianos *La Gazzetta dello Sport*, 412 mil, e *Corriere dello Sport*, os espanhóis *Marca* e *As*), assim como a internacionalização dos negócios e o interesse cada vez maior pela vida das empresas consolidaram as posições dos diários económicos e financeiros (o britânico *Financial Times*, 211 mil exemplares e verdadeira bíblia dos meios de negócios europeus, o italiano

Il Sole-24 Ore, o alemão *Handelblatt*, o dinamarquês *Børsen* ou a edição europeia de *The Wall Street Journal*, publicada em Bruxelas).

Surgiu ainda um terceiro tipo com alguma importância: os diários sobre medicina, nascidos a partir dos anos 1970, para tirar proveito de uma choruda publicidade de produtos farmacêuticos geralmente proibida nos jornais destinados ao grande público... mas não nas publicações destinadas a médicos e farmacêuticos: os franceses *Le Quotidien du Médecin* (52 mil exemplares, que dispõe de uma edição alemã: *Arzte Zeitung*), *Panorama du Médecin* ou *La Pratique Médicale*.

A par desta perspetiva temática, outros diários especializaram-se também em função de critérios sociológicos. Os jornais audiovisuais não satisfazem uma camada social ávida de informações políticas, económicas e culturais, mas pouco interessada nos *faits-divers* e no desporto. Os diários de qualidade respondem a esta procura das suas características «enciclopédicas», de referência e de rigor. Durante mais de trinta anos, o francês *Le Monde* constituiu o modelo incontestável deste tipo de jornalismo e é, ainda hoje, a maior tiragem europeia do género: 513 mil exemplares. Mas também os alemães *Süddeutsche Zeitung*, *Frankfurter Allgemeine* e *Die Welt*, os britânicos *The Guardian* e *The Times*, o neerlandês *NRC Handelsblad* ou o suíço *Neue Zürcher Zeitung* fazem parte deste tipo de jornais.

Dois títulos recentes constituem verdadeiros fenómenos na história da imprensa dos últimos anos: lançado a 14 de janeiro de 1976, *La Repubblica* é hoje o terceiro título da imprensa diária italiana, com 353 mil exemplares; menos de quatro meses depois, a 4 de maio de 1976, aparecia *El País*, que atinge atualmente uma difusão de 296 mil exemplares durante a semana (e de 471 mil ao domingo), colocando-se assim em posição de líder incontestado da imprensa diária espanhola, a longa distância do segundo classificado, ao mesmo tempo que passou a ser um dos melhores diários europeus da atualidade. Dois sucessos que são fruto de uma técnica e de uma gestão modernas, mas também de equipas redatoriais jovens que souberam dar o tom desempoeirado que se impunha em contextos de profunda mutação política e sociocultural que exigiam, precisamente, um tipo de informação e de escrita diferentes.

O sucesso de uma alternativa

Foi também neste contexto de mutação política e sociocultural que apareceram três outras novidades na imprensa europeia: os *diários alternativos.* Pioneiro da «nova imprensa diária» o romano *Il Manifesto,* lançado a 28 de abril de 1971, que vê a sua audiência limitada pelo seu posicionamento marxista radical. O benjamim da família, o berlinês *Die Tageszeitung*, nascido num momento em que as teses ecologistas e pacifistas recolhem uma audiência considerável na RFA[48], obtém já um sucesso mais evidente. Mas o grande fenómeno da imprensa alternativa, e não só, é incontestavelmente o parisiense *Libération.*

Lançado a 22 de maio de 1973 por um grupo *mao-spontex* apadrinhado por Jean-Paul Sartre, *Libération* evoluiu em seguida para um esquerdismo não alinhado, antes de descobrir, em 1981, as virtudes miríficas do... «liberalismo libertário». Mas a mutação não foi apenas política: de jornal militante, *Libération* passou a ser um verdadeiro produto de jornalistas profissionais, enquanto os *slogans* da primeira infância deram lugar a um jornalismo de investigação e de reportagem. A receita é original: centros de interesse, abordagem dos assuntos, perspetiva de análise e tom diferentes do que era habitual nos outros jornais, um olhar por vezes etnológico, um estilo decapante e um tom feroz, um clima geral de hedonismo. Mas não há bela sem senão: se o talento sobe muitas vezes aos píncaros do poder, o mesmo já não se poderá dizer do rigor... O que não impede que o jornal, que anunciava uma tiragem de 50 mil exemplares há dez anos, pretenda hoje alcançar os

[48] Na altura, a República Federal da Alemanha designava apenas a chamada Alemanha Ocidental.

130 mil (embora estes números não tenham sido submetidos a autenticação do organismo competente...).

Os grandes gigantes da imprensa europeia são, porém, os diários «populares». Campeão absoluto, o hamburguês *Bild*: 5,5 milhões de exemplares. Cinco títulos londrinos atingem, todavia, níveis de difusão vertiginosos: *The Sun* (4,2 milhões), *Daily Mirror* (3,2), *Daily Express* (1,9), *Daily Mail* (1,8) e *Daily Star* (1,3). Mais modestamente, o zuriquenho *Blick* alcança os 309 mil. Os ingredientes de base são simples: muito sexo, muito sangue, muitos espetáculos, muitos desportos e muitos serviços ao leitor. E, para que sejam eficazes, todos estes ingredientes devem banhar no sensacionalismo, na sedução e na emoção. Os textos são curtos, as ilustrações abundantes e os títulos enormes. E, em cada dia que vem ao mundo, o jornal deve propor sensações novas aos seus leitores...

Na configuração geográfica da Europa, não deixa de ter interesse constatar que é nos países germânicos e anglo-saxónicos que os diários «populares» proliferam, quando os observadores não iniciados na sociologia dos média esperam habitualmente que este tipo de imprensa se encontre sobretudo nos países da Europa latina, onde o nível cultural da população é consideravelmente mais baixo. Os diários desportivos são, pelo contrário, uma especialidade dos países do Sul, e não é por acaso que Itália conta com nada menos de três...

Da aldeia à «aldeia planetária»

Além das especializações temática e sociológica, um terceiro critério intervém igualmente na mutação atual da imprensa europeia: a especialização geográfica. No Norte como no Sul, a tendência geral é a regionalização e descentralização da imprensa diária. Para as gentes da chamada «província», as informações de caráter nacional ou internacional propostas pelos meios audiovisuais satisfazem amplamente as suas necessidades nestes domínios. Mas os leitores de província terão de se voltar para os diários regionais para saber o que se passa na câmara municipal, no hospital ou na escola, quais as farmácias de serviço ou os programas de cinema, quem morreu ou foi vítima de acidente, que lojas novos abriram ou que festas vai haver na terra – só nos diários regionais podem encontrar a informação local, que não tem direito de acesso às antenas de rádio ou de televisão, nem mesmo às colunas dos jornais da capital do país.

Esta necessidade de conhecer a atualidade próxima e imediata favoreceu o desenvolvimento de uma imprensa regional – e mesmo local – geralmente modesta antes da Segunda Guerra Mundial, mas que atinge hoje tiragens por vezes enormes. O primeiro diário francês é, desde há vários anos, um regional: *Ouest-France*, de Rennes (784 mil exemplares). E os dois principais diários italianos são, antes do mais, regionais: *Corriere della Sera*, de Milão (502 mil), e *La Stampa*, de Turim (357 mil). No caso de Itália como no da RFA, uma unificação nacional tardia e uma descentralização real da vida política, económica e cultural favorecem particularmente a existência de uma imprensa regional poderosa. E é também a descentralização – reforçada pelo multilinguismo – que explica a importância da imprensa regional na Bélgica e na Suíça.

A expansão da imprensa regional levou, aliás, certos diários de capital a lançar edições regionais com um tronco nacional e internacional comum e um certo número de páginas específicas, diferentes de uma edição para a outra, consagradas à informação regional (casos por exemplo de *Le Figaro*, *France-Soir*, *La Repubblica* ou *El País*). Esta reconversão é aliás possível graças ao fac-símile e à transmissão à distância: a composição e a montagem fazem-se na sede do jornal, enquanto a impressão é efetuada, simultaneamente, em várias oficinas gráficas descentralizadas.

É esta mesma técnica que empregam os diários transnacionais, com edições realizadas em países diferentes e destinadas a públicos originários das classes dirigentes e, sobretudo, dos meios de negócios e da chamada *jet society*: o parisiense *International Herald Tribune* é impresso simultaneamente em Paris, Londres, Zurique, Hong Kong, Singapura, Haia e Marselha; o *Financial Times* em Londres e Francoforte; *The Wall Street Journal* em dezasseis cidades dos Estados Unidos, Hong Kong, Singapura e Bruxelas.

Das «piratas» para as «livres»

No sector da rádio, a diversificação dos programas e dos canais operou-se sobretudo como consequência de quatro fenómenos de natureza diferente: a guerra, o aparecimento da televisão, a vaga de «rádios-pirata» e, por último, o surto das chamadas «rádios livres».

Embora a BBC (British Broadcasting Corporation) dispusesse já de dois canais de rádio diferentes em 1930, o verdadeiro movimento de diversificação começou apenas durante a guerra, com a criação de um programa especial destinado às Forças Armadas. A afirmação da televisão como meio de informação e de comunicação levou uma boa parte dos institutos públicos de radiodifusão a seguir o exemplo da BBC criando três programas independentes, um «primeiro programa nacional», à base de informação e de música ligeira; um «segundo programa regional», descentralizado, de informações regionais, música popular, folhetins e jogos; e um «terceiro programa cultural», consagrado sobretudo à chamada música séria.

O aparecimento de «rádios-pirata» ao largo das costas neerlandesa e britânica a partir de 1960 obrigou a BBC a lançar um quarto programa de música *pop* para tentar recuperar o público jovem da famosa *Radio Caroline*. Com a explosão das «rádios livres» em Itália (1975), na França (1977) e na Bélgica (1978), os organismos públicos foram compelidos a adotar uma estratégia de localização de emissores de rádio com programações independentes.

Instituição mítica do audiovisual europeu, a BBC conta atualmente cinco redes de rádio: *Radio 1*, música *pop* e *rock*, atualidades e programas destinados aos jovens; *Radio 2*, divertimento e música popular para um público *middle of the road*; *Radio 3*, música clássica e *arts*; *Radio 4*, informação, nacional e internacional; *Radio 5*, que deverá reunir um total de trinta e oito estações locais. A estas terá de se acrescentar a célebre *BBC World Service*. Paralelamente, a *Independent Local Radio*, criada em 1972, deverá reunir a prazo quarenta e oito estações comerciais independentes.

Segundo modelo europeu: a França. O instituto público Radio-France engloba seis situações diferentes: *France-Inter*, estação nacional de informação e de divertimento; *France Musique*, estação nacional de música séria; *France Cultura*, estação nacional de informação e de atualidade culturais; duas estações temáticas, uma consagrada aos jovens (*Radio 7*) e uma outra destinada a um público sénior (*Radio Bleue*); uma rede de onze estações emitindo um máximo de música e um mínimo de palavras (*FIP*), sendo estas onze estações locais descentralizadas (as chamadas *radios de pays*). A todas elas vem ainda acrescentar-se *Radio France Internationale*, que tem, todavia, um estatuto jurídico próprio.

Ao lado destas rádios do sector público, quatro estações comerciais «periféricas» de informação e de divertimento ocupam igualmente posições importantes junto do público francês: *RTL*, *RMC*, *Europe 1* e *Sud-Radio*[49]. E a elas há que acrescentar cerca de trezentas estações locais privadas e independentes legalizadas em 1982-83.

Mas a Europa conta também com alguns «antimodelos». É o caso da Itália e da Bélgica, países onde – perante a incúria dos poderes executivo e legislativo em estabelecer um quadro regulamentar de radiodifusão – se desenvolveu uma situação caótica em matéria de rádios privadas. Uma ausência de legislação que tornou possível o aparecimento de centenas de emissoras locais que são, na maior parte das vezes, de nível técnico e jornalístico desolador. Uma situação «selvagem» que permite todas as instrumentalizações dos produtores de discos e dos empresários de vedetas, assim como dos meios políticos e económicos.

A antena da região e do céu

Durante cerca de vinte anos, a Europa viveu num regime de um único canal de televisão por país. Todavia, há uma exceção: a Grã-Bretanha,

[49] Estas quatro rádios privadas eram chamadas «rádios periféricas» porque emitiam para o público francês a partir de países na periferia do território francês: *RTL* (Luxemburgo), *RMC* (Mónaco), *Europe 1* (Sarre) e *Sud Radio* (Andorra).

onde coexistem desde 1955 a BBC, pública (vivendo sobretudo da taxa de licença), e a ITV, comercial (vivendo sobretudo da publicidade). Dois canais com programações destinadas, contudo, a um público vasto e indiferenciado.

Em relação à rádio e sobretudo à imprensa, a diversificação da televisão foi durante muito tempo menos evidente. Três mutações técnicas fundamentais modificaram, todavia, substancialmente a paisagem audiovisual de alguns países europeus: a implantação de redes de distribuição de televisão por cabo, a evolução da tecnologia de produção e de emissão e a entrada em funcionamento de satélites de telecomunicação.

Tradicionalmente, a televisão – como, aliás, a rádio – é captada por via hertziana. Mas o relevo do solo e outros obstáculos naturais ou construídos nem sempre permitem uma receção das ondas hertzianas. A partir de 1960, vários países europeus começaram a instalar redes de cabo destinadas à distribuição das emissões de televisão... à semelhança das redes de eletricidade ou de telefone.

De meados dos anos 1960 a fins dos anos 1970, a maior parte dos países europeus dotou-se de um segundo e por vezes mesmo de um terceiro canal. Um segundo canal que teve geralmente como ponto de partida uma vocação cultural, mas que evoluiu praticamente para uma programação de massa idêntica à do primeiro, enquanto o terceiro canal existe habitualmente sob a forma de rede de estações regionais com uma programação mais ou menos descentralizada (a britânica *ITV* reúne quinze estações, a francesa *FR 3* doze, a alemã *ARD 3* nove e a italiana *RAI 3* vinte e duas).

A comercialização de uma tecnologia de captação e de reprodução das imagens mais ligeira e menos dispendiosa provocou o aparecimento simultâneo de dois fenómenos de natureza diferente a partir de 1976: criação de dez «televisões comunitárias», diretamente conectadas ao cabo, na Bélgica francófona; lançamento de cerca de 350 «televisões livres», locais e privadas, por via hertziana, em Itália. Oito anos depois, o balanço, quer na Bélgica francófona, quer em Itália, é relativamente medíocre, em termos de programação e sobretudo de produção, limitando-se a maior parte das estações italianas a ser «cavalos de Tróia» das produções de «série B» estado-unidenses.

A entrada em cena dos satélites geoestacionários vai, mais do que todas as tecnologias precedentes, revolucionar a paisagem audiovisual. O princípio é simples: a estação de televisão terrestre envia as suas emissões em direção a um satélite no espaço, que as retransmite para a Terra... Mas a vantagem deste sistema é enorme: a área abrangida pelo retransmissor espacial é incomparavelmente superior à de uma simples estação emissora terrestre.

Atualmente, a Europa Ocidental conta já dez estações de televisão por satélite. A mais antiga, *Sky Channel*, foi lançada a 26 de abril de 1982, enquanto todas as outras foram criadas no corrente ano de 1984. Quatro são por enquanto captadas apenas na Grã-Bretanha (*Ten*, *Première*, *Screen Sport* e *The Children's Channel*), uma só na RFA (*PKS*) e outra apenas na Suíça (*Pay Sat*). As outras quatro têm uma dimensão transnacional: *3 SAT* (germanófona, captada em três países), *Music Box* (anglófona, sete países), *Sky Channel* (anglófona, oito países e um potencial de 1,6 milhões de televisores) e *TV 5* (francófona, catorze países e um potencial de dois milhões de televisores).

Os destinos de uma revolução

Em matéria de cabodifusão, a Bélgica detém um recorde mundial: 87,5% das residências que dispõem de aparelhos recetores de televisão estão ligadas a uma rede de cabo. Isto é: os belgas podem, segundo as regiões, captar entre doze e dezasseis canais de televisão. O cidadão de Bruxelas, por exemplo, pode ter acesso a dezasseis programas diferentes: dois belgas de língua francesa, três franceses, um luxemburguês de língua francesa, um franco-belga-suíço de língua francesa, dois belgas de língua neerlandesa, 2 neerlandeses, três alemães e dois ingleses da BBC. Esta situação privilegiada não é, todavia, única: 44% das conexões à cabodifusão nos

Países Baixos (e seis a doze programas) e 35% na Suíça (oito a doze), mas apenas 14% na Grã-Bretanha e menos de 3% na França, em Espanha, em Itália ou na RFA.

De maneira mais ou menos (im)percetível, está a desenrolar-se uma revolução sob os nossos olhos. Uma revolução que avança em dois sentidos opostos: especialização e transnacionalização, pelo que o leitor, o ouvinte ou o espectador viverá cada vez mais uma inconfortável situação de dualidade: no círculo fechado do seu grupo social, do seu horizonte cultural e/ou do seu espaço geográfico, mas também numa «aldeia planetária» que lhe será ao mesmo tempo estranha e familiar, próxima e distante.

Promotores desta revolução no modo de (se) informar e de comunicar: os aparelhos de Estado e os grandes grupos financeiros e industriais. Uma linha de conduta os norteia: o poder – poder político, poder económico, poder *tout court*. Pelo que o destino desta revolução no mundo dos média será implacavelmente determinante sobre o destino dos homens. E sobre o destino das nações. Porque uma nação que perde o controlo dos seus média perderá, inevitavelmente, a sua identidade cultural, a sua identidade nacional...

Texto revisto pelo autor

Edição original: «Média: Do jornal de ontem ao écran de amanhã», in *Expresso*, Lisboa, 29 de dezembro de 1984, pp. 32R e 33R.

4
Do entorpecimento do jornalismo

Embora certas especificidades da informação na Bélgica francófona sejam particularmente acentuadas, encontramo-las em diferentes graus noutras paisagens mediáticas nacionais europeias...

O mal-estar é percetível, sem que se compreendam bem as razões. A acreditar nas explicações habituais, a informação na Bélgica é vítima do tamanho do «mercado», um mercado que lhe proibiria dispor dos meios necessários para ser performante. E, quanto ao resto, os partidos políticos desde há muito que «regimentaram» a informação da primeira instituição média da Bélgica francófona: a RTBF[50]. Mas, como explicar, desde logo, que a informação se encontre de melhor saúde noutros países europeus, mais pequenos ou economicamente menos favorecidos? Quais são as razões da crise do jornalismo belga? E como procurar ultrapassá-las?

Toda a reflexão sobre a informação e o jornalismo na Bélgica deve partir do próprio estatuto dos média. Mas também do estatuto particular dos média na sociedade belga.

No fundo, o que é um média? É um porta-voz, um megafone, um amplificador de voz. Um porta-voz que permite ao seu criador, ao seu proprietário,

[50] Sigla da atual Radio-Télévision belge de la Communauté française, pública.

aos que o fazem funcionar e aos que se servem dele, levarem ao conhecimento de um público mais ou menos amplo os factos que, no seu entender, merecem ser conhecidos. Mas também as análises que eles fazem destes factos, as suas opiniões ou, mais latamente, os seus projetos em termos de sociedade.

Haverá quem diga que o lançamento de um média pode obedecer a considerações puramente financeiras: este passaria assim a ser, muito simplesmente, um lugar de criação de mais-valia. Digamos antes que – neste caso – o fundador de um média se insere deliberadamente na ideologia dominante para fazer dele um «produto» rentável. A dimensão porta-voz não desaparece, no entanto, por isso. Mais frequentemente, passa a ser percetível nos momentos de tensão social (greves, manifestações de rua) ou de controvérsia a propósito de opções consideradas «escaldantes» (nacionalização ou privatização de empresas, legalização ou proibição do aborto, aceitação ou recusa da imigração,...).

Os efeitos do consenso

Tudo isto quer dizer que, qualquer que seja a motivação principal do seu fundador, um média continua a ser um meio para um grupo social se dirigir a um público. Um meio de fazer saber qualquer coisa a outro grupo social, a outros grupos sociais. Mas neste caso é preciso que considere que a sua voz não se faz suficientemente ouvir no concerto social. Ou que os seus interesses não são suficientemente tomados em conta.

Ora, vivemos na Bélgica, numa sociedade de consenso. Numa democracia onde as diferentes componentes sociais, políticas e filosóficas se encontram representadas nos diferentes níveis de poder de decisão. Uma democracia, para dizer a verdade, sem verdadeira oposição, onde unicamente as pastas ministeriais escapam alternadamente a uma ou outra componente importante do tecido social. Uma democracia onde nenhuma destas componentes tem interesse em pôr em questão o funcionamento de mecanismos de que é também parte interessada, e mesmo cogerente.

Desde logo, por que lançar ainda um média? Será um acaso se os mais recentes diários belgas em vida datam do imediato após-Primeira Guerra

Mundial[51]? Se, durante treze anos – até ao lançamento de *Bel RTL*, em setembro de 1991 – nenhuma das rádios privadas dava um lugar suficientemente importante à informação? E se esta fica muitas vezes limitada ao local e é fruto de equipas incrivelmente reduzidas onde abundam estudantes e jovens a recibo verde [*pigistes, freelancers*] privados de qualquer estatuto profissional? Se, em conjunto, as onze televisões locais, aparecidas a partir de 1976, continuam a contar apenas uma sessentena de jornalistas a tempo inteiro[52]?

Os grupos que dispõem dos recursos necessários para poderem criar média e assim fazer ouvir as suas vozes não sentem necessidade disso. Tratar-se-á de pura coincidência se, há alguns anos, a Société Générale de Belgique[53] renunciou logo que pôde ao seu controlo de *La Libre Belgique* e de *La Dernière Heure*[54]? Se o Groupe Bruxelles Lambert[55] recusou as ações de Rossel cobiçadas por Robert Hersant[56]? E se, no início de 1993, Albert

[51] Nenhuma exceção a isso do lado francófono. Do lado neerlandófono, *De Morgen* é na realidade apenas o sucessor de *Volksgazet* e de *Vooruit*, *De F. E. Tijd*, tendo sucedido a *Avond Echo*. Ver, a este propósito, J.-M. Nobre-Correia, «La presse écrite a-t-elle un avenir?», in *La Revue Nouvelle*, Bruxelas, nº 87, nº 3, março de 1988, pp. 247–255.

[52] O que quer dizer apenas mais de metade do diário *Le Soir*, que dispõe da redação mais numerosa da Bélgica francófona.

[53] O maior grupo financeiro e industrial que jamais existiu na Bélgica. Criado em 1822 (antes mesmo da independência do país), foi absorvido em 2003 pelo grupo francês Suez Lyonnaise des Eaux, que o fez desaparecer para dar nascimento ao grupo Suez--Tractebel.

[54] Estes dois diários haviam entrado, no início de 1983, na órbita da SGB, no seguimento das dificuldades financeiras do proprietário Maurice Brébart, do qual diversas sociedades da SGB eram credoras.

[55] Um dos grandes grupos financeiros e industriais belgas que controlou durante anos a Compagnie Luxembourgeoise de Télédiffusion e, no seguimento da fusão da CLT com o alemão UFA, foi acionista minoritário do grupo alemão Bertelsmann.

[56] Dois ramos de uma mesma família controlavam o grupo Rossel (principal grupo de imprensa diária na Bélgica francófona): o de Robert Hurbain (58%) e o dos irmãos Declercq (42%). Tendo estes decidido vender as suas ações, Hurbain podia fazer jogar o seu direito de preempção. Não dispondo da liquidez necessária para comprar as ações

Frère, do mesmo GBL, estava de acordo em adquirir os magazines de televisão *Télémoustique* e *Humo* e os femininos *Elga* e *Gaël*, enquanto o semanário de informação geral *L'Instant*, do mesmo grupo The Press, não lhe interessava? Segundo intervenientes próximos dos dois dossiês, a SGB como o GBL preferiram não permanecer na posição de concorrentes dos outros média e muito menos em passar a sê-lo ainda mais. Para não suprimirem as possibilidades de uma «cobertura» benevolente respeitante às atividades destes dois *holdings*. E para não diminuírem o impacto da informação promocional deles junto dos média.

Por outro lado, as críticas dirigidas aos média belgas «grande público» por uma ou outra das «grandes famílias» políticas e filosóficas são geralmente pontuais e puramente «táticas»: cada uma conta neles os seus «representantes», oficiais ou oficiosos, e nenhuma quer pôr em causa «equilíbrios» de que ela mesma constitui um ponto de apoio. Os protestos tonitruantes de um ou de outro chefe de fila têm apenas por objetivo aumentar a benevolência de um média em relação à sua organização ou alargar a margem de manobra dos que, no interior deste média, envergam as cores desta organização. E isto é verdade, em diversos graus, nos média públicos e nos privados.

As duas mobilidades

A este respeito, o caso da RTBF é, sabemo-lo, suficientemente eloquente. Mas o mais impressionante é, sem dúvida, o das televisões locais onde os mandatários das diversas componentes do «pacto cultural»[57] têm assento diretamente nos conselhos de administração, preocupados em dominar a latitude das redações em matéria de tratamento da informação. Sabemos

dos Declercq, os seus emissários tomaram contacto, em fins de 1986, com Albert Frère (o principal acionista do GBL) para encarar a aquisição em comum destas ações.

[57] Resultado de um acordo entre a maior parte dos partidos políticos belgas, uma lei de 1973 garante a proteção das minorias ideológicas e filosóficas, nomeadamente no seio das grandes instituições públicas do país.

da mesma maneira que, se as rádios «locais» privadas vivem numa jovial ilegalidade quase-permanente, é porque a situação atual foi objeto de uma partilha de influências negociada entre as principais formações políticas[58]. Desde logo, poderá imaginar-se um só instante que elas não esperem poder recolher os dividendos de tal solicitude?...

Porém, esta sociedade de consenso tem outras consequências. Não é pela qualidade da informação que os média se vão distinguir, mas pelas campanhas promocionais. Nem pelas investigações e pelos dossiês rigorosos, mas antes pelas suas ações de patrocínio. Nem pela sua independência de tom, mas pelos seus aspetos visuais. Dito de outro modo: na corrida às «parcelas de mercado», as atividades não-jornalísticas, dizendo respeito na maior parte das vezes à mercadologia [*marketing*], passam a ser mais importantes do que as que dizem respeito ao jornalístico. A forma do jornal (o grafismo, a *mise en ondes*, a decoração do estúdio) domina doravante o fundo, o conteúdo, a qualidade da informação e da análise.

Os operadores média não sentem pois necessidade de dispor de equipas redatoriais numerosas e de qualidade[59]. Daí nomeadamente uma espécie de *gentlemen's agreement* que tem como consequência uma ausência quase total de mobilidade entre as redações dos grandes jornais (escritos, falados ou televisivos). Tal mobilidade conduziria inevitavelmente a uma concorrência entre as redações e a um aumento dos salários dos jornalistas assim disputados, situação que os operadores média procuram absolutamente

[58] O PSC (Parti Social-Chrétien) apoiou assim *Nostalgie* e *Europe 2* (ex-*Top FM*), o PRL (Parti Réformateur Libéral) defende com unhas e dentes os seus filhotes da constelação *Contact-Radio Plus-Club FM*, e o PS (Parti Socialiste) apoia sobretudo *Chérie FM*, *Fun* e *Ciel*.

[59] Jornais «nacionais» com a importância de *Le Soir*, de *La Libre Belgique*, de *La Dernière Heure* e de *L'Écho* contam, respetivamente, 115, 52, 52 e 30 jornalistas permanentes. Em Paris, *Le Figaro*, *Le Monde* e *Libération* ultrapassam, cada um, os duzentos jornalistas permanentes. E, em Lisboa, num país na cauda de pelotão do desenvolvimento económico na União Europeia, *Público* (53 mil exemplares de difusão) e *Diário de Notícias* (40 mil), os dois diários «de referência», contam 143 (dos quais 12 fotógrafos) e 130 jornalistas (dos quais oito fotógrafos).

evitar. Uma combinação que, estejamos certos, decorre mais de uma estratégia tímida de caráter oligopolista do que de uma sã concorrência...

Em contrapartida, pratica-se alegremente e em total impunidade outro tipo de «mobilidade»: a que consiste em passar a ser assessor de imprensa de instituições públicas (ministério, câmara municipal, União Europeia) ou de empresas privadas (direções da comunicação, agências de relações públicas, gabinetes-conselho em comunicação,...). Porém, se a mobilidade entre redações se destina a desesclerosá-las e a insuflar-lhes um novo dinamismo, este vaivém entre redações e meios não-média levanta problemas deontológicos essenciais. Com efeito, como manter a independência quando se têm de tratar informações respeitantes a instituições ou empresas para as quais se trabalhou anteriormente? Será preciso lembrar aqui que as relações públicas (que visam servir os seus empregadores e a promovê-los junto dos média) são em muitos aspetos a própria antítese do jornalismo (que pretende, este, propor aos seus leitores, ouvintes ou espectadores a informação à qual têm direito)?

Que formação?

Semelhante falta de exigência da parte dos operadores média explica também a total ausência de concertação entre eles e as escolas de jornalismo do país, contrariamente ao que se passa noutros países europeus. Não que seja desejável que estas escolas, nomeadamente universitárias, formem futuros jornalistas à medida [*sur mesure*], em função de critérios puramente «empresariais»: a definição de um projeto pedagógico deve continuar a ser apanágio das autoridades académicas. Mas terão elas muito simplesmente uma perceção clara das necessidades (teóricas e práticas) dos meios aos quais pretendem dirigir-se?

Esta ausência de exigência no que diz respeito ao nível de formação dos futuros jornalistas conduziu muito frequentemente a um inverosímil laxismo da parte das autoridades públicas responsáveis do ensino, assim como das autoridades académicas. Durante um quarto de século, as escolas de jornalismo da Bélgica francófona dispensaram sobretudo uma cultura geral bastante ligeira, para não dizer muito baratinha. Para dizer a verdade, não custavam caro aos poderes organizadores e recrutavam muitas vezes estudantes sem grande vocação, por vezes mesmo estudantes com dificuldade em serem bem-sucedidos noutros estudos superiores[60].

Desde o início dos anos 1970, as escolas de jornalismo – a que acrescentaram geralmente a publicidade e as relações públicas – passaram a ser uma mina de oiro. Para as universidades, que contam um destes departamentos há muitos anos. Para as escolas públicas e privadas mais diversas,... que descobriram os encantos [*charmes*] da «comunicação», com direitos de inscrição que sobem por vezes até mais de duzentos e cinquenta mil francos belgas [6250 euros] por nove meses (internato compreendido)!

Ora, se dão muito dinheiro, não custam caro. Se em algumas grandes escolas europeias há apenas vinte ou trinta estudantes por turma, enquadrados por dezenas de professores, encontramo-nos na Bélgica francófona com cem, duzentos e até mesmo quinhentos estudantes por turma! E, no que diz respeito ao enquadramento permanente para os quatro anos de estudos, este varia entre um e nove professores especializados a tempo inteiro. Ainda que convenha acrescentar a estes alguns profissionais que ali passam uma vez por semana, por uma ou duas horas...

Os nossos operadores média satisfazem-se, todavia, com esta situação. As nossas escolas de jornalismo põem todos os anos no «mercado de trabalho» algumas centenas de licenciados ou diplomados (sem contar todos os que saem das escolas de comunicação e que teoricamente não se destinam ao jornalismo). E tal abundância de detentores de um título passado à saída de uma formação manifestamente insatisfatória dá a possibilidade aos operadores média de disporem de um pessoal barato, pau para toda a obra, às ordens.

[60] J.-M. Nobre-Correia, «Journalisme: la double méprise», in *L'Annuaire de l'étudiant*, Bruxelas, setembro de 1992, p. 23.

Toda a gente parece, aliás, satisfazer-se com esta situação: os operadores média que não pagam caro[61]; os meios políticos, sociais e económicos, que assim veem os seus comunicados de imprensa e as suas declarações promocionais relatadas fielmente pelos média, com a insuficiência quantitativa e qualitativa das redações a não lhes permitir fazer um trabalho de verificação, de cotejo, de crítica e de análise. Uma redação que não dispõe de meios humanos e financeiros para tratar a informação é, com efeito, uma redação obrigada a renunciar a parcelas da sua independência e a adotar um «perfil baixo», para não dizer um perfil de subordinado, em relação aos «meios produtores de informação». O consenso reinante não será portanto posto em causa.

Um nível de exigência

Exigem-se cinco anos para ser jurista, engenheiro ou psicólogo, e mesmo sete anos na formação em Medicina. Mas considera-se que quem quer que seja se pode ocupar de informação. Mesmo quando a inserção do cidadão na sociedade e a sua participação na vida da *polis* e no bom funcionamento da democracia dependem da informação, da qualidade da informação que lhe é proposta. Sem esquecer que a dinâmica criativa de uma sociedade é, por seu turno, função dos debates contraditórios que a atravessam, favorecendo o consenso, antes de mais, a inércia e o entorpecimento do tecido social. Razões sobejas que impõem que o jornalismo passe a ser um ofício de alta exigência de qualificação, até porque o que está em jogo é o futuro da democracia.

E o futuro da democracia dependerá não apenas da qualidade da informação, mas também do pluralismo da informação. Ora, se os grupos dominantes da sociedade belga não sentem a necessidade de se dotar de

[61] Comparados com os de outros países da União Europeia, os salários dos jornalistas belgas são muito pouco elevados. E isto quando a profissão supõe uma disponibilidade incalculável de horário e de calendário...

porta-vozes, são os jornalistas que têm de tomar o seu destino nas mãos. Tanto mais que, ao contrário do que se passa na maior parte dos países europeus, a sua falta de iniciativa no que diz respeito ao lançamento de novos média de informação é patente. A sua ausência é particularmente evidente em todos os processos de redefinição da paisagem mediática belga iniciados há uma quinzena de anos.

Ora, é preciso ser claro: um média é sempre o reflexo mais ou menos direto das opções políticas ou estratégicas do seu proprietário, dos seus acionistas. E é utópico imaginar que uma redação possa funcionar em regime de total independência em relação à propriedade do média. A situação é evidentemente diferente no que se refere ao serviço público do audiovisual. No caso de uma propriedade pública, a margem de manobra de uma redação só pode ser, teoricamente, maior. Embora tenha de se bater para a conquistar...

Seja como for, é urgente que os jornalistas adotem uma atitude voluntarista e positiva a propósito do nível de exigência da formação das escolas de jornalismo. Em vez da desconfiança e mesmo do desdém que lhe dedicam, conviria antes convidar estas escolas a praticarem uma política de exigência em matéria de ensino. Uma política que privilegiaria uma cultura geral de alto nível, um espírito de independência e de rigor, um sentido dos direitos e dos deveres dos jornalistas, uma observação escrupulosa dos princípios deontológicos do ofício.

O acaso fazendo por vezes bem as coisas, conviria pedir a quem é simultaneamente ministro da Educação e do Audiovisual[62] que mandasse proceder a uma reflexão sobre o ensino do jornalismo na Bélgica francófona. Elaborar um programa de financiamento destinado a melhorar a sua qualidade e o seu enquadramento. Favorecer o reforço quantitativo e qualitativo das redações dos jornais (escritos, falados e audiovisuais) e das agências de informação, pela contratação de jovens jornalistas com um elevado nível de formação.

[62] Mesmo que não seja neste caso o ministro do Ensino Superior...

Por outro lado, conviria suscitar a criação de estruturas de enquadramento dedicadas ao aperfeiçoamento regular dos jornalistas profissionais[63]. A redistribuição dos papéis entre imprensa diária, impressa periódica, rádio e televisão que se operou desde há trinta-quarenta anos justifica essa necessidade. O tumulto provocado pela chegada da informática e das telecomunicações no seio das redações, com as derrapagens de uma informação em tempo real que provocou, impõe essa urgência[64].

Conviria, finalmente, favorecer a criação de verdadeiros serviços de documentação, e mesmo de um banco central de dados destinado aos jornalistas, sendo os nossos média quase sempre incrivelmente desprovidos deles, quando estes são indispensáveis ao bom tratamento da informação.

Por uma exceção mediática

Porém, a paisagem mediática belga não é uma ilha no seio da paisagem mediática europeia, em geral, e no seio da paisagem mediática francófona, em particular. Ora, perante os meios de que dispõem os média de além-Quiévrain[65] – audiências logicamente maiores e, desde logo, montantes de taxa de licença, de vendas e de receitas publicitárias sem comparação com os dos média belgas –, seremos na maior parte dos casos perdedores[66].

[63] Só o grupo Vers l'Avenir criou, em finais de 1991, um programa de reciclagem de dois anos, em colaboração com uma escola de jornalismo francesa e com a ajuda do Forem (a agência valona da formação profissional e do emprego).

[64] Ver, a este propósito, J.-M. Nobre-Correia, «Le paysage médiatique européen au lendemain de la déréglementation», in *La Presse pouvoir en devenir*, Editions de l'Université de Bruxelles, Bruxelas, 1996, pp. 271–285.

[65] Comuna da Bélgica francófona na fronteira com a França, onde a comuna francesa vizinha se chama Quiévrechain. O termo «além-Quiévrain [*outre-Quiévrain*] significa de facto: para além da fronteira com a França.

[66] O diagnóstico formula-se em termos diferentes para cada um dos quatro média (imprensa diária, imprensa periódica, rádio e televisão), tendo os diários atualmente mais probabilidade de conservar a sua identidade redatorial belga.

Por isso, conviria negociar nesta matéria uma «exceção mediática» – para utilizar termos que estão na moda – perante a França. A «exceção cultural» não deve ser apenas uma reivindicação da Europa perante os Estados Unidos, mas também uma reivindicação das regiões da Europa face ao país dominante da sua bacia linguística e à sua capital cultural. Retorquir-se-á que é demasiado tarde para negociar uma «exceção mediática» com a França. Só semelhante negociação será, no entanto, de natureza a salvaguardar a identidade mediática da Comunidade francesa da Bélgica[67]. Sabemos que as três grandes televisões da nossa vizinha (*TF 1*, *France 2* e *France 3*, que perfazem juntas 32,3% de parte de audiência entre as 17h00 e as 23h00) ultrapassam hoje largamente a *RTBF* (21,5%) ou *RTL-TVI* (26,2%)[68]. As redes de rádio francesas instalaram-se em força e atingem uma parte de audiência muito importante. Enquanto a imprensa magazine de informação grande público de origem belga desapareceu quase dos nossos quiosques de jornais[69]...

Tal «exceção mediática» poderia consistir num certo número de medidas. Por exemplo, o pagamento de um direito de acesso às redes de cabo das estações estrangeiras, sendo as receitas desta taxação inteiramente destinadas à formação e ao aperfeiçoamento dos jornalistas, assim como ao lançamento de novos média por iniciativa de jornalistas; a obrigação de substituir os telejornais franceses por jornais elaborados por redações belgas, compostos por assuntos provenientes da redação central francesa e de assuntos produzidos pela delegação belga[70]; e a imposição de tratar

[67] A Comunidade francesa (e não francófona) da Bélgica reúne a Valónia (com exceção dos Cantões de Leste, germanófonos) e Bruxelas (região que tem como línguas oficiais o francês e o neerlandês, com diversos indicadores a permitirem concluir que é de facto francófona a 92% e sendo as estatísticas oficiais em matéria linguística legalmente proibidas!).

[68] *MM News*, Bruxelas, nº 201, 8 de setembro de 1993, p. 17.

[69] Semanários de grande público cujo conteúdo redatorial é produzido na Bélgica: *Ciné Télé Revue*, *Femmes d'Aujourd'hui*, *Flair*, *Foot Magazine*, *Le Soir illustré*, *Télémoustique*, *Télépro* e *Trends Tendances*.

[70] Concretamente, tratar-se-ia de produzir telejornais à maneira do que eram os da *RTL Télévision*, quando esta era emitida a partir do Luxemburgo, para a Bélgica: os assuntos

um certo número de assuntos sobre a Bélgica nos magazines televisivos de informação franceses difundidos a partir de Paris.

Em matéria de rádio privada, conviria impor aos diversos operadores a exigência absoluta de emitirem radiojornais e um certo número de magazines de informação elaborados por redações belgas, levando a não observação de tal exigência à perda da licença de exploração da frequência. E porque não encarar a obrigação, para a imprensa magazine francesa, que atinge um certo nível de difusão e de receitas publicitárias na Bélgica, de inserir cadernos de natureza redatorial (e não unicamente publicitária, como é muitas vezes o caso hoje) que abordassem assuntos belgas e realizados por redações belgas[71]?

O reflexo da sua vida quotidiana

Sejamos claros: não se trata de modo algum de preconizar um protecionismo míope ou um nacionalismo duvidoso em relação aos média franceses. Felizmente podemos dispor na Bélgica dos média hexagonais[72]: estes propõem-nos um olhar diferente sobre a atualidade, a cultura e os assuntos do mundo. Trata-se muito mais simplesmente de reivindicar o direito para os cidadãos deste país de serem informados sobre a sua própria vida quotidiana[73]. De reivindicar também, para aqueles que neste país fazem da informação o seu ofício, o direito de o exercerem aqui e agora. De reivindicar, feitas as contas, «exceções mediáticas» que poderiam ter como origem Lião [*Lyon*], Marselha, Bordéus ou Lille em relação ao mesmo umbigo-mediático imperial parisiense.

não-belgas eram produzidos pela redação luxemburguesa, encarregando-se Bruxelas dos assuntos belgas.

[71] À imagem do semanário *Le Vif-L'Express* ou du mensário *Notre Temps*, que têm ambos equipas redatoriais em Paris e em Bruxelas.

[72] Dada a sua configuração geográfica, designa-se muitas vezes a França por Hexágono, com o adjetivo «hexagonal» ou «hexagonais».

[73] Ver, a este propósito, J.-M. Nobre-Correia, «La Belgique, département médiatique français», in *Médiaspouvoirs*, Paris, nº 23, julho–setembro de 1991, pp. 55–63.

É certo que tais medidas não serão fáceis de tomar. Trata-se, neste caso, de uma opção política importante, extremamente difícil de assumir. Mas, numa altura em que a enorme vaga de livre-troca [*libre-échangisme*] preconiza uma política dos média «sem fronteiras», se não se tomarem tais medidas, caminharemos a passos largos para uma União Europeia cuja paisagem terá o aspeto de um arquipélago[74]. Um arquipélago composto por algumas grandes capitais que ditarão a informação que convirá recolher, tratar e difundir. Um arquipélago perdido no meio de um vasto deserto cultural de regiões que deixarão de encontrar na imprensa, na rádio ou na televisão um reflexo da sua vida quotidiana...

Texto revisto e traduzido pelo autor

Este texto toma como ponto de partida a intervenção do autor nos Carrefours de l'Audiovisuel, reunidos por iniciativa do ministro da Educação e do Audiovisual da Comunidade Francesa da Bélgica, em setembro-dezembro de 1993.

Edição original: «Du journalisme en Belgique», in *La Revue nouvelle*, Bruxelas, vol. 98, nº 12, dezembro de 1993, pp. 80-88.

[74] Ver, a este propósito, J.-M. Nobre-Correia, «Formes et limites du paysage médiatique européen» e «Les multiles pratiques du public», in François Féron e Armelle Thoraval (org.), *L'État de l'Europe*, Paris, La Découverte, 1992, pp. 285–296.

5
A vertigem francófona

Perante uma atualidade em permanente ebulição que caracterizou a sociedade portuguesa em 1974-75, os média adotaram uma abordagem largamente desconectada da sua realidade história e sociológica...

Quando, na manhã de 25 de abril de 1974, as rádios europeias anunciaram o golpe militar que acabava de ter lugar em Portugal, nenhum dos grandes média de língua francesa dispunha de um correspondente permanente em Lisboa. E muito menos em nenhuma das ex-colónias portuguesas... Pior do que isso: poucas redações francófonas estavam em condições minimamente satisfatórias para poderem «cobrir» seriamente a atualidade portuguesa ou a das ex-colónias.

As razões de uma tal situação são fáceis de compreender. Em primeiro lugar, a natureza autoritária do regime salazarista fazia que a informação circulasse dificilmente no interior das fronteiras do território nacional. Toda e qualquer iniciativa por parte de um jornalista estrangeiro com vista a informar sobre a realidade portuguesa transformava-se rapidamente numa «expedição» particularmente difícil.

Por outro lado, Portugal não fazia então parte – e continua a não fazer parte – daquilo que o sociólogo norueguês Johan Galtung chamou as «nações de elite». Isto é: as nações que – por razões várias, nomeadamente económicas e diplomáticas – focalizavam as atenções dos média. Portugal fazia parte daquilo a que certos jornalistas chamam hoje «zonas cinzentas do planeta».

Em terceiro lugar, a conceção jornalística dominante, que leva os média a interessarem-se antes do mais pelos acontecimentos fortes, fez que – durante muitos anos – os média francófonos não se tenham preocupado com os «brandos costumes» da sociedade portuguesa.

Das opções possíveis às velhas receitas

Salvo raríssimas exceções, a ausência de correspondentes permanentes não seria resolvida durante o período da revolução. Primeiro, os jornalistas portugueses eram considerados demasiado *engagés*, comprometidos com os acontecimentos, para poderem satisfazer as necessidades dos média e dos públicos estrangeiros. Segundo, o interesse da atualidade portuguesa não era julgado suficientemente importante e permanente para que um média destacasse um ou outro dos seus jornalistas como correspondente(s) em Lisboa, decisão que comportava encargos financeiros inevitavelmente pesados. Terceiro, a proximidade geográfica de Portugal levava os média a preferirem a solução dos enviados especiais, que se deslocavam até Lisboa em função das necessidades da atualidade.

Desde logo, os principais fornecedores da informação dos média francófonos foram as agências de informação. Sobretudo a Agence France Presse. Mas também a britânica Reuters e a estado-unidense Associated Press, enquanto a outra agência dos Estados Unidos, a United Press International, contribuiu de maneira bastante menos percetível para a realização dos jornais francófonos.

A importância do papel das agências de informação foi particularmente evidente no caso dos jornais suíços, com tiragens reduzidas e por isso mesmo limitados nas suas iniciativas. Este papel foi igualmente relevante na imprensa belga, se bem que os dois diários francófonos de referência

(*La Libre Belgique* e *Le Soir*) tenham mandado regularmente enviados especiais a Portugal, quando tais iniciativas foram extremamente raras nos diários populares ou nos diários regionais. Por seu lado, o contexto político interno[75] e a importância das tiragens dos jornais franceses fizeram que tenham sido eles os diários e os semanários francófonos europeus com maior capacidade de iniciativa, suscetíveis de propor uma melhor e mais larga cobertura da atualidade portuguesa.

Chegados a Lisboa, os enviados especiais dos média europeus e das agências mundiais de informação aplicaram à atualidade portuguesa as velhas receitas da conceção dominante do jornalismo: por um lado, uma informação construída, antes do mais, à volta de acontecimentos fortes, à volta daquilo a que chamaríamos em francês a *information événementielle*, que poderíamos traduzir por «informação acontecimental»; por outro, uma problemática construída à volta de um reduzido número de personalidades emblemáticas.

A informação construída em torno de acontecimentos fortes provocou variações consideráveis do grau de atenção prestada pelos média francófonos à atualidade portuguesa. Se tivermos presentes as principais datas do primeiro ano da «Revolução dos Cravos»[76], três momentos foram privilegiados pelos média: o período que foi de 26 de abril a 1 de maio de 1974; o de 12 de março a 25 de abril de 1975; e o que se seguiu imediatamente, indo de 26 de abril a 1 de maio de 1975. Isto é: o período sequente a um golpe de Estado; o que foi de uma tentativa de golpe de Estado e da nacionalização da banca até às vésperas das primeiras eleições constituintes; e o período após as primeiras eleições constituintes.

[75] Eleição presidencial antecipada, no seguimento da morte do presidente Georges Pompidou, em abril de 1974, ao qual sucederia Valéry Giscard d'Estaing; afirmação cada vez mais evidente da «esquerda unida» na cena política francesa.

[76] Este texto baseia-se numa análise da imprensa francófona durante os acontecimentos que tiveram lugar em Portugal durante 1974 e 1975, e mais particularmente numa pesquisa sobre o período que foi de 25 de abril de 1974 a 30 de abril de 1975.

Os reveses da informação acontecimental

Este facto significa que os média prestaram antes de mais atenção à atualidade imediatamente anterior ou posterior a um momento marcante da democracia parlamentar: as eleições. Em contrapartida, o período que mereceu menos atenção por parte dos média foi o de 1 de outubro de 1974 a 20 de janeiro de 1975. Ora, no que diz respeito ao primeiro ano da revolução, foi neste período que as principais peças do xadrez político e militar se moveram abertamente, para ocupar posições a partir das quais seriam lançados os assaltos que caracterizaram a vida portuguesa durante o ano de 1975.

A perspetiva da informação acontecimental – e a consequente descontinuidade da cobertura da atualidade que ela provoca – levou os média francófonos a não se aperceberem geralmente da importância da fase da revolução que foi de 28 de setembro a 11 de março. Por outro lado, esta prática da informação acontecimental provocou evidentemente em muitos média francófonos uma descontinuidade na cobertura da atualidade portuguesa, levando ao público aquilo que o sociólogo francês Abraham Moles chamou uma «visão em mosaico» de atualidade, que o impede de ter uma visão coerente dos acontecimentos.

Paralelamente a esta conceção de informação acontecimental, os enviados especiais dos média europeus e das agências mundiais aplicaram também uma velha receita do jornalismo dominante que preconiza a construção da informação em torno de personalidades emblemáticas, em torno de um rosto e se possível de um herói. Uma prática teorizada nos anos 1920 por Henry Luce, fundador das *Time* e *Life*, estado-unidenses, para quem a informação deveria necessariamente ser construída em torno de um protagonista, os movimentos sociais e os conflitos sociais ou políticos devendo ser traduzidos como simples rivalidades entre duas pessoas. Uma conceção jornalística reforçada nos anos 1940-50 pelas teorias do «*human interest*» de Rudolf Flesch.

Desembarcados em Lisboa, os jornalistas francófonos – após algumas horas ou dias de hesitação – escolheram rapidamente os símbolos da revolução. O herói absoluto será António Espínola. A nível menos importante situar-se-á Mário Soares, enquanto Álvaro Cunhal, Vasco Gonçalves, Francisco da Costa Gomes e até Marcello Caetano situar-se-ão ainda mais longe na galeria dos heróis. Os símbolos da atualidade podem pois não ser a expressão do poder real nem mesmo ter uma relação direta com a atualidade real. O que conta são as funções atuais ou passadas. O que conta é ser ou ter sido «número um».

Perante as forças em presença, os média escolheram um líder e elegeram uma vedeta entre vários líderes, cada uma delas dispondo de uma antivedeta, do seu *challenger.* Em contrapartida, personalidades que detinham por vezes realmente o poder, ou que jogavam um papel decisivo na evolução da situação, não mereceram as atenções dos média, pela simples razão que não ocuparam funções oficiais de primeiro plano.

Uma grelha de leitura transposta

Perante as formações políticas em presença, os média francófonos adotaram uma grelha de análise idêntica. O herói negativo foi assim o PCP, partido utilizado como um espantalho que fazia medo aos europeus defensores da democracia parlamentar. O herói positivo foi evidentemente o PS, grande defensor da democracia e da liberdade, segundo eles, enquanto o PPD apareceu como o único *challenger* possível do PS. E só o MDP, o CDS, o Partido da Democracia Cristã e o MRPP mereceram de vez em quando as atenções. Na cobertura da atualidade portuguesa, toda e qualquer luta de natureza política ou social passou a ser polarizada à volta de dois únicos partidos, espécies de *challengers* de um duelo permanente.

Nesta matéria de partidos políticos, os média francófonos aplicaram, porém, uma grelha de leitura transposta da que lhes servia para analisarem a vida política interna dos seus países de origem. Foi esta, aliás, a característica principal da cobertura que fizeram da realidade portuguesa: a aplicação de uma grelha de leitura da vida política de um sistema democrático parlamentar (belga, francês ou suíço) instaurado de longa data a uma situação revolucionária (portuguesa) cujas premissas lhes escapavam.

A importância tomada pelo editorialismo (mais de opinião e de combate do que de interpretação e de análise), em detrimento da investigação e da reportagem, foi particularmente reveladora desta desconexão em relação à realidade portuguesa, tal como a adoção de uma atitude de trincheira pelas redações francófonas, pouco favoráveis a uma abertura a colaboradores exteriores, a análises vindas do exterior e nomeadamente de Portugal. Abertura que foi naturalmente mais evidente nos jornais de qualidade, geralmente sensíveis ao mundo exterior, do que nos populares, tradicionalmente mais atentos à «informação de proximidade».

No espaço europeu, os acontecimentos de 1974-75 em Portugal constituíram provavelmente, até hoje, o último sobressalto de uma esquerda e de uma extrema esquerda arreigadas a uma certa conceção da História, de uma esquerda e de uma extrema-esquerda ainda impregnadas dos valores eclodidos nas lutas sociais dos fins do século XIX e dos começos do século XX, na resistência ao fascismo e ao nazismo dos anos 1930-40, assim como nas efervescências socioculturais dos anos 1960-70.

No universo mediático francófono (e até mesmo europeu), os acontecimentos de 1974-75 em Portugal constituíram o último afrontamento ideológico entre conceções divergentes sobre o tratamento da informação referente a um país em mutação acelerada. Um país cujas estruturas políticas, sociais e económicas vacilavam ao sabor das ondas de um porvir incerto. Atingidos pela vertigem, os média de além-Pirenéus amarraram-se desesperadamente aos pontos de referência dos seus próprios países de origem...

Texto revisto pelo autor

Edição original: «A vertigem francófona», pp. 151-155, in Mário Mesquita e José Rebelo (org.), *O 25 de Abril nos Media Internacionais*, Porto Afrontamento, 1994, 310 p.

6
Um olhar equívoco

Ao porem em prática uma certa conceção do tratamento jornalístico da atualidade, os média agem demasiadas vezes como agentes catalisadores irresponsáveis da afirmação da extrema-direita...

Esquecemo-lo demasiadas vezes. Mas, há meio século, assistimos a uma rutura no sistema da informação. Ao antigo, dominado pela imprensa escrita, sucedia outro onde a rádio se impunha. E ao reino da concorrência desenfreada entre grandes diários sucedia uma ordem muito convencional, largamente regida pela tutela pública.

Será preciso recordar que a imprensa no período entre as duas guerras mundiais não era exatamente um modelo de virtude? Os jornais às ordens eram imensos. A corrupção era uma prática corrente. E a ética da informação um género bastante raro. Um conjunto de factos que talvez não tenham deixado de ter influência na emergência da extrema-direita da época.

Quando na verdade a rádio passou a ser o média dominante, a sua colocação sob tutela pôs ordem em tais práticas. E o potencial do direto, que constituía uma das maiores novidades da rádio em relação à imprensa, foi neutralizado pela tutela à qual foi rapidamente submetida. Para além das regras estabelecidas por um Ministério da Informação ou pelo conselho de administração de uma rádio pública, ou até mesmo privada[77], a atitude reservada do «locutor» bastava, por si só, para retirar fortemente o conteúdo emocional a qualquer informação.

A rádio conhecerá, no entanto, uma mutação essencial no decorrer dos anos 1950. Substituindo o jornal do «locutor» por um jornal a várias vozes, falado e não lido, com intervenções em direto, abriu fissuras nos entraves estabelecidos. As vozes, os risos, as lágrimas, os ruídos ou mais simplesmente os sons introduziam a emoção no campo do jornal. A chegada da televisão e da imagem reforçou esta evolução. Mas, mais uma vez, o desenvolvimento do novo média foi travado por um poder público que controlava mais ou menos estreitamente os institutos públicos, como as poucas estações privadas.

A desregulamentação da rádio e da televisão, a partir dos anos 1970, introduziu uma lógica de concorrência no tratamento da informação[78]. A proliferação dos emissores provocará uma fragmentação das audiências e, desde logo, uma escalada [*surenchère*]. Porque os custos dos conteúdos, dos programas, como as procuras dos anunciantes, incitam a uma abordagem «audiométrica» da difusão.

Posta em surdina por uma imprensa «saneada» em busca de respeitabilidade após a Segunda Guerra Mundial, assim como por um audiovisual contido nos seus movimentos durante trinta a quarenta anos, a maior parte das derrapagens da informação operadas durante um século (do nascimento da imprensa «industrial» até à Segunda Guerra Mundial) regressaram a galope[79]. Reforçadas pelas potencialidades dos novos média (o som,

[77] Assim, aquando da criação de *Radio Luxembourg*, emissora da Compagnie luxembourgeoise de Radiodiffusion (antepassada da atual CLT), a Commission d'études sur la radioélectricité propõe que «as notícias e os programas difundidos deverão ser censurados». O caderno de encargos dirá, por seu lado, que «as informações e comunicações far-se-ão num espírito de rigorosa imparcialidade».

[78] J.-M. Nobre-Correia, «Formes et limites du paysage médiatique européen», in F. Féron e A. Thoraval (org.), *L'Etat de l'Europe*, Paris, La Découverte, 1992, pp. 285–292.

[79] Tomando embora contornos diferentes. Sabemos que a História nunca apresenta duas vezes os mesmo pratos...

a imagem, o direto, a transmissão em tempo real), mas também pelas de um sistema de informação entregue à lógica da concorrência.

Da desestabilização à insegurança

A lógica da concorrência provocou primeiro uma «desierarquização» da informação. Antes, os média propunham um desenrolar da atualidade que obedecia a um «esquema»: a política e o social precediam a cultura e a economia, antes de se abordar o desporto e, mais raramente, os *faits-divers*. Um desenrolar discutível, que propunha, porém, de maneira até de certo modo implícita, pontos de referência, e até mesmo uma hierarquização dos valores. Alterando este «esquema» clássico, a lógica da concorrência provocou uma destabilização dos leitores, ouvintes e espectadores. Quando a própria evolução da sociedade os deixava cada vez mais desprovidos de um conjunto de valores que tornava a leitura da atualidade mais fácil.

Esta destabilização é ainda reforçada pelo sentimento de insegurança decorrente do tratamento da informação. Porque o som e a imagem acentuaram a «acontecimentização» da atualidade. Até porque a rádio como a televisão têm raízes plurais. As da imprensa de informação, é certo. Mas também as do espetáculo musical e teatral, no caso da rádio. Mais ainda as do magazine de fotografia e do cinema, no caso da televisão. O que as leva a apelarem antes de mais às sensações em vez de convidarem à reflexão. A proporem uma leitura de emoção da atualidade em vez de uma leitura de razão.

Ora, a «acontecimentização» da informação constrói-se em torno do que sai do habitual, do decorrer das coisas[80]. Em torno do que provoca uma fratura, uma rutura. Em torno do que é negativo. Do que, no fim de contas, diz respeito ao disfuncionamento da natureza e da sociedade. Isto é: em torno do que provoca por vezes o sorriso, e bem mais vezes o medo e a angústia. E, quando o medo e a angústia não são suficientemente fortes,

[80] J.-M. Nobre-Correia, «La logique de l'événement», in *Information et Media*, Bruxelas, MCF, 1979, pp. 143-150.

porque os factos ocorreram noutro lugar, longe daquele onde vivemos, fazem-nos «realçar» [*mousser*] à vontade. Recorrendo de bom grado a uma das figuras impostas pelo reportório jornalístico: estamos nós ao abrigo de fenómenos, naturais ou de sociedade, tão inquietantes[81]?

A eterna estratégia do medo

Por razões de mercadologia [*marketing*] elementar, para afirmarem a sua existência, para serem percebidos como indispensáveis à vida de cada um, os média recorrem de bom grado a uma estratégia do medo. Pelo que veem em qualquer explosão a hipótese de um atentado, em qualquer assassinato de que ignoram os motivos a de um ato terrorista, em qualquer queda de um avião a de um falhanço técnico inerente à conceção do aparelho (passando desde logo todos os aparelhos deste tipo a ser suspeitos)[82], em qualquer género alimentício estragado a de um gesto deliberado de envenenamento à mais larga escala. Da mesma maneira que todos os repetidos alertas à bomba, por mais disparatados que sejam, têm direito a repetidos

[81] No dia seguinte ao de um atentado em Paris, *La Nouvelle Gazette* (de 26 de julho de 1995) punha como título na primeira página: «Atentado mortal em pleno metro.» Mas, logo no dia seguinte, o mesmo jornal, sempre na primeira página, fazia a pergunta: «E no nosso país?», um título acompanhado de uma grande fotografia em quadricromia mostrando bombeiros a socorrerem um ferido, assim como um subtítulo muito significativo: «Se uma bomba explodisse no metro de Bruxelas, como se organizariam os socorros? Seriam tão rápidos e eficazes como em França? Existe realmente no nosso país um "plano vermelho" de segurança?» Mesma *démache* na primeira página de *La Lanterne* de 19 a 20 de agosto de 1995: «Atentado de Paris: e no nosso país?» Explicando em subtítulo: «A vigilância não foi reforçada, mas as medidas tomadas depois do primeiro atentado continuam a estar em vigor». Enquanto *La Dernière Heure* do mesmo dia, sempre na primeira página, avança uma interrogação: «A pergunta que se faz em Paris/Terroristas... da Bélgica?»

[82] Em fim de março de 1995, a queda de um avião da Tarom nos arredores de Bucareste levou os média a passarem em revista toda a panóplia clássica: a explosão (a 4 de abril de 1995, *La Dernière Heure* punha como título «A explosão misteriosa» e *La Nouvelle Gazette* «Era uma explosão»), o atentado, uma pequena série de reivindicações terroristas e todos os pequenos contratempos dos outros aviões do mesmo tipo. Antes de concluir, dez dias mais tarde, com uma falha técnica menos apetitosa...

ecos sobre o assunto nos média. E passa-se assim da «acontecimentização» da informação à sua «pseudo-acontecimentização»...

Mais ainda: até não-acontecimentos focalizam a atenção dos média. Quantas vezes não vimos o treino de bombeiros, polícias ou militares, para um qualquer «plano catástrofe» (acidente de avião, incêndio, evacuação de um imóvel, por exemplo), fazer a abertura de um telejornal ou da primeira página de um diário? Mais do que um pseudo-acontecimento, trata-se no caso presente de um não-acontecimento. Mas de um não-acontecimento que «faz imagem», suficientemente «realista», logo, para atrair ainda assim a atenção e a emoção do público...

A acontecimentização da informação, a procura permanente de emoções pelos média (*démarche* que vai *crescendo*, da imprensa para a rádio e da rádio para a televisão), constitui assim um fator catalisador do sentimento de insegurança. A informação em tempo real, privilegiando os acontecimentos em que a tensão é extrema e o desfecho incerto (Praça Tiananmen, Guerra do Golfo, assalto ao parlamento russo,...), só faz aumentar este sentimento de insegurança. Assim como a exigência de segurança que é o seu corolário.

Reencontramos nós a trama da vida quotidiana nos média grande público? Ao observarmos a cobertura que fazem da atualidade, é forçoso constatar que não há vida quotidiana nas fábricas, nos escritórios, nos hospitais ou nas escolas. Não há instituições e empresas no dia a dia, com as suas condições de trabalho, os seus projetos, as suas realizações, os seus fracassos, as suas tensões internas. Há apenas greves. Ou manifestações alegres e irresponsáveis de pessoas que vão talvez perder os seus postos de trabalho. Pouco ou nada de explicações, de perspetivações. Mas o espetáculo da desordem, da violência e da destruição. Razões para suscitar a incompreensão e o medo do público. E razões para levar a que desejem «homens de pulso que ponham ordem nisso tudo»[83]...

[83] Por ocasião das eleições presidenciais em França, e a propósito de uma sondagem da Sofres, *Le Monde* (datado de 11 de abril de 1995) punha como título : «Os franceses desejariam um "chefe" que "ponha ordem" e "comande"...»

A descredibilização dos políticos

Outra *démarche* clássica do tratamento da informação é igualmente de natureza a produzir efeitos negativos nos leitores, ouvintes e espectadores: a da «protagonização» da informação. A informação deve salientar «o interesse humano». A atualidade deve ser construída em torno de protagonistas. «Os acontecimentos novos não devem a sua origem a "forças históricas" ou a governos ou a classes sociais, mas a indivíduos», recorda o magazine *Time* aos seus jornalistas.

Rapidamente, caiu-se na caricatura. A atividade diplomática no mundo passou assim a ser uma sucessão de imagens de descidas de avião ou de limusina, de apertos de mão, de pequenas frases e de receções mais ou menos fastuosas. A ação dos governantes é traduzida por uma série de imagens onde nunca se vê que eles trabalham, estudam dossiês, discutem o conteúdo destes e decidem de sua aplicação, mas antes que viajam e se divertem... «à custa dos contribuintes». Enquanto os congressos e as campanhas eleitorais dos partidos passam a ser muitas vezes manifestações onde o gosto licencioso e o sentido da farsa se disputam.

O mundo político e a vida política deixam assim a impressão de um meio desconectado da vida real, levando uma vida luxuosa e, no fim de contas, fútil. Vá-se lá depois fazer crer aos eleitores que são estes mesmos protagonistas da vida política que poderão resolver os problemas a que estes eleitores se veem confrontados... De resto, serão eles capazes disso, estes responsáveis de tantos «trabalhos inúteis»[84] apresentados durante numerosos fins de semana pelo telejornal sob um registo de espetáculo cómico e de requisitório sem apelo?

Este espetáculo de um estilo de vida luxuoso leva o público a sentir-se excluído, a tomar consciência da sua marginalização em relação à

[84] Trocadilho que joga com o título de uma célebre série semanal de reportagens da televisão pública belga francófona RTBF, que punham em evidência obras públicas começadas e não acabadas ou que, embora realizadas, vieram a não ter utilidade ou a não ser sequer utilizadas.

«verdadeira vida» de que falam os média. E a experimentar o sentimento de não participar no festim dos políticos. Mas assistir-se-á alguma vez aos festins dos homens de negócios, dos grandes desportivos ou das estrelas de cinema? É bem sabido que estes últimos só fazem trabalhar, regressar ajuizadamente a casa depois de horas de trabalho, jantar em família e mais raramente no restaurante da esquina... Ou talvez as suas direções de comunicação sejam mais hábeis do que as dos homens políticos...

Os que convém respeitar

Esta impressão de um meio fútil, no fim de contas estúpido e ridículo, manipulador e desonesto, é reforçada pelo atual fenómeno do «marionetismo». O *Bébête Show*, os *Guignols de l'Info* e outros *Décodeurs de l'Info*[85], embora abordando pontualmente aspetos da vida económica, cultural ou desportiva, fazem da vida política o seu prato preferido[86]. E, quando se é espectador habituado a este género de emissões, poderá depois tomar-se muito simplesmente a sério um homem político e a sua ação, quando as marionetas dão dele uma imagem grotesca?

Seja como for: com os homens políticos, as marionetas e outros imitadores podem gozar à vontade. Potencialmente, não são vedetas de emissões de grande audiência e menos ainda anunciantes a quem convém fazer a corte. Em contrapartida, podemos constatar que os meios económicos e financeiros, mesmo quando saltam para a primeira página da atualidade, são globalmente poupados pelos «brincalhões públicos» particularmente

[85] Três emissões de humor interpretadas por marionetas, respetivamente nas francesas *TF 1* e *Canal Plus* e na belga RTBF.

[86] Estas três emissões de marionetas apresentam evidentemente características diferentes. Programadas ao mesmo momento que os jornais de 20 horas da *TF 1* e da *France 2*, os *Guignols de l'info*, no *Canal Plus*, colam-se cada vez mais à verdadeira atualidade do dia. E esta preocupação levou *Canal Plus* a programar, a 7 de maio de 1995, um serão consagrado à segunda volta das eleições presidenciais à mesma hora das televisões generalistas hexagonais, com o anúncio do candidato eleito ao mesmo momento das outras estações.

respeitadores do poder do dinheiro[87]. Quando se viram Etienne Davignon, Albert Frère ou André Leysen[88], cujas fisionomias são, no entanto, bem conhecidas, merecer a solicitude regular e atenciosa dos *Décodeurs de l'Info*[89]?

Jogando em permanência com o falso-verdadeiro e o verdadeiro-falso, as marionetas e outros imitadores não podem senão provocar um tremendo efeito de embrulhada nos espíritos. Espantar-nos-emos, desde logo, que o público já não consiga distinguir a realidade da caricatura, a verdadeira perspetivação da informação da simples beliscadela humorística[90]?

Refazer-se uma virtude democrática

Os média e os jornalistas correm atrás do sensacional, do espetáculo e da emoção. A ética e a deontologia dão-lhe, porém, má consciência. Pelo que, perante representantes da extrema-direita, têm a preocupação de se refazerem numa virtude democrática. Fazendo-lhes perguntas que

[87] Aqui também, os *Guignols de l'info* constituem um caso à parte, na medida em que *Canal Plus* vive sobretudo das assinaturas, sendo as receitas publicitárias relativamente marginais. O que explica que os *Guignols de l'info* não se privem de troçar com o Presidente-Diretor Geral (PDG) de PSA (Peugeot Société Anonyme), Jacques Calvet, por exemplo.

[88] Três altos representantes do capitalismo belga.

[89] Alguém viu Pierre Suard, PDG de Alcatel-Alsthom, transformado em marioneta? Quando se é patrão do segundo grupo industrial francês e de um poderoso grupo média (*L'Express* – e, por conseguinte, *Le Vif-L'Express* –, *Le Point, Courrier international, Lire, Gault et Millau*, Cep Communication, Groupe de la Cité, *Radio Nostalgie, Plaisance TV, Euronews*) e se suprimiu a publicidade a todos os que (*L'Expansion, Capital, Le Nouvel Economiste* e *Le Monde*) ousaram publicar outra coisa que não a versão oficial da vida do grupo, as marionetas tornam-se discretas...

[90] No entanto, depois das eleições presidenciais de abril-maio de 1995, em França, «segundo uma sondagem "saída das urnas", realizada pelo CSA depois da primeira volta, 13% dos franceses admitiam que as emissões satíricas tinham sido "o meio mais útil para fazer a sua escolha"; a taxa atingia 25% entre os jovens e 17% entre os eleitores de Jacques Chirac... Melhor: nas entrevistas diretas conduzidas pelo instituto todas as noites durante semanas, os *Guignols* eram sistematicamente citados, mesmo pelos menos jovens» (Véronique Maurus, «La "machine Guignols», in *Le Monde*, Paris, 15 de junho de 1995, p. 13).

nunca ousariam fazer aos mandatários políticos democráticos[91]. Mais ainda: adotando invariavelmente um tom em que a agressividade em relação ao entrevistado de extrema-direita é vagamente encoberta. Criando frequentemente uma reação de solidariedade do público para com o entrevistado maltratado, com quem «não se foi objetivo» e que se encontra assim no papel compensador de «vítima». Esquecendo assim que «os média favorecem sempre o agredido em detrimento do agressor»[92].

Da mesma maneira, por ocasião de comícios ou de manifestações da extrema-direita, os jornalistas procuram absolutamente dar uma imagem de respeitabilidade de si mesmos. Tomando mais ou menos abertamente posição. Querendo demonstrar a «inaceitabilidade» dos temas de que trata a reportagem. Pondo em valor características que declaram ameaçadoras e que mais não fazem do que pôr em evidência um folclore de mau gosto, algumas vezes risível. «Fazendo da extrema-direita meia dúzia de nostálgicos do nazismo, uns espécimes folclóricos manipulados por um escroque [...], ridicularizando rapidamente alguns dos seus representantes.»[93] Pode defender-se a ideia de um afastamento da extrema-direita dos média democráticos. Em contrapartida, se estimarmos que é preciso dar conta dos seus programas, das suas iniciativas e das suas tomadas de posições, então convirá adotar a mesma atitude que perante os partidos democráticos. Adotar uma atitude de profissionais exigentes e não deixar no público a desagradável impressão de se comportarem como servidores dedicados «do regime»[94]. Nem procurar

[91] Gérard Carreyrou, entrevistando Jean-Marie Le Pen, a 26 de fevereiro de 1995, no «7 sur 7», na *TF1*, em substituição de Anne Sinclair, ilustrou bem esta afirmação. «Nos dias seguintes da sua passagem no "7/7", as sondagens começaram a registar uma subida das intenções de voto em favor do candidato de extrema-direita», escreve *Le Monde* (datado de 14 de avril de 1995), num perfil de Le Pen.

[92] François-Henri de Virieu, *La médiacratie*, Paris, Flammarion, 1990, p. 245.

[93] Marc Lits, «L'extrême-droite: comment en parler?», in *La Lettre de l'ORM*, Lovaina-a--Nova, nº 3-4, fevereiro de 1995, p. 9.

[94] Porém, será ainda preciso para isso que os jornalistas não adotem uma atitude de complacência em relação aos representantes dos poderes instituídos...

fazer da extrema-direita e dos seus representantes atores de uma farsa[95]. E, perante a opinião pública, a extrema-direita desmontar-se-á ela mesma, pela indigência do seu discurso e pela violência do seu discurso. Será então necessário que os jornalistas conheçam os dossiês da extrema-direita (como dos outros partidos) para poderem fazer as perguntas suscetíveis de informar corretamente o público a seu propósito. E que não procurem, muito mais simplesmente, fazer-lhe pronunciar «palavras cuja "retoma" pelos outros média assegurará a glória daquele que as recolheu»[96]...

[95] Quando *La Dernière Heure* (de 21 de abril de 1995, p. 4) escreve em título que «a FN engloba largamente os dececionados e os amargurados», caricatura singularmente um fenómeno político que tomou provavelmente um enraizamento social durável. O texto da peça é ele próprio bastante significativo : «Este delicioso personagem, de uma requintada urbanidade, não é outro senão o grande *conducator* da FN, presidente para toda a vida, o célebre Dr. Féret. Um *conducator* que tenta englobar largamente e trazer para as suas fileiras os dececionados que não quiseram noutros lados. Imagina sem dúvida adquirir assim uma certa respeitabilidade de que a sua formação teria grande necessidade; e, mais certamente, surripiar aqui e ali algumas vozes que ficaram no fundo de comércio eleitoral dos amargurados que aderem às suas fileiras.»

No dia seguinte, *La Dernière Heure* (de 22-23 de abril de 1995, p. 5) escreve a propósito de uma conferência de imprensa da Frente Nacional: Roger Nols, antigo burgomestre de Schaerbeek, comuna de Bruxelas, «confirma que oferece a sua pessoa à FN... Se as ideias defendidas pelo personagem fossem menos sinistras, até poderíamos rir». O diário liberal bruxelês fez considerações parecidas quando das precedentes chegadas de R. Nols nas listas do PRL (Partido Reformador Liberal)?

Mesma ironia da parte de *La Libre Belgique* (de 12 de maio de 1995, p. 5), numa peça com o título «A Frente Nacional quer alertar... o mundo inteiro». Mas, a verdade impõe que se faça notar aqui o facto de o diário católico bruxelês praticar com um certo gosto a ironia nos seus títulos como, mais largamente, na sua escrita das peças...

A página consagrada por *Le Soir* (de 11 de maio de 1995, p. 3) à «face escondida da extrema-direita» constitui uma excelente desmontagem da FN. Mas os seus autores não puderam impedir-se de começar a principal peça da página ironizando um pouco sobre o dito programa...

[96] Philippe Meyer, «Confiture d'observations à propos de la télévision française», in *Le Débat*, Paris, nº 60, maio–agosto de 1990, p. 155.

De qualquer modo, a relação no mínimo desconfortável dos média com a extrema-direita não poderá ser ultrapassada senão por uma revisão em profundidade da própria conceção da informação e do que pode ser o tratamento da atualidade numa sociedade democrática. De outro modo, e enquanto isso não se concretiza, as escolhas às quais os média são confrontados não podem deixar de ser más. Proibindo a extrema-direita de antena, reforça-se a imagem de «mártir» que ela gosta de cultivar, porque eleitoralmente rentável[97]. Convidando para os *plateaux* e pondo-a em pé de igualdade com as formações democráticas, reforça-se uma conceção da informação-espetáculo em que a discussão acalorada substitui a argumentação, divertindo o público, é certo, mas banalizando igualmente as suas teses autoritárias e antidemocráticas[98].

Uma «Bélgica de papa» que já não existe

A inadequação da *démarche* jornalística dos nossos média encontra-se igualmente no tratamento da atualidade referente a estrangeiros. «Estrangeiros» daqui como de outra parte qualquer.

Numa sociedade em que a pluralidade cultural é cada vez maior, os média continuam a ignorar soberanamente esta realidade. Os editores podem deleitar-se com discursos sobre os seus «produtos»: estes «produtos» não souberam

[97] Foi a escolha do conselho de administração da RTBF que, a 27 de março de 1995, em vésperas das eleições legislativas de maio, decidia limitar o acesso às suas tribunas eleitorais apenas aos partidos representados simultaneamente na Câmara dos Representantes, no Senado e no Conselho da Comunidade Francesa. Por ocasião das eleições comunais e provinciais de 9 de outubro de 1994, a RTBF já recusara dar a palavra à extrema-direita ou entrevistar os seus líderes.

[98] Tal foi o caso de *Bel RTL* e de *RTL-TVI*, em vésperas das eleições de maio de 1995. E tal havia sido a sua escolha aquando das eleições de outubro de 1994. Além disso, a 23 de outubro de 1994, *RTL-TVI* organizou um face a face entre Gérard Deprez, presidente do Partido Social-Cristão, e Daniel Féret, presidente da Frente Nacional.

Foi também o caso, por exemplo, de *La Libre Belgique* (de 3 de maio de 1995, p. 3), numa entrevista com D. Féret onde as perguntas davam a impressão de terem sido preparadas de antemão, não tendo sido exercido qualquer direito de seguimento [*droit de suite*] em relação às respostas do entrevistado.

de modo algum adaptar-se às realidades socioculturais de um «mercado» que eles gostam, no entanto, de evocar a cada instante. Quando mesmo numerosos comércios alargaram as suas ofertas de produtos aos gostos contrastados de uma nova situação demográfica do país, os média persistem em considerar que os «estrangeiros» não leem, não ouvem ou não veem jornais[99]. E persistem em ignorar que estes «estrangeiros» nascem, vivem, trabalham e morrem neste país que os média recusam considerar como o deles.

Nos média, a atualidade continua assim a ser feita pela «Bélgica de papa»[100]. Uma Bélgica que já não tem senão distantes relações com aquela que conhecemos hoje. Aquela com origens nacionais e étnicas diversas, e com tradições culturais e estilos de vida igualmente diversos. Ora, o «estrangeiro» daqui só faz a atualidade muito excecionalmente, por ocasião de um qualquer «ano novo» festejado numa data diferente, de um Ramadão ou da visita de uma personalidade estrangeira de alto nível à Bélgica[101]. De outro modo, só merece na maior parte das vezes a atenção dos média por ocasião de *faits-divers*[102].

Nestes *faits-divers*, os «autóctones» são quase sempre vítimas, e os «estrangeiros» agressores[103]. Os títulos do jornal (escrito, falado ou televisivo)

[99] *Démarche* à qual, aliás, não escapam as rádios e televisões de serviço público, que vivem, no entanto, largamente das taxas pagas por gente de aqui, que sejam declarados belgas ou «estrangeiros».

[100] Célebre fórmula de Gaston Eyskens (1905–1988) que foi primeiro-ministro de cinco governos belgas.

[101] Caso, por exemplo, da visita do primeiro-ministro turco, Tansu Ciller, a Bruxelas, em março de 1995. Nos média belgas, tivemos então direito a reportagens sobre a comunidade turca na Bélgica.

[102] Em meados de abril de 1995, alguns dos nossos média evocaram a primeira reunião do parlamento curdo nos Países Baixos e a conferência de imprensa dada em seguida em Bruxelas. Logo no dia seguinte, fez-se silêncio. E não saberemos mais nada da história e da atualidade do povo curdo. Até à próxima ação violenta de um qualquer grupo de ativistas curdos num qualquer país «ocidental»...

[103] Numa investigação sobre «a informação relativa aos alóctones e aos temas aparentados na imprensa escrita», realizada na Universidade de Gante, pode constatar-se que,

encarregam-se de pôr em evidência esta particularidade[104]. Deixando assim no público a impressão de uma sociedade que funcionaria certamente bem se elementos alógenos não viessem perturbar o seu funcionamento. E descobrem-se então os usos e costumes de populações «estrangeiras», de preferência sob o ângulo lúdico do «folclore» ou sob o da exclusão do não civilizado incapaz de integração na sociedade de acolhimento. Porque é bem evidente que a relação de tais populações com esta sociedade de acolhimento não pode deixar de ser disfuncional. Mas, para além dos incidentes de Forest, Molenbeek ou Saint-Gilles[105], na primavera de 1991, ou dos de Molenbeek, quatro anos mais tarde, alguma vez se ouve falar da vida quotidiana dos bairros com uma concentração «estrangeira» importante[106]?

O estrangeiro de fora só existe quase apenas pela tragédia da violência de populações cujos relatos dos acontecimentos nos demonstram a incapacidade de se administrarem política e economicamente. Que atualidade nos relatam os nossos média estes últimos anos do Burundi, do Ruanda ou do Zaire, estas antigas colónias belgas? Pilhagens em série, repetidos golpes de Estado, um genocídio com dimensões assustadoras, uma sida incontrolável e um vírus do ébola indescritível. Por vezes lançam-nos um *panaché* de usos e costumes divertidos, por vezes risíveis, muitas vezes

«na imprensa francófona como neerlandófona, quase um terço dos artigos selecionados tratam de temas ligados à criminalidade». Ver, a este propósito, a excelente brochura da Association générale des Journalistes professionnels de Belgique, *Recommandations pour l'information relative aux allochtones*, Bruxelas, junho de 1994, 20 p.

[104] Uma prática de títulos que é aliás estritamente proibida noutros países.

[105] Três comunas da Região de Bruxelas-Capital.

[106] Dois dias depois dos «choques violentos entre jovens e polícias em Molenbeek» (título de *Le Soir* de 6 de abril de 1995), em começos de abril de 1995, os principais diários bruxeleses já não falavam destes «jovens provenientes da imigração» (*Le Soir* do mesmo dia). «A batalha campal» (título de primeira página de *La Dernière Heure* de 6 de abril de 1995) tinha acabado... Dito isto, convém notar que a cobertura dos acontecimentos de Molenbeek pelos principais diários bruxeleses foi bem mais comedida e ponderada do que era em geral antes.

trágicos. Tudo isto nos leva a concluir o atraso verdadeiramente atrasado e mesmo a selvajaria de tais populações. E a confortar-nos na ideia que, feitas as contas, estamos bem na nossa casinha. Uma casinha que convirá preservar das invasões de «o outro»...

Um novo perigo para a democracia

Confundindo informação e espetáculo[107], razão e emoção[108], submetendo-se à lógica da concorrência, da acontecimentização e da protagonização, os média desconstruiram os fundamentos das nossas sociedades democráticas. E arruinaram os valores que inspiravam os democratas. Como os sonhos fecundos daqueles para quem o Estado de direito continua a ser o fundamento de toda e qualquer democracia.

Saindo da esfera de influência do mundo político e cultural para entrar na da indústria e do comércio, os média deixaram de se interessar pelos cidadãos para se preocuparem apenas com os consumidores. Consumidores que são, porém, cidadãos. Cidadãos que rejeitam a sociedade de que os média lhes propõem um reflexo bastante detestável. Que procuram pontos de referência. E que encontram nas declarações da extrema-direita (ou da direita radical) um projeto para preencher o vazio criado pela crise dos valores da sociedade democrática.

Fazendo entrar o humor, o escárnio e o medo no campo da informação, e acentuando cada vez mais os seus traços, os média passam a ser um perigo para a democracia. Porque a democracia política, social e cultural

[107] «O ressurgimento da extrema-direita não se explica unicamente pelos talentos de histrião de Jean-Marie Le Pen, mas o média-choque deu-lhes um eco sem precedentes: a empurrar a política para o espetáculo, oferece um prémio aos melhores saltimbancos.» (Alain Minc, *Le Média-choc*, Paris, Grasset, 1993, p. 158).

[108] Segundo Alain Minc, a omnipresença de Le Pen nos média franceses representa uma «das versões mais ou menos aceitáveis de um novo estilo político: o apelo emotivo à opinião, a escolha do populismo em detrimento da razão, o curto-circuito carismático como substituto do diálogo democrático» (Alain Minc, *Le Média-choc*, p. 159).

não poderá ser construída com base numa visão de um poder corrompido e de uma sociedade em desarticulação, origem de sarcasmos, de descréditos e de pavores.

O combate contra as tentações autoritárias supõe que se ponham em causa aspetos importantes nos planos económico, social e político. Mas supõe igualmente que se clarifique uma conceção da informação nascida com a sociedade industrial e que atinge hoje um paroxismo inquietante. Será preciso, em todo o caso, sair de uma conceção onde «tantos crimes (mesmo sem importância social), tantos acidentes de viação (mesmo sem vítimas mortais), tantos incêndios (mesmo sem prejuízos graves), tantos dramas individuais (ainda que com sequelas apenas para os protagonistas), enfim, tantos *faits-divers* e curiosidades sem consequências»[109] constituem os pratos fortes da informação proposta pelos «média grande público». Sair de uma informação acontecimental para propor aos cidadãos o relato sereno, rigoroso e analítico de uma vida que vai e onde os acontecimentos não são, no fim de contas, mais do que fissuras na quotidianidade dos homens e das sociedades...

Texto revisto e traduzido pelo autor

Edição original: «Un regard équivoque», pp. 249-262, in Hugues Le Paige (org.), *Le désarroi démocratique*, Labor, Bruxelas, 1995, 304 p.

Edição em português: «Progressivos deslizes de sentido», in *Finisterra*, Lisboa, nº 21-22, 1996, pp. 111-123. Esta tradução não foi previamente submetida ao autor. O texto publicado agora resulta, pois, de uma nova tradução.

[109] Joaquim Vieira, «A informação que temos», in *Expresso*, Lisboa, 14 de abril de 1995, p. 41 («Revista»). Citação traduzida do francês.

7
Que audiovisual público?

Interrogamo-nos há uma vintena de anos sobre o que justifica a existência de um serviço público de rádio e de televisão. A era do som e da imagem digitais que começa dá ainda mais sentido à questão...

É atualmente mais fácil falar do passado do audiovisual público do que do seu futuro!... Porque, à primeira vista, duas únicas perspetivas parecem avistar-se como futuro para a RTBF: em matéria de informação, ser para o audiovisual o que *Moniteur belge*[110] é para a imprensa... ou então, em matéria de programação, ser no audiovisual o que o TRM[111] é perante as outras salas de concertos... Isto é: uma radiotelevisão que anunciará «a todos, presentes e por vir»[112], que «ninguém deve ignorar a lei»[113] ou toda a decisão de caráter oficial, ou então uma radiotelevisão que, pela sua programação e pela sua informação, se dirigirá de facto a um público de elite. As duas perspetivas não são, aliás, necessariamente exclusivas uma da outra...

[110] *Moniteur belge* é o jornal oficial que corresponde ao português *Diário da República*.
[111] Théâtre Royal de la Monnaie é de certo modo a cena bruxelesa correspondente ao Teatro de São Carlos, lisboeta.
[112] Fórmula inicial imutável dos decretos reais na Bélgica.
[113] Célebre fórmula de ficção jurídica usada em direito.

A fragmentação social

De facto, a que estamos nós a assistir em matéria de audiovisual? Primeiro, a uma proliferação das estações de rádio e de televisão. Há vinte anos, na maior parte dos países europeus, contava-se uma, duas ou três estações de rádio e outras tantas estações de televisão, no máximo. Com a desmonopolização do sector audiovisual, foi possível assistir no ano passado ao lançamento de noventa e oito estações de televisão na Europa[114]. E espera-se que sejam criadas este ano umas cento e cinquenta a duzentas novas estações de televisão, como consequência da digitalização do som e da imagem[115]. Uma proliferação que conheceremos igualmente em matéria de rádio, mesmo que se fale menos nisto.

A primeira grande mudança provocada por esta proliferação será de natureza sociológica. E a primeira consequência desta evolução será a da especialização das estações em torno de eixos geográficos, temáticos e sociológicos. Fala-se por aí suficientemente deste aspeto para que não nos atardemos neste assunto... A segunda consequência, fala-se menos nela, é que a proliferação das estações provocará uma fragmentação do corpo social. Com dois corolários evidentes: a audiência global será repartida entre mais estações, o que provocará uma queda da audiência das estações tradicionais; o corpo social terá cada vez mais a aparência de uma justaposição de microcosmos sociais, de uma justaposição de ouvintes e de espectadores de rádios e de televisões com conteúdos diametralmente diferentes. Por outras palavras: pode recear-se que – com o passar do tempo

[114] *Le Monde*, Paris, 20 de fevereiro de 1996, p. 26.

[115] Tomemos unicamente como exemplo o caso de França: em abril de 1996, os três ramalhetes de televisões digitais anunciados previam para o fim do ano uma oferta global de 28 programas no caso do AB Sat (lançado por AB Productions), de 40 no caso do Canalsatellite (emanação do Canal Plus) e de pelo menos 18 no caso do TPS (resultante de um acordo entre a France Télévision, a *TF1*, a *M 6*, a Compagnie luxembourgeoise de télévsion, CLT, e a Lyonnaise des eaux). Ver *Le Monde*, Paris, 13 de abril de 1996, p. 22, e 27 de abril de 1996, p. 24.

a escutar e a ver unicamente estações que tratam apenas de música *rap*, umas, de moda, outras, ou de pesca à linha, outras ainda – deixe de haver interpenetração destes diversos microcosmos sociais, deixando mesmo de haver uma linguagem comum possível entre eles.

A segunda grande mudança diz respeito aos aspetos económicos do audiovisual. Tradicionalmente, a rádio e a televisão eram encaradas como média gratuitos (apesar do preço de compra do recetor e da taxa de licença [*redevance*]). Enquanto a imprensa era um média tradicionalmente a pagamento. Ora, enquanto a imprensa, globalmente, passa a ser cada vez mais um média gratuito (pago por anunciantes, empresas e diversas instituições), o audiovisual passará a ser cada vez mais um média a pagamento (pagamento ao distribuidor por cabo, pagamento à estação codificada ou pagamento por sessão). Uma reviravolta histórica de que se começam a perceber as consequências, tomando as funções distrativas e «consumidoras» cada vez mais importância na imprensa escrita.

Estruturas duais

Desde logo, esta evolução económica levará ao nascimento de uma paisagem audiovisual a duas velocidades: os grupos sociais favorecidos oferecer-se-ão uma ou outra subscrição a estações de rádio e de televisão com programações mais ou menos sofisticadas; os grupos sociais desfavorecidos contentar-se-ão com rádios e televisões «de gama baixa» pagas pelos anunciantes e centradas numa programação de divertimento barato. Enquanto em França, na Grã-Bretanha ou nos Países Baixos alguns operadores propõem já programas de rádio e de televisão à *la carte*, sem animadores nem publicidade, com pagamento à sessão[116], na Itália, grande número de televisões locais e regionais vivem sobretudo da televenda e propõem programas perfeitamente aflitivos de mediocridade, com as emissões *de plateau*,

[116] Caso da Multiradio e da Multivision, em França, da MC Europe, na Grã-Bretanha, e da Teleselect, nos Países Baixos.

os clipes musicais e os filmes erótico-pornográficos a ocuparem o principal lugar.

Esta evolução económica leva a uma terceira grande mudança, que diz respeito à produção. De um lado, enquanto as estações de rádio e de televisão mais exigentes (e mais caras) serão levadas a produzir ou a coproduzir os programas de que precisarão para atrair os assinantes, as estações que se dirigem a públicos mais populares contentar-se-ão em ser torneiras abertas de sons e de imagens baratos. Sons e imagens que, muitas vezes, lhes serão propostos gratuitamente (pelos produtores de discos ou anunciantes, por exemplo), e isto tanto no domínio do divertimento como no da «informação». Conhecemos o exemplo célebre (mas que não é de modo algum único) de *A Roda da Sorte* [*La Roue de la fortune*, *Wheel of Fortune*] oferecida por um anunciante a estações de televisão em troca de espaço publicitário. Conhece-se menos o de publirreportagens oferecidas por publicitários aos telejornais de estações estado-unidenses, que, para terem ar verdadeiro, fazem ler pelos seus próprios jornalistas o texto redigido pelo anunciante[117].

Outro aspeto da questão: a nova economia do sector provocará uma fratura nas estruturas de propriedade. De um lado, os grandes grupos financeiros e industriais, que controlarão estações com grande público (isto é: aquelas que são capazes de pesar com todo o seu peso na evolução das conceções políticas e culturais das pessoas). Do outro, uma multidão de estações, com audiências mais do que reduzidas e cuja primeira função social será jogar os *faire-valoir* do pluralismo[118]. Uma arquitetura dual que passará a ser ainda mais evidente com a chegada do digital, exigindo tal mutação tecnológica, no que diz respeito às empresas, investimentos

[117] *The Wall Street Journal* citado por *Courrier international*, Paris, nº 155, 21 de outubro de 1993.

[118] Ver, a este propósito, J.-M. Nobre-Correia e J. Vebret (org.), «OPA sur les médias?», tratando do assunto no plano europeu, in *Médiaspouvoirs*, Paris, nº 36, 4º trimestre de 1994, pp. 37–137.

consideráveis[119]. A atual guerra das alianças em torno da CLT, da Canal Plus, da Bertelsmann, da Kirch e da News Corporation é a este respeito bastante significativa...

Serviço e sector públicos

Em semelhante contexto, poderá conceber-se para o audiovisual público uma perspetiva de futuro diferente das representadas pelo *Moniteur belge* ou pelo TRM? E, antes do mais, poderá conceber-se qualquer futuro para a RTBF se não nos interrogarmos primeiro sobre a paisagem audiovisual *tout court*?

Após vinte anos de desregulamentação, de desmonopolização (na maior parte das vezes selvagem, em todo o caso na Bélgica francófona[120]), o estado de deterioração em que se encontra o audiovisual (quase todo o audiovisual) convida-nos primeiro a repensar, a refazer, a redesenhar a sua paisagem. Porque, contrariamente ao que pretendem as lengalengas em voga nesta matéria, a rádio e a televisão não são simples «empresas» que propõem simples «produtos» ou simples «serviços» ao público. Quer o pensamento economicista liberal dominante o queira ou não, há uma dimensão cultural e política nas suas emissões que a própria noção de democracia, no sentido pleno da palavra, proíbe de entregar unicamente às leis do mercado.

Desde logo, o reforço do sistema democrático, e até mesmo a sua salvaguarda, convida-nos a considerar que os domínios da rádio e da televisão deveriam depender da noção de serviço público. Um serviço público que poderia ser assumido por pessoas jurídicas com estatutos diferentes, dependendo umas do sector público do audiovisual e outras do sector privado do audiovisual. Com, no caso do sector privado, estatutos que

[119] *Le Monde*, Paris, 14 de outubro de 1995, pp. 1 e 5.

[120] Recordemo-nos da implantação da *Télé-Luxembourg* (antepassada da *RTL Télévision*) na Bélgica, antes que dê lugar à *RTL-TVI*. E recordemo-nos de toda a história das «rádios livres»...

poderiam ser do domínio da fundação, da associação sem fins lucrativos ou de diversos tipos de sociedade comercial, evidentemente.

Conviria, além disso, que esta paisagem audiovisual redesenhada previsse de antemão um pluralismo dos operadores, em função de critérios de representatividade sociocultural. De maneira a evitar as abordagens unidimensionais da atualidade, dos debates culturais e dos desafios [*enjeux*] societais. De maneira que a paisagem audiovisual possa refletir a diversidade plural da comunidade de que é originária.

A estes serviços públicos (do sector público ou do sector privado) deveriam impor-se cadernos de encargos ao mesmo tempo constrangedores e flexíveis, tanto em matéria de posicionamento editorial como de receitas[121]; serem submetidos a apelos a candidatos operadores; serem submetidos ao controlo *a posteriori* de um Conselho Superior do Audiovisual nova fórmula, assim como às sanções deste conselho e dos tribunais.

Autonomia e pluralismo

Nesta paisagem audiovisual redesenhada, conviria interrogarmo-nos primeiro sobre a oportunidade de autorizar instituições ou empresas comuns à rádio e à televisão. Porque, quando uma mesma instituição se encarrega dos dois média, a rádio é sempre negligenciada em proveito da televisão. Os casos da Radio France e da portuguesa RDP (Radiodifusão Portuguesa), por exemplo, mostram bem que a qualidade da informação e da programação é bem melhor quando as estações de rádio dependem de instituições totalmente distintas das encarregadas da televisão.

Segundo que critérios poderíamos definir então uma rádio e uma televisão públicas? Em termos de estatutos, primeiro. Não seria preciso conceber rádios e televisões do sector público com uma autonomia bem maior do

[121] Foi graças a um caderno de encargos particularmente constrangedor que a britânica *Channel 4*, que faz parte do sector público, mas vive exclusivamente das suas atividades comerciais (nomedamente da publicidade), teve de adotar um posicionamento de televisão cultural que é muitas vezes citado como exemplo.

que atualmente, à imagem, por exemplo, das nossas universidades livres[122]? E por que não observar de mais perto os estatutos de algumas grandes instituições da imprensa europeia, tais como *The Guardian*, *Frankfürter Allgemeine* ou mesmo *Le Monde*, para nos inspirarmos em alguns dos seus princípios de autonomia redatorial?

Não seria necessário dotar as rádios e as televisões do sector público de conselhos de administração onde se encontrariam, por exemplo, representantes eleitos pelo poder legislativo, representantes eleitos por associações de ouvintes e de espectadores (segundo o modelo da neerlandesa NOS), representantes eleitos por algumas grandes instituições culturais (universidades, academias,...), representantes eleitos das diversas componentes profissionais do pessoal da RTBF? Para além de um maior pluralismo sociológico, isso permitiria evitar, pelo menos parcialmente, a pesada e asfixiante «partidocracia» que caracteriza há muito o conselho de administração da RTBF.

No que diz respeito aos serviços «prestados» por estas rádios e televisões, a gratuidade dos programas parece ser a exigência menos discutível. Ela constituiria em todo o caso a melhor garantia, se não a única, de as estações da RTBF conseguirem reunir vastas audiências «representativas» da comunidade de que emanam.

Para poderem assumir tais serviços, a rádio e a televisão públicas devem poder dispor de receitas suficientes e indexadas não só sobre a evolução dos custos correntes, mas também sobre a evolução dos custos das produções audiovisuais, que «explodiram» estes últimos anos.

[122] Quando foi publicado originalmente este texto, as universidades livres na Bélgica eram quatro, no seguimento da cisão linguística do fim dos anos 1960: a francófona Université catholique de Louvain e a sua correspondente neerlandófona KUL (Katholieke Universiteit Leuven), assim como a francófona Université libre de Bruxelles e a sua correspondente neerlandófona VUB (Vrije Universiteit Brussel), sendo estas duas últimas laicas livre-exaministas. Quatro universidades públicas gozando de autonomia em relação ao aparelho de Estado, tendo um comissário das Comunidades Culturais respetivas assento nos respetivos conselhos de administração.

Os programas e a informação

Vinte anos de desregulamentação mostraram que só a taxa de licença [*redevance*] é de natureza a assegurar uma autonomia de gestão do audiovisual público. A taxa de licença, toda a taxa e não uma dotação[123]. Porque a dotação constitui um engano em relação aos que pagaram para poder utilizar um recetor e, ao mesmo tempo, uma espada de Dâmocles do poder político sobre o audiovisual público. A taxa de licença, toda a taxa, porque é preciso urgentemente fazer sair a rádio e a televisão públicas da esfera de influência dos anunciantes e, mais geralmente, da influência do poder económico, que passou nos últimos anos a ser tão manipuladora e pesada como a do poder político. Pergunta anexa: por que motivo o sector público da rádio e da televisão não se encarregaria ele próprio de recolher a taxa de licença? A ligação entre o público e o seu sector público de rádio e de televisão seria ainda mais transparente[124].

Na Bélgica francófona, a programação do sector público da Comunidade (tanto em rádio como em televisão) poderia ser articulada em torno de duas estações: uma estação generalista «grande público» dando grande importância a jornais e a magazines de informação, assim como a um divertimento encarado como uma emanação do substrato cultural da sociedade belga-valona-bruxelo-francófona, capaz de reunir públicos bastante diversos (a contracorrente, pois, do «alvejamento» cada dia mais preciso praticado pelas outras estações); uma estação com caráter mais experimental, mais inovador, voltada para os saberes e dirigida a públicos minoritários, reflexo não elitista da diversidade social e da sua expressão plural.

[123] Na Bélgica, as Comunidades Culturais não atribuem toda a receita da taxa da licença aos institutos públicos de radiotelevisão, mas apenas uma parte, chamada «dotação» na Bélgica francófona.

[124] Haverá quem diga que, sendo as estruturas federais do Estado belga o que são, a recolha da taxa de licença [*redevance*] levantaria um problema na Região de Bruxelas-capital. Com efeito, tal maneira de proceder tornaria a transparência mais evidente no que diz respeito à Comunidade Francesa.

Esta programação deveria ser antes de mais o resultado de uma produção própria onde os critérios de qualidade, de estética e de rigor deveriam ser particularmente exigentes. E uma programação concebida sem que os seus responsáveis não afastem a necessária interrogação sobre os valores culturais veiculados pela rádio e pela televisão, e sobre os modelos societais que elas propõem ao público.

Por seu lado, a informação deveria ser repensada, reformulada, de maneira que os radiojornais e telejornais saíssem da lógica da informação acontecimental que corre atrás das golpadas [*coups d'éclat*] de factos estrondosos e das suas vedetas. Uma informação acontecimental nascida com a industrialização da imprensa, no século XIX, e que se encontra em plena derrapagem desde que a televisão se impôs como média dominante e desde que a concorrência e a audiometria passaram a ser os agentes motores da rádio e da televisão[125].

Uma informação que deveria constituir uma referência, um modelo de ética e de rigor, concebida em função de ouvintes e espectadores cidadãos, atores responsáveis na sociedade, e não em função de estratégias de «visibilidade» dos poderes. E ainda menos de anunciantes cuja única preocupação é a de fazer deles consumidores...

Os critérios de base

Numa paisagem audiovisual (re)construída numa conceção global de serviço público, o sector público da rádio e da televisão só terá sentido se responder a quatro critérios. Constituir primeiro uma referência em matéria de informação, modelo de ética, deontologia, independência e rigor, capaz de originalidade na abordagem, bem como na perspetivação da atualidade[126]. Caracterizar-se em seguida por uma programação preocupada com

[125] Ver, a este propósito, J.-M. Nobre-Correia, «Un regard equivoque», in H. Le Paige (org.), *Le désarroi démocratique*, Bruxelas, Labor, 1995, p. 249–262. Ver também J.-M. Nobre-Correia, «Les incertitudes de demain», in *Espace de Libertés*, Bruxelas, nº 239, março de 1996, p. 14.

[126] Ver, a este propósito, J.-M. Nobre-Correia, «Du journalisme en Belgique», in *La Revue Nouvelle*, Bruxelas, vol. 98, nº 12, dezembro de 1993, p. 80–88.

a qualidade e a exigência, capaz de propor ao público uma visão dinâmica da sociedade e não o espetáculo fútil desta. Conseguir, em terceiro lugar, estabelecer uma relação com o(s) seu(s) público(s) que permita a este(s) experimentar(em) o sentimento de serem cidadãos de corpo inteiro (e não simples consumidores), de pertencer(em) à grande comunidade nacional e às suas comunidades socioculturais específicas e de poder(em) fazer parte delas graças à gratuidade do audiovisual público. Ser gerido, enfim, segundo princípios da participação e da responsabilização dos que trabalham e dos que são ouvintes e espectadores, princípios que constituiriam uma «cultura de instituição pública» nitidamente distinta da(s) que caracteriza(m) o sector privado.

Desde há dez a vinte anos, as estações privadas dominantes no sector do audiovisual deram provas repetidas do seu potencial de derrapagem no plano dos princípios mais essenciais do modelo de democracia à europeia. Em contrapartida, é na maior parte das vezes no audiovisual público que se encontram, apesar de derrapagens indesculpáveis, os melhores exemplos de programação e de informação. Razões suficientes para que, apesar da explosão da vaga americanófila, procuremos preservar, reformar e reforçar o modelo europeu de audiovisual público...

Texto revisto e traduzido pelo autor

Este texto toma como ponto de partida a intervenção do autor no colóquio organizado pela Association des Journalistes de la RTBF, a 1 de abril de 1996, em Bruxelas.

Edição original: «RTBF: quel audiovisuel public?», in *La Revue nouvelle*, Bruxelas, vol. 103, nº 6, junho de 1996, pp. 10-16.

8
Das problemáticas do jornalismo

Ao longo dos séculos, a prática profissional no sector dos média evoluiu. Daí que tenha havido necessidade crescente de uma formação adequada. Há, porém, particularidades que permanecem...

Esquematicamente, a informação, no sentido moderno da palavra, conheceu quatro grandes momentos históricos:

- a descoberta da tipografia, por volta de 1440-50;
- a industrialização da informação escrita, a partir do segundo terço do século XIX;
- o aparecimento da informação audiovisual, nos anos 1920-40;
- o desenvolvimento da informática e das telecomunicações, a partir dos anos 1970.

Graças a Gutenberg, os documentos escritos puderam ultrapassar o círculo estreito abastecido pelos copistas (a pouquíssimas dezenas de exemplares) e atingir um público relativamente mais vasto (com umas centenas ou milhares de exemplares).

A industrialização da informação escrita – provocada por fatores externos, bem como por fatores internos – permitiu alargar consideravelmente o público da imprensa e fazer dos jornais produtos de consumo corrente, nos finais do século XIX e no início do século XX.

Como fatores externos ao alargamento da audiência dos jornais, houve evidentemente:

- o parlamentarismo e a liberdade de informar;
- a alfabetização;
- a industrialização e a crescente urbanização;
- o aparecimento do papel à base de madeira, o telégrafo e os caminhos de ferro.

Como fatores internos, houve, é claro:

- a introdução das máquinas a vapor nas oficinas gráficas;
- a composição mecânica (com os famosos linótipos);
- a impressão em rotativas.

A aurora de uma profissão

De atividade artesanal – redigida, composta, impressa e distribuída por uma só pessoa (ou pouco mais) –, a imprensa passou a ser uma atividade industrial na qual os investidores procuravam realizar mais-valias. De atividade artesanal, dirigida a um reduzido público composto por aristocratas e burgueses – capazes de lerem e de comprarem um produto caro, cujas tiragens eram da ordem das centenas ou de poucos milhares de exemplares –, a imprensa passou a ser uma indústria reunindo equipas de pessoas com competências diversas, que passaram a produzir jornais a dezenas ou centenas de milhares e até a milhões de exemplares.

Atividade artesanal, a imprensa era o produto de homens de letras ou de políticos. Atividade industrial, a imprensa passou a ser um produto de pessoas, mais ou menos especializadas, que contribuíam de diferentes maneiras para a sua confeção.

Como toda a profissão que, nos finais do século XIX, procurava afirmar-se como grupo social específico, as gentes da imprensa:

- começaram por criar mutualidades, para favorecer a proteção social e médica do seu próprio grupo social;

• passaram depois a criar sindicatos, de modo a poderem impor-se mais facilmente perante o patronato e o poder político;

• e começaram de seguida a interrogar-se sobre a necessidade de um ensino específico do jornalismo.

A interrogação sobre a necessidade de um ensino específico não é uma particularidade do jornalismo. Basta percorrer a história da fundação e da expansão das universidades europeias a partir do século XII para saber que muitas das faculdades consideradas hoje como indiscutivelmente necessárias foram alvo de vivas polémicas, articuladas sempre em torno dos mesmos três tipos de argumentos:

• trata-se de «ter nascido para isso», de «ter jeito para isso» e não de uma questão de ensino;

• trata-se de uma questão de «prática» e não de formação prévia;

• trata-se no máximo de uma liminar formação puramente profissional e de modo algum de uma formação de caráter superior, no plano teórico e no plano prático.

E, como sempre, as gentes do sector separam-se em duas grandes correntes:

• os editores preocupados com a qualidade redatorial dos seus jornais, que preferem contratar colaboradores com formação adequada e que não sejam as próprias empresas a encarregar-se dessa formação (até por evidentes razões de ordem financeira);

• e, por outro lado, os editores para quem a qualidade redatorial não constitui a principal preocupação e que receiam os colaboradores com diplomas, porque as remunerações destes vão inevitavelmente fazer subir os custos de produção.

Mas a separação opera-se também entre

• os jornalistas mais «modernistas», que veem numa formação específica o reconhecimento social da profissão;

• e os jornalistas mais «tradicionalistas», que veem nos diplomados concorrentes mais bem situados para usufruir do prestígio social.

A organização de um sector

No meio destas discordâncias, uma primeira vaga de escolas de jornalismo começou a aparecer durante o último decénio do século XIX. Porém, só depois da Segunda Guerra Mundial as escolas de jornalismo começaram a implantar-se de maneira mais evidente,

- por razões ligadas à evolução do sector dos média;
- e sobretudo por razões ligadas à história europeia dos anos 1930 e 1940.

As razões ligadas à evolução do sector tiveram relativamente pouca importância.

- durante os primeiros decénios de vida da rádio e os primeiros anos da televisão, as novas instituições do que viria a chamar-se o audiovisual recorreram aos jornalistas da imprensa escrita para tratar a informação. Até porque os ecos sonoros e as imagens eram raros, e tanto os radiojornais como os telejornais eram apresentados por austeros locutores [*speakers*];
- por outro lado, a situação de monopólio ou de quase-monopólio do audiovisual europeu fez que as instituições públicas de rádio e de televisão se tivessem encarregado, elas mesmas, da formação específica dos seus jornalistas.

As razões ligadas à história dos anos 1930-40 foram já mais importantes:

- o aproveitamento da rádio como instrumento de propaganda pelos regimes nazis e fascistas, levou os Estados democráticos a quererem precaver-se de tais perigos, dotando as rádios e as futuras televisões de estruturas de gestão mais ou menos pluralistas (segundo os países), de princípios normativos de ética profissional mais ou menos exigentes;
- as derrapagens de uma série de jornais e de rádios durante os anos de crise social e política, seguidas muitas vezes de colaboração aberta com o ocupante, levaram os movimentos de resistência e os jornalistas democratas a exigirem, no pós-guerra, um saneamento dos órgãos colaboracionistas e garantias de funcionamento mais democrático dos órgãos de informação.

Esta dupla tomada de consciência do papel político desempenhado pelos média favoreceu uma segunda vaga de criação de escolas de jornalismo.

A terceira vaga surgiu nos anos 1970, isto é:

- depois dos diversos «Maio de 68» que atravessaram a Europa, pondo em causa uma série de modelos sociais e culturais;
- depois da abertura do ensino superior a um larga democratização no recrutamento social dos estudantes;
- depois da mutação tecnológica da imprensa, que provocou uma considerável diversificação, sobretudo da imprensa periódica (não diária);
- depois também da desmonopolização dos sectores da rádio e da televisão, com a consequente diversificação destes sectores. A maior parte dos países europeus passou assim de uma situação em que dispunham no máximo de três estações de rádio e de televisão para uma nova situação em que dispõem de dezenas e até de centenas de estações.

A chamada «revolução dos média»

Esta «revolução dos média», como lhe chamaram certos observadores, provocou uma mutação considerável das componentes profissionais das empresas de informação:

- desapareceram praticamente todos os intermediários entre a redação e a impressão do jornal, nomeadamente os linotipistas;
- os fotógrafos e demais ilustradores assumiram cada vez mais importância (devido ao melhoramento do *offset* e da quadricromia);
- os documentalistas tornaram-se ainda mais indispensáveis;
- os grafistas, assim como os especialistas da informática e das telecomunicações, passaram a fazer parte da vida quotidiana das redações.

Numa perspetiva mais lata:

- os que intervêm na confeção redatorial do jornal pertencem cada vez mais a categorias diferentes;
- os jornalistas são cada vez mais levados a assumir funções que outrora estavam a cargo de outros profissionais (maquetistas, operadores de som ou realizadores de imagens, por exemplo).

Hoje em dia, definir em que consiste exatamente a profissão de jornalista tornou-se extremamente difícil. Trata-se:

- dos que recolhem os factos e as opiniões?,
- dos que recolhem os sons e as imagens referentes a estes factos e a estas opiniões?,
- dos que verificam os elementos fatuais?,
- dos que redigem o texto (escrito ou falado)?,
- dos que metem todos estes elementos em página, em infografia, em som ou em imagem?,
- dos que apresentam o jornal ao microfone ou frente a uma câmara?,
- dos que analisam e comentam a atualidade?...

Este alargamento dos ofícios que intervêm na recolha, no tratamento e na difusão da informação provocou, evidentemente, uma fluidez do estatuto profissional do jornalista.

Esta fluidez intervém num momento em que a informação passou a ser confrontada com quatro obstáculos ou pelo menos quatro desafios importantes:

- o desenvolvimento dos gabinetes de imprensa e de relações públicas;
- a pressão cada vez maior dos investimentos publicitários;
- a evolução das telecomunicações, que tornou possível o aparecimento da informação «em tempo real»;
- a concorrência acesa entre média, sobretudo audiovisuais, que provocou uma «espetacularização» da informação.

Em teoria, os gabinetes (assessorias) de imprensa destinam-se a facilitar o acesso dos jornalistas às fontes da informação. Na prática, servem para:

- estabelecer um filtro entre as empresas, as instituições e os seus dirigentes, de um lado, e os jornalistas e os média, do outro;
- canalizar os jornalistas para temas que as empresas ou instituições preferem realçar;
- manipular os jornalistas de modo a distrair a sua curiosidade e o seu espírito crítico.

A evidência salta aos olhos:

• os gabinetes de imprensa e os serviços de relações públicas existem para prestar serviço e defender os interesses dos que os empregam;

• e não para favorecer a transparência das empresas e das instituições em relação aos que trabalham nos média e muito menos em relação aos leitores, ouvintes e espectadores destes média.

Da promoção à «informação»

A importância assumida por estes gabinetes de imprensa e serviços de relações públicas faz aliás que eles elaborem cada vez mais boa parte da «informação» veiculada pelos média. Uma «informação» cujo caráter promocional nem sempre é evidente para o público.

Por outro lado, a pressão publicitária é cada vez maior, assumindo aspetos particularmente diversos:

• da publicidade abertamente comercial ao *sponsoring* (ou patrocínio);

• do *bartering* (ou troca) à televenda ou à colocação de produtos (a que se chamava antes «publicidade clandestina»), por exemplo.

Hoje, salvo raríssimas e honrosas exceções, quase todas as rádios e televisões públicas passaram a viver largamente das receitas publicitárias:

• renunciando cada vez mais a princípios essenciais de um serviço público numa democracia europeia;

• alinhando cada vez mais abertamente com a lógica de um mercado em que o ultraliberalismo constitui a ideologia dominante.

E a importância assumida pelos suplementos e páginas especiais sobre, por exemplo, os automóveis ou a informática explicam-se antes de mais porque estes dois sectores investem somas consideráveis em publicidade.

As consequências são conhecidas: muitas das prioridades editoriais de um média, muitos dos temas escolhidos para serem tratados do ponto de vista redatorial, são de facto função das receitas publicitárias que o média espera poder granjear.

Terceiro obstáculo ao desempenho da atividade jornalística: a informação em «tempo real». O terramoto de 1 de novembro de 1755, em Lisboa, só foi conhecido:

- uma semana depois, em Madrid;
- três semanas depois (a 22 de novembro), em Paris;
- e quase quatro semanas depois (a 26 de novembro), em Londres e em Amesterdão.

Hoje em dia:

- qualquer acontecimento previsível pode ser «coberto» e difundido em tempo real por todo o mundo;
- e os acontecimentos não previsíveis podem rapidamente ser objeto do mesmo tipo de «cobertura».

Os líricos evocam, com entusiasmo, a era da «aldeia planetária». Os críticos preferem pôr a tónica nas derrapagens a que tal informação em tempo real passou a dar lugar. Recordemos aqui apenas

- a Guerra do Golfo (de 2 de agosto de 1990 a 28 de fevereiro de 1991);
- ou a intervenção militar na Somália (de 3 de dezembro de 1992 a 4 de maio de 1993), com o desembarque das tropas estado-unidenses em direto, à hora do almoço...

Esta informação em tempo real transformou os média numa espécie de simples canais de escoamento do que as fontes lá decidiram injetar. Sem que as redações lhes possam aplicar os mais elementares princípios do jornalismo

- selecionando as componentes mais importantes da informação,
- verificando a sua exatidão,
- adotando uma atitude de distância crítica em relação à dita informação,
- situando-as num contexto,
- praticando uma hierarquização das diversas facetas da atualidade.

A concorrência desenfreada entre os média – sobretudo audiovisuais e antes de mais as estações de televisão – torna, porém, estas operações cada vez mais difíceis.

Da mesma maneira que a concorrência e a luta desesperada pela audiência leva os média a darem cada vez mais a prioridade à informação espetacular. E a «espetacularizar» a atualidade cujo conteúdo não é suficientemente emocional.

As particularidades de um ensino

No espaço de um século, o ensino do jornalismo assumiu diferentes significados:

- na viragem do século XIX para o século XX, a luta pela liberdade de imprensa foi concebida como um processo essencial para alargar o âmbito da democracia parlamentar, para inserir os leitores na vida da sociedade e para fazer dos leitores cidadãos atores da vida política. E o ensino do jornalismo era concebido como uma maneira de reforçar este processo de assunção da cidadania;
- no pós-Segunda Guerra Mundial, o alargamento do ensino do jornalismo visava consolidar a democracia, reforçando o pluralismo político, confessional e filosófico, e consolidar também a vertente social da democracia;
- enquanto a expansão das escolas de jornalismo de há uma vintena de anos a esta parte parece responder antes do mais às necessidades de uma dimensão comercial cada vez mais acentuada dos média.

O horizonte dos média não está, porém, definitivamente cerrado. Embora comecem a manifestar-se perspetivas inquietantes...

A paisagem mediática que se esboça atualmente na Europa deixa antever uma arquitetura dual:

- de um lado, um número relativamente restrito de média de referência em que a informação responderá a critérios de exigência, de precisão, de clareza e de rigor, que serão comprados por uma elite capaz de pagar para ter acesso a eles;
- por outro, um número elevado de média cuja função principal não será informar mas divertir e que serão pagos antes do mais pelos

anunciantes, que os utilizarão como meios de promoção dos seus produtos e serviços.

Nesta arquitetura dual:

- o primeiro tipo de média fará dos leitores, ouvintes e espetadores atores da vida na «cidade», cidadãos de uma *polis* que tomará, porém, a caraterística de uma nova democracia que poderíamos talvez impropriamente chamar «censitária»;
- o segundo tipo de média fará deles espetadores de microcosmos de que não fazem parte, consumidores dedicados de um sistema económico pouco preocupado com democracias sociais e políticas.

Para pôr termo a tal evolução:

- torna-se imperioso que os responsáveis políticos tomem consciência de que os média têm uma dimensão política e cultural que não pode ser abandonada às simples regras da economia e do mercado, e tomem também consciência da necessidade de reforçar a dimensão de serviço público dos média, tanto os audiovisuais como os impressos,
- como se torna imperioso que as escolas de jornalismo proponham aos seus estudantes uma formação adequada às novas exigências de uma tecnologia cada vez mais sofisticada, que as escolas de jornalismo exijam dos seus estudantes uma cultura geral ampla e aprofundada que lhes permita perceberem melhor os problemas do nosso tempo e que – por fim – as escolas de jornalismo compreendam que o ofício, a «arte» de informar, mais do que um saber de características técnicas ou enciclopédicas, exige uma postura intelectual, deontológica e ética, e até de modéstia, dos que, amanhã nos dirão como vai a vida no mundo em que vivemos...

Texto revisto pelo autor

Este texto toma como ponto de partida a lição inaugural do curso de Jornalismo, proferida pelo autor na Escola Superior de Comunicação Social, Lisboa, 15 de outubro de 1996.

9
Os média e a exclusão

Quando as estruturas de propriedade, os posicionamentos editoriais, as prioridades dos anunciantes e as práticas jornalísticas eliminam populações e temáticas inteiras do campo da atualidade...

Os média, no sentido moderno do termo, nasceram no decorrer do século XIX. E a história deste nascimento – a da imprensa de grande público, mais precisamente – está intimamente ligada à da democracia parlamentar e da revolução industrial.

Antes disso, a imprensa dirigia-se quase exclusivamente às elites, àqueles que sabiam ler e que dispunham de receitas que lhes permitissem comprar jornais. Com a industrialização da imprensa, os jornais tornaram-se progressivamente produtos de consumo corrente. Tanto mais que os desenvolvimentos do parlamentarismo, da instrução e da urbanização reforçavam a necessidade de informação das pessoas.

Do cidadão ao consumidor

Muito cedo, a história da imprensa confundiu-se com a da liberdade de informar. Quer dizer: a liberdade de levar ao conhecimento do público o relato dos factos, as opiniões e as análises de que este necessitava para as escolhas a fazer na sua vida quotidiana.

Muito cedo, também, a luta da imprensa pela sua liberdade tornou-se um dos principais fatores de reforço do sistema democrático nascente. Desde logo os combates pela liberdade da imprensa passaram a ser combates pela inserção dos leitores na vida da *polis*. Uma inserção que faria de cada indivíduo um cidadão[127].

Tendo passado a ser indústria, a imprensa entrou numa lógica de desenvolvimento que não dizia unicamente respeito à necessidade de reforço do sistema democrático, mas sobretudo à da rentabilidade máxima da empresa. Pelo que se verá a imprensa deslizar progressivamente para uma abordagem da atualidade dizendo respeito mais à emoção do que à razão. Dizendo antes do mais respeito ao divertimento do que à aprendizagem dos mecanismos que servem de base ao funcionamento da sociedade.

Esta conceção da informação foi acentuada pela rádio – que passou a ser o média anunciador da informação depois da Segunda Guerra Mundial. E acentuada ainda pela televisão, que passou a ser, nestes últimos anos, o média dominante em matéria de informação. A desmonopolização do sector audiovisual, iniciada há vinte anos, exacerbou a concorrência entre os diferentes média. A lógica da publicidade e a do mercado impuseram as suas leis. Doravante, é preciso fazer audiência, fazer audímetro e atrair o máximo de público.

Atualmente, o jornal (escrito, falado ou televisivo) deverá seduzir, chocar, impressionar. Deverá provocar a emotividade, o receio, o susto, o sonho, o desejo. A tal ponto que a informação será construída antes do mais em torno de acontecimentos fortes[128]. Quer dizer: em torno de factos que dizem respeito a uma transgressão, a uma rutura, a uma confrontação. Tudo isso sendo condimentado por notícias divertidas, distrativas, servindo de válvula de segurança e evitando assim a rejeição pelo público.

[127] Ver, a este propósito, J.-M. Nobre-Correia, «Les incertitudes de demain», in *Espace de Libertés*, Bruxelas, nº 239, março de 1996, p. 14.

[128] Ver, a este propósito, J.-M. Nobre-Correia, «Un regard equivoque», in Hugues Le Paige (org.), *Le désarroi démocratique*, Bruxelas, Labor, 1995, pp. 249-262.

Numa tal conceção da informação, a necessidade de acontecimentos fortes é permanente. Aos acontecimentos fortes deverão suceder outros acontecimentos fortes, para manter o público em expectativa. De lá a fazer realçar os factos de maneira a dar-lhes um caráter conflitual «protagonizado» por personagens e algumas vezes por grupos sociais minoritários, há apenas um passo que a maior parte dos média não hesita em transpor.

Os «estrangeiros» e «a Bélgica de papa»

Sob a dominação do mercado, os média, que foram outrora um poderoso mecanismo de produção de leitores e de cidadãos, foram objeto de uma reviravolta histórica e passaram a produzir apenas espectadores e consumidores. Aquela que foi outrora um poderoso mecanismo de inserção na vida da *polis* produz hoje exclusão. Pondo a tónica no que é disfuncional e olhando o mundo sob o prisma da confrontação permanente, os média criam exclusão. Em relação nomeadamente aos «estrangeiros».

Residentes de longa ou de fresca data, os «estrangeiros» só entram no campo dos média belgas por ocasião de factos respeitantes ao direito penal. Insistir-se-á então – de preferência no título – na «nacionalidade» do acusado, mesmo que tenha nascido na Bélgica ou adquirido a nacionalidade belga. Ou então insistir-se-á na pigmentação da sua pele. Ou ainda, mais subtilmente, no facto de ter por nome próprio Luigi, Juan ou Mustapha. Quando a nacionalidade, a pigmentação da pele ou o nome próprio são desprovidos de qualquer pertinência e não acrescentam nada à compreensão do facto de que falam os média.

Mais raramente, falar-se-á dos «estrangeiros» por ocasião de um qualquer ano novo «deslocado» em relação ao calendário gregoriano ou de um Ramadão, por ocasião de um qualquer ano do cão ou do porco, ou por ocasião de uma qualquer visita de chefe de Estado ou de primeiro-ministro. Descobrir-se-á então que há importantes comunidades de origem turca ou vietnamita na Bélgica. E descobrir-se-á mesmo a existência de arménios ou arameus. Pondo o conjunto destes particularismos em evidência, haverá aspetos curiosos que espantarão ou farão sorrir o público. Que «provarão» bem, em todo o caso, que estes estrangeiros não são decididamente como nós...

Para os média belgas, a Bélgica continua a ser «a Bélgica de papa» do falecido Gaston Eyskens. Pouco importa que o país se tenha tornado uma encruzilhada da Europa. Pouco importa que nela se encontrem as principais instituições da União Europeia, da União da Europa Ocidental ou da OTAN-NATO, assim como aquelas, muito numerosas, que giram em torno destas últimas. Pouco importa que a Bélgica se tenha tornado uma sociedade culturalmente plural. Os média belgas continuam a ser feitos por «bons belgas», para «bons belgas», com temas sobre a «Bélgica de papa». Uma Bélgica que já não existe e que fornece cada vez menos leitores, ouvintes e espectadores aos média belgas...

«Vedetas» e espectadores da atualidade

Os mecanismos de exclusão dos média não se exercem, todavia, unicamente em relação aos estrangeiros. Porque não se exercem unicamente no plano do tratamento da informação, mas também no plano dos assuntos cobertos pelos média.

Cada vez mais, a informação é construída em torno das «vedetas», dos líderes, das personagens que representam o poder político, económico, social, desportivo,... e mais raramente cultural. Mais grave ainda: são as direções da comunicação[129] das instituições e das empresas que fixam a «agenda» dos assuntos que deverão ser tratados pelos média. Desde logo, todos aqueles que não fazem parte desses meios não podem ser senão consumidores de informação. Nunca atores. A não ser que penetrem brutalmente no campo da informação, na maior parte das vezes por um ato violento.

[129] As direções da comunicação são muitas vezes também designadas por serviços de imprensa, porta-vozes, serviços de relações públicas ou assessorias de imprensa.

Impondo uma grelha de leitura da atualidade, a lógica do mercado levou assim os média de informação para um caminho que, produzindo exclusão, reduz a sua audiência, que vai gradualmente diminuindo. Mesmo quando a evolução tecnológica suscita, de forma cada vez mais evidente, uma proliferação acelerada dos média dirigidos a públicos específicos. Uma proliferação que provoca ela mesma um processo de fragmentação do corpo social, sobre o qual nos deveríamos interrogar...

Há vinte anos, os nossos países contavam uma, duas, três estações de rádio e de televisão, no máximo. Na maior parte dos casos, tratava-se de estações de serviço público cuja linha diretriz continua a ser a definida por John Reith, que foi diretor-geral da britânica BBC, no entre-duas-guerras: informar, instruir e distrair[130]. Estações cuja principal preocupação continuava a ser, de qualquer forma, inserir os ouvintes e os espectadores na vida da *polis*.

A desregulamentação e a desmonopolização do sector audiovisual, operadas desde meados dos anos 1970, conduziram num primeiro tempo a uma fragmentação da audiência. Conduziram em seguida a um questionar das funções sociais da rádio e da televisão, que passaram a ser antes do mais instrumentos de divertimento. Características que vão ainda acentuar-se com a digitalização do som e da imagem.

Fragmentação e dualização

No decorrer dos últimos quinze anos, o número de estações de rádio na Europa aumentou 35% para atingir 8012 estações no início de 1996[131]. Durante o mesmo período, o número de estações de televisão conheceu uma subida de 100%[132]. Não menos de 98 estações de televisão foram

[130] A. Ojalvo, *La Grande-Bretagne et sa télévision*, Paris e Syssel, INA e Champ Vallon, 1988, p. 14.

[131] Carat Crystal, *Communiqué*, Bruxelas, 20 de maio de 1996.

[132] Carat Crystal, *Communiqué*, Bruxelas, 20 de maio de 1996.

lançadas apenas durante o ano de 1995[133]. E é anunciado para o ano de 1996 o lançamento de uma série de ramalhetes [*bouquets*] de rádios[134] e de televisões[135]. E há mesmo quem pretenda que disporemos em 1996, em cada país europeu, de umas duzentas estações de televisão, pelo menos. Televisões que serão em boa parte temáticas e a pagamento.

Tal evolução equivale a dizer que a fragmentação da audiência se acentuará. Que os canais «grande público», que davam uma certa atenção à informação política, económica e cultural, perderão importância. Poderá até acontecer não disporem de meios para sobreviver. Desde logo, teremos de um lado um número cada vez mais restrito de canais «gratuitos», pagos antes de mais pela publicidade e com programações essencialmente recreativas e pouco caras: destinar-se-ão a um público mais ou menos vasto. Do outro, teremos canais com programas dotados de «um valor acrescentado», caros e que serão desde logo pagos, por assinatura ou à sessão[136].

[133] *Le Monde*, Paris, 20 de fevereiro de 1996, p. 26.

[134] Em França, Multiradio (lançada em julho de 1993) propõe doze programas por cabo, enquanto Multimusic (lançada a 1 de junho de 1996) propõe vinte programas por satélite (entre os quais os doze da Multiradio). Ver, a este propósito, *Le Monde*, Paris, 13–14 de fevereiro de 1994, p. 33, e 13 de junho de 1996, p. 30.

[135] Na Bélgica francófona, Canal + Belgique e a RTBF anunciam um ramalhete [*bouquet*] composto por três programas de Canal + Belgique (o atual programa, outro de cinema e um terceiro de desporto e de documentários), dois da RTBF (o primeiro programa atual, mais outro composto por redifusões) e um programa «cívico» (composto por programas das onze televisões locais francófonas e por debates parlamentares), assim como por vários canais temáticos de Canalsatellite France.

Em França, AB Sat (lançada por AB Productions) anuncia um ramalhete [*bouquet*] de 28 programas para fins de 1996, Canalsatellite (emanação da Canal Plus) 40 e TPS (resultado de um acordo entre France Télécom, France Télévision, *TF 1*, *M 6*, a CLT e a Lyonnaise des Eaux) 18.

Na Alemanha, a Kirch anuncia «uma trintena de canais» (*Le Monde*, Paris, 13 de junho de 1996, p. 30).

[136] Ver, a este propósito, J.-M. Nobre-Correia, «RTBF: quel audiovisuel public?», in *La Revue nouvelle*, Bruxelas, vol. 103, nº 6, junho de 1996, pp. 10–16.

Por outras palavras: para além de uma fragmentação da sociedade, haverá uma dualização da mesma. De um lado, os que podem pagar informação, divertimento e cultura de qualidade. De outro, os que deverão contentar-se com o que os anunciantes quererão bem propor-lhes, à maneira do que vemos já atualmente com os jornais distribuídos porta a porta [*toutes-boîtes*] e com outros gratuitos... Uma dualização que, é preciso dizê-lo, será acentuada pela evolução das novas redes de informação e das novas técnicas multimédia.

A evolução técnica provocou aliás um processo de concentração sem igual na história dos média. Num quarto de século, a imprensa teve de passar à fotocomposição, ao *offset*, à informatização e às telecomunicações, mudando assim radicalmente as suas condições de produção. A rádio passou das ondas médias (OM) e longas (OL) à modulação de frequência (FM), ao mesmo tempo que se informatizava, adotando o som digital (nomeadamente graças aos discos audiodigitais) e as transmissões por intermédio de satélites e de redes de cabo. Enquanto a televisão recorre cada vez mais aos cabos e aos satélites, ao formato 16/9, assim como ao som e à imagem em digital, mutações que supuseram investimentos muito pesados num sector altamente especulativo. Investimentos aos quais os mais fracos não souberam fazer face. E que fragilizaram muitos outros, acelerando assim um processo de concentração.

Um pluralismo cada vez mais reduzido

Este processo de concentração, favoreceu, evidentemente, os que se inseriam na «ideologia dominante». Excluindo por uma espécie de seleção natural as posições minoritárias, as opções não conformes com uma abordagem unidimensional da economia, da sociedade, da política e da cultura.

Por isso, na Bélgica francófona, o conjunto da imprensa diária de língua francesa é atualmente dominado por dois eixos de edição: o eixo Rossel-Hersant e o eixo Vers l'Avenir-La Voix du Nord[137]. E, do lado neerlandófono,

[137] Rossel controla, com efeito, *La Lanterne* (que se chama agora *La Capitale*), *La Meuse*, *La Nouvelle Gazette*, *La Province* e *Le Soir*. Rossel detém igualmente uma participação de

a situação não é mais brilhante, com três grupos (VUM, De Persgroep e RUG) a dominarem o sector e dois outros, de tamanhos bem mais reduzidos, cujas ambições parecem puramente sectoriais[138].

14,8% na Editeco, a sociedade de edição de *L'Écho*, de *La Cote Libre* e do *Courrier de la Bourse*. Por seu lado, o grupo francês Hersant edita *Nord Éclair* e detém 40% de Rossel et Cie. Rossel gere, por outro lado, os aspetos técnicos, publicitários e comerciais de *Le Journal de Charleroi* e de *Le Peuple*, assim como de *La Wallonie*, ao mesmo tempo que lhes fornece a maior parte do conteúdo redatorial.

Vers l'Avenir, onde o bispado de Namur é maioritário, edita *L'Avenir du Luxembourg*, *Le Courrier de l'Escaut*, *Le Jour*, *Le Rappel* e *Vers l'Avenir*. Detém também 51% da sociedade Financière de l'Avenir, detendo o grupo francês La Voix du Nord os outros 49%. La Financière de l'Avenir controla 32,3% de IPM, sendo os outros acionistas o Groupe R. Dupuis (34,8%) e a família le Hodey (32,3%). IPM controla *La Dernière Heure* e *La Libre Belgique*. Por outro lado, IPM e Vers l'Avenir detêm, respetivamente, 9,1% e 4,5% de Editeco.

Ver, a este propósito, J.-M. Nobre-Correia, «Belgique: une architecture cadenassée mais fragile...», in *Médiaspouvoirs*, Paris, nº 36, 4º trimestre de 1994, pp. 107–122.

J.-M. Nobre-Correia, «La Presse belge: de la morosité au sursaut», in *Presse Actualité*, Paris, nº 190, fevereiro de 1985, pp. 60–67.

J.-M. Nobre-Correia, «Un géant nommé Rossel», in *Média Magazine*, Bruxelas, nº 23, fevereiro de 1987, pp. 6–11.

Evelyne Lentzen, «La presse quotidienne francofone», in *Courrier hebdomadaire*, Bruxelas, CRISP, nº 1515–1516, 1996, 54 p.

[138] A VUM (Vlaamse Uitgeversmaatschappij, da qual Gevaert é o acionista de referência) publica *De Gentenaar*, *Het Nieuwsblad*, *De Standaard* e *Het Volk*.

De Persgroep (da família Van Thillo) edita *Het Laatste Nieuws*, *De Morgen* e *De Nieuwe Gazet*.

A RUG (Regionale Uitgeversgroep, controlada por meios católicos, nascida a 2 de julho de 1996 da aproximação de De Vlijt, de Antuérpia, e de Concentra, de Hasselt) publica *Het Belang van Limburg*, *Gazet van Antwerpen* e *Gazet van Mechelen*.

A VEV (Vlaams Ekonomisch Verbond, a organização do patronado flamengo) controla *De Financieel Ekonomische Tijd*.

Os meios portuários de Antuérpia publicam *De Lloyd* e *Le Lloyd*.

Ver, a este propósito, J.-M. Nobre-Correia, «Belgique: une architecture cadenassée mais fragile...», pp. 107–122.

Serge Govaert e Evelyne Lentzen, «Les Médias en Flandre», in *Courrier hebdomadaire*, Bruxelas, CRISP, nº 1106–1107 e 1108, 17 e 31 de janeiro de 1986, 68 + 46 p.

Com exceção de *Het Laatste Nieuws*[139] e de *De Morgen*, todos os diários flamengos são católicos. Do lado francófono, este peso católico é mais limitado (com *Vers l'Avenir*[140], *La Libre Belgique* e *Nord Éclair*), mas as opções laicas são igualmente menos afirmadas do que antes[141]. Enquanto nos Cantões de Leste o único diário, *Grenz-Echo*, é católico. Da mesma maneira, tanto no Norte como no Sul do país, o pluralismo político é relativamente restrito e enviesado. *Le Journal de Charleroi*, *La Wallonie* e, de maneira mais independente, *De Morgen* afixam ainda opções progressistas, sendo os dois primeiros claramente socialistas[142], o que já não é o caso do terceiro[143]. Embora se possa dizer que a imprensa diária se situa globalmente à direita, só *La Dernière Heure* e *Het Laatste Nieuws*[144] mostram as suas preferências liberais, enquanto a área ecologista, representada nos diversos parlamentos[145]

[139] E a sua edição de Antuérpia, *De Nieuwe Gazet*.

[140] E os seus quatro outros títulos: *L'Avenir du Luxembourg*, em Arlon, *Le Courrier de l'Escaut*, em Tournai, *Le Jour*, em Verviers, e *Le Rappel*, em Charleroi. A 1 de junho de 2010, todos estes diários adotaram como título único *L'Avenir*.

[141] Por ocasião do falecimento do cardeal Suenens, não foi sem interesse notar que *La Lanterne*, *La Meuse* e *Le Soir* da terça-feira, 7 de maio de 1996, faziam deste desaparecimento os seus títulos principais de primeira página, quando *La Libre Belgique* se contentava em fazer dele um título de segunda importância, na parte inferior da primeira página...

[142] Em fins de junho de 1996, houve quem evocasse a crise de *Le Journal de Charleroi*, cuja difusão já não atingia os 7500 exemplares requeridos para a ajuda pública direta à imprensa. Por isso falou-se de novo de uma hipótese de fusão de *Le Journal de Charleroi*, de *Le Peuple* e de *La Wallonie*. Uma hipótese que já fora considerada em 1990–1991 (por iniciativa de Carol Gluza, Willy Thys e Robert D'Hondt) e que dizia igualmente respeito a *La Cité*. Jean Guy (diretor de *Le Journal et Indépendance*) e Jos Schoonbroodt (diretor de *La Cité*) tinham então intervindo para bloquear o caminho a esta iniciativa. Ver, a este propósito, J.-M. Nobre-Correia, «Un air de fiançailles», in *Le Vif-L'Express*, Bruxelas, vol. 8, nº 50, 14 de dezembro de 1990, p. 158.

[143] Ver, a este propósito, a entrevista de Yves Desmet, diretor de *De Morgen*, in *Le Soir*, Bruxelas, 3 de julho de 1996, p. 2. Desmet diz nela que *De Morgen* é «centrista progressista».

[144] E a sua edição de Antuérpia, *De Nieuwe Gazet*.

[145] A Bélgica conta com sete assembleias legislativas: a Câmara dos Representantes e o Senado, a nível federal; o parlamento flamengo, o parlamento bruxelês, o parlamento valão

por Écolo e Agalev, está singularmente ausente da imprensa diária do país[146].

Do lado da imprensa periódica francófona e neerlandófona, a maior parte dos magazines de grande público são também controlados por dois grupos: o flamengo Roularrta[147] e o neerlandês VNU[148]. Só alguns

e o parlamento da Comunidade germanófona, assim como o parlamento da Comunidade Francesa (que representa os habitantes da Valónia e os habitantes de língua francesa de Bruxelas).

146 Estes reparos deverão, no entanto, ser ainda ponderados pelo peso relativo das difusões.

Em 1995, quando os católicos *La Libre Belgique*, *Nord Éclair* e *Vers l'Avenir* atingiam juntos uma difusão paga de 217 392 exemplares, o liberal *La Dernière Heure* só tinha 68 848, enquanto *La Wallonie* e *Le Journal de Charleroi* nem sequer já tinham mais do que uns 17 mil.

Da mesma maneira, na Flandres, os católicos *Het Belang van Limburg*, *Gazet van Antwerpen*, *Gazet van Mechelen*, *De Gentenaar*, *Het Nieuwsblad*, *De Standaard* e *Het Volk* tinham uma difusão global de 667 458 exemplares, quando os liberais *Het Laatste Nieuws* e *De Nieuwe Gazet* só tinham 249 795, e De Morgen apenas 30 308.

Nos Cantões de Leste, *Grenz-Echo* tinha uma difusão paga de 10 284 exemplares.

147 Do lado francófono, Roularta publica nomeadamente os semanários *Foot Magazine*, *Télépro* (com o grupo francês Bayard Presse, controlado pela congregação dos Assuncionistas), *Le Vif-L'Express* (em colaboração com o grupo francês Havas) e os mensários *Business & Industrie*, *Notre Temps* (com Bayard Presse) e *Sport*, ao mesmo tempo que controla de facto o semanário *Trends Tendances*, propriedade do grupo Lexico.

Do lado neerlandófono, Roularta publica nomeadamente os semanários *Foot Magazine*, *Knack*, *Trends* e, em breve, *Telepro* (que será lançado a 7 de novembro de 1996), assim como os mensários *Business & Industrie*, *Onze Tijd* (com Bayard Presse) e *Sport*. Historicamente, o grupo Roularta tem como origem meios próximos do CVP (Christelijke Volkspartij, Partido Social-Cristão flamengo). Ver, a propósito de Roularta, J.-M. Nobre-Correia, «Les habits neufs d'un empire de papier», in *Trends Tendances*, Bruxelas, 12 de janeiro de 1989, pp. 36-39.

148 Do lado francófono, a VNU publica os semanários *Femmes d'Aujourd'hui*, *Flair* e *Télémoustique*, assim como o mensário *Gaël*.

Do lado neerlandófono, a VNU publica os semanários *Flair*, *Humo*, *Libelle*, *Teveblad*, *TV Ekspres* e *TV Story*, assim como os mensários *Elga*, *Feeling* e *Fit & Gezond*. Ver, a este propósito, J.-M. Nobre-Correia e Hedwige Jeanmart, «La VNU entre l'international et son pré carrés...», in *Médiaspouvoirs*, Paris, nº 34, 2º trimestre de 1994, pp. 43–52.

magazines grande público muito raros (dos quais *Ciné Télé Revue* e *Le Soir ilustré*) escapam à sua dominação.

Em rádio, o sector privado está estreitamente controlado pela CLT--UFA[149], que controla a *Bel RTL* e a *Fun Radio* e detém 35% da *Radio Contact*. Vers l'Avenir controla 51% de *Nostalgie Belgique*, enquanto a IPM detém 22,95% de *NRJ Belgique*[150]. Quando, em televisão, a CLT-UFA (com *RTL--TVI* e *Club RTL*) e a Havas (com *Canal + Belgique*[151]) dominam o sector privado francófono. Na Flandres, cinco grupos de média controlam VTM (e a sua segunda estação, *Kanaal 2*)[152]. A VMU é acionista de *VT4*, enquanto *Filmnet* é propriedade de Nethold, uma sociedade de direito neerlandês controlada pelo grupo suíço Richemont e pelo sul-africano M-Net International Holdings. Enquanto Roularta e a RUG pesam fortemente no sector das novas televisões regionais[153].

À escala europeia, num espaço mediático que integramos cada vez mais, a situação não é nada melhor. Há alguns anos, uma investigação conduzida no quadro do Europäisches Medieninstitut, de Dusseldórfia,

[149] A Compagnie luxembourgeoise de Télédiffusion, controlada anteriormente pelo Groupe Bruxelles Lambert, fundiu-se a 3 de julho de 1996 com a UFA Film und Fernseh, filial do grupo alemão Bertelsmann (ver *Le Monde*, Paris, 4 de julho de 1996, p. 30). A nova CLT--UFA estará operacional no início de 1997 (ver *Le Monde*, Paris, 5 de julho de 1996, p. 26). Ver, a propósito da CLT, J.-M. Nobre-Correia, «La CLT: querelle franco-belge autour d'une luxembourgesoise», in *Médiaspouvoirs*, Paris, nº 27, julho–setembro de 1992, pp. 60–70.

Evelyne Lentzen, «Compagnie luxembourgeoise de télédiffusion CLT», in *Courrier hebdomadaire*, Bruxelas, CRISP, nº 1066, 18 de janeiro de 1985, 48 p.

[150] Ver, a este propósito, S. Govaert, «Les radios privées de la Communauté française», in *Courrier hebdomadaire*, Bruxelas, CRISP, nº 1201–1202, 1988, 52 p.

[151] Havas é, por outro lado, acionista minoritário indireto da CLT-UFA.

[152] A Vlaamse Media Holding (que reúne De Persgroep, 28,6%, Roularta, 28,6%, e a Concentra, 14,2%, mais quatro sócios financeiros), com 55,55%, a VNU, com 44,26%, e a De Vlijt, com 0,19 %.

[153] A RUG (que reúne a Concentra e a De Vlijt) detém 51% da *TVL* (Televisie Limburg) e 26% da *ATV* (Antwerpse Televisie). A Roularta detém 50% da *Focus Televisie* e 25% da *WTV* (Westvlaamse Televisie Zuid).

permitia concluir que a informação europeia ficará em breve nas mãos de sete ou oito grandes grupos[154]. Grupos que, tendo em vista a evolução atual, poderiam chamar-se Bertelsmann-CLT, Havas-Canal Plus, Reed Elsevier, Fininvest, Matra Hachette ou Kirch-Axel Springer, talvez Pearson, Carlton, United News & Media ou até News Corporation.

O futuro do modelo democrático

Por isso, se quisermos preservar e mesmo reforçar o modelo de democracia que é o nosso, conviria interrogarmo-nos sobre a conceção da informação praticada pelos nossos média. Interrogarmo-nos também sobre os modelos societais e os discursos ideológicos veiculados por programações audiovisuais e conteúdos redatoriais cada vez mais unidimensionais. E interrogarmo-nos, enfim, sobre a evolução de uma paisagem mediática europeia entregue unicamente às leis do mercado.

Talvez fosse necessário, por outro lado, reler o papel do Estado no sector dos média. Média que seria preciso deixar de considerar como simples indústrias ou como meros produtos destinados a um mercado, mas como empresas de serviço público. Empresas ao serviço dos cidadãos de uma sociedade cujo funcionamento democrático conduziria à integração dos seus membros e não à exclusão de um número cada vez maior deles...

Texto revisto e traduzido pelo autor

Este texto toma como ponto de partida a intervenção do autor no Colloque de la Laïcité, sob o tema «Relire l'exclusion», a 9 de março de 1996, em Bruxelas.

Edição original: «Les médias et l'exclusion», in *Relire l'exclusion* (pp. 67-74), Éditions de l'Université de Bruxelles, Bruxelas, 1997, 148 p.

154 P.-Y. Lochon e A. Sanchez-Tabernero, «Concentration des médias européens: le double visage», in *Médiaspouvoirs*, Paris, nº 24, outubro–dezembro de 1991, pp. 31–38.

10
O futuro perante o passado...

Do artesão tipógrafo, impressor e vendedor de «relações», ator solitário, à proliferação atual das «publicações» em que se confundem produtores e leitores, ouvintes espectadores ou internautas...

Para procurar compreender a evolução atual da relação entre os média, o jornalismo e a democracia, convém fazer uma breve recapitulação histórica das etapas que marcaram esta relação.

Se considerarmos que o início da história dos média de informação de atualidade se confunde com a «descoberta» da tipografia e o aparecimento das primeiras «relações», podemos então afirmar que os média têm primeiro um estatuto de propriedade individual. Os média limitam-se nessa altura à imprensa e constituem uma atividade artesanal. Atividade que tem antes do mais por objetivo o combate filosófico, político ou cultural.

Nesta longa fase da história, que vai de meados do século XV a meados do século XIX, os média são um instrumento de intervenção individual (sobretudo individual). E a sua dimensão é antes de mais ideológica. Por seu lado, o público destes média reduz-se a uma pequena elite. Uma elite que sabe ler e que tem meios financeiros para comprar o artigo de luxo que é o jornal.

Do debate de ideias ao relato dos factos

Entre os anos 1830 e 1870, opera-se a industrialização da imprensa. Os média passam então a ser propriedade de associações com caráter militante ou de empresas geralmente de tipo familiar. Porém, com o tempo, estas empresas passam a ser cada vez mais numerosas, enquanto as associações editoras de jornais perdem claramente terreno.

Se, no espírito das associações, a função de um jornal continua a ser a intervenção nos debates que atravessam a sociedade, no espírito das empresas a preocupação principal é a rentabilidade. Para isso, é preciso, em princípio, que o jornal seja de boa qualidade e o mais completo possível. E, quanto mais sucesso tem o jornal, mais visibilidade social e prestígio têm os seus dirigentes.

Nesta concepção industrial da imprensa, a prioridade é dada à informação, aos factos, ao relato dos factos. Entretanto, o jornalismo ideológico e até mesmo a simples expressão da opinião do jornal vão perdendo lentamente terreno. E certos jornais de grande audiência (como *Le Matin*, em Paris – ainda antes da Primeira Guerra Mundial –, ou como *Le Soir*, em Bruxelas – logo a seguir a ela) vão mesmo iniciar uma prática inconcebível poucos anos antes: o editorial ou a tribuna política pluralista. Isto é: as grandes correntes de opinião (pelo menos as representadas no parlamento) dispõem de um espaço para expressar a sua opinião nas páginas do jornal. É nesta época, aliás, que a agência Havas fornece aos assinantes – o que seria dificilmente aceitável hoje em dia – análises diferentes, exprimindo opções ideológicas diferentes, de modo a satisfazer posicionamentos diferentes dos jornais que recebem o seu serviço...

É claro que o jornal não renuncia exatamente às suas opiniões. Porque estas transparecerão tanto na seleção como na hierarquização dos factos, assim como no tratamento editorial destes. Mas as exigências de alargamento da audiência, do mercado, levam-no a praticar a abertura. Reforçando assim o parlamentarismo balbuciante. Favorecendo a afirmação de uma sociedade pluralista. No plano dos média, esta época fica aliás caracterizada pela íntima ligação – por uma relação de certo modo dialética, dirão certos analistas – entre a luta pela liberdade de informar, pelo direito à informação, e a luta pelo direito de voto, pelo sufrágio universal.

Os grupos a que chamaríamos agora «monomédia» (na altura unicamente consagrados à imprensa) começam a aparecer em finais do século XIX (casos de Edoardo Sonzogno, em Itália, ou de Alfred Harmsworth, na Grã-Bretanha, por exemplo). Mas é sobretudo no início do século XX e depois da Primeira Guerra Mundial que se afirmam claramente como grupos pluriformes, propondo produtos diferentes para públicos diferentes. O mesmo grupo editará assim diários a preços diferentes (partindo de um mesmo conteúdo editorial, mais ou menos abundante, paginado e titulado de maneira mais ou menos sóbria ou sensacional) ou com posicionamentos editoriais diferentes (generalista ou especializado, por exemplo).

Em princípio, o sufrágio universal faz de cada indivíduo um cidadão. E dá a cada cidadão o direito de exprimir a sua opinião, de fazer a sua escolha ideológica. Os grupos de imprensa vão também propor ao leitor que faça a sua escolha de jornal em função dos seus centros de interesse, do seu nível de cultura, do seu poder de compra. A dimensão política do pluralismo parlamentar vai assim coabitar com a dimensão económica da oferta e da procura do mercado. Analistas há que afirmam mesmo que o liberalismo económico pressupõe um liberalismo político.

Da fonte única ao pluralismo das fontes

Os anos entre as duas guerras mundiais e sobretudo os anos após-Segunda Guerra Mundial trazem uma mutação substancial na relação entre os média e o público. O público deixa com efeito de ficar dependente da versão única (geralmente única) da atualidade, da versão única dos acontecimentos que lhe era proposta pelo «seu» diário, para passar a dispor de várias fontes de informação: o jornal habitual, mas também a rádio, que passa a assumir uma função de informação importante. Uma rádio – repare-se – que começa a atingir um público cuja vastidão é maior do que o fora alguma vez o da imprensa.

Dez, vinte anos depois, vem acrescentar-se a estes dois atores um terceiro, cuja capacidade para atingir um vasto público se revela ser bem superior à dos outros dois: a televisão. A rádio e a televisão acrescentam, todavia, duas outras dimensões à informação: a dimensão do entretenimento, primeiro, e a dimensão do espetáculo, em seguida. A informação deixa de ser o relato desencarnado dos factos e passa a ter uma dimensão de «interesse humano», como diziam os psicossociólogos, em que o fator afetivo passa a ter grande importância. Por outro lado, a informação deixa de exigir uma atitude ativa do leitor para autorizar uma atitude puramente passiva do ouvinte ou espectador.

Pela primeira vez na história, durante estas curtas dezenas de anos, o público passa a estar massivamente em contacto com os média, a dispor de um pluralismo de fontes de informação. E, pela primeira vez na história, passa a ser difícil, para não dizer impossível, que um média possa escamotear os factos. Antes, um jornal ideologicamente comprometido [*engagé*] podia decidir facilmente não falar de um tema de atualidade que lhe desagradasse. Doravante, há grande probabilidade de este tema ser abordado por um dos outros média da nova constelação tripolar. A cobertura da atualidade pelo média é assim alargada. Como é alargado o pluralismo interno dos média. E como aumenta a margem de manobra dos jornalistas perante diretivas editoriais até então limitativas.

Os anos 1950-60 são provavelmente os de maior pluralismo dos média em matéria de informação. Os anos de maior pluralismo ideológico (até porque se saía de um longo período de guerra, de ocupação, de resistência e de libertação, que abriam novas perspetivas e debates de fundo, nomeadamente sobre o porvir da democracia e do papel do Estado). Os anos de maior pluralidade de leituras da atualidade. E isto apesar de o sector audiovisual viver em situação de «liberdade restrita» e se encontrar muitas vezes dependente dos fluxos e refluxos das vagas políticas que açambarcam os aparelhos de Estado.

Revolução técnica e mutação económica

Nos anos 1970-80, dois fatores relativamente concomitantes vão modificar profundamente este estado de coisas. Por um lado, o aparecimento dos gabinetes de imprensa, das direções de comunicação e demais agências de comunicação. Por outro, a necessária reconversão tecnológica do sector dos média, com a passagem da imprensa ao *offset* e à fotocomposição, a adoção, pela rádio, da modulação de frequência, a implantação das redes de cabo e dos satélites de telecomunicação, a passagem dos três média à informatização e à digitalização.

A pretexto de facilitarem o acesso às fontes de informação, as direções de comunicação vêm de facto fomentar uma «informação» promocional e entravar a recolha de informações pelos jornalistas. Adaptando o princípio da censura à modernidade, as direções da comunicação intervêm ao nível da recolha da informação – e não ao nível da difusão da informação, como o fazia a censura de outros tempos.

A necessária reconversão tecnológica dos média teve quatro consequências com aspetos contraditórios: provoca uma concentração considerável dos média tradicionais, que dispõem de uma sólida implantação e de uma vasta audiência; favorece o aparecimento de novos jornais (sobretudo periódicos não diários) e, sobretudo, de novas rádios e de novas televisões; impõe a desmonopolização do sector audiovisual, até então dominado pelas rádios e televisões de serviço público; e suscita o aparecimento de grupos plurimédia (digamos plurimédia, dado o novo sentido tomado pela palavra multimédia).

Por seu lado, estas consequências acarretam naturalmente outras. A primeira destas consequências é a entrada em força dos grupos financeiros e industriais no sector dos média, na medida em que só eles dispõem dos fundos necessários para «socorrer» um sector tradicionalmente subcapitalizado (vê-se assim a Matra tomar o controlo da Hachette, a Fiat da RCS, o Groupe Bouygues da *TF1*, por exemplo). Em segundo lugar, esta entrada é justificada antes do mais pelos lucros que estes grupos financeiros e industriais podem obter em termos de relações públicas, de comunicação, de imagem para as empresas não-média do grupo. Em terceiro lugar, estes grupos vão ser levados a acentuar (ou até a introduzir) as noções de economias de escala e de sinergias entre as várias componentes do grupo, e isto em grupos média habituados a viver num regime de autonomia relativamente grande das suas diferentes componentes. Por fim, tal entrada acentua as exigências de rentabilidade, exigências tanto maiores quanto é certo que a proliferação de novos média tinha aumentado consideravelmente o número de atores que intervinham num mesmo mercado, nomeadamente num mesmo mercado de investimentos publicitários, aumentando assim a dependência dos média em relação aos anunciantes.

Da unidimensionalização à dualização

É também neste período da história que as agências de informação deixam de considerar os média como seus clientes prioritários e passam a privilegiar os meios de negócios. Estes merecerão doravante todas as atenções tanto no que diz respeito às prioridades estabelecidas na recolha da informação como nas formas de tratamento que passarão a ser aplicadas a esta. Uma situação muito evidente no caso da *Reuters* (que envereda por este caminho antes das outras, a partir de 1964), mas que atingirá também a *Associated Press*, primeiro, e a *Agence France Presse*, depois. Hoje em dia, a informação das agências é concebida prioritariamente em função dos meios de negócios – e não, como era o caso ainda há vinte ou trinta anos, em função, antes do mais, dos média. Sem esquecer que agências criadas com vista a fornecer informações específicas aos meios económicos e financeiros (como a *Bloomberg* ou a *Bridge*, nascidas, respetivamente, em 1981 e 1983) vão ser cada vez mais utilizadas pelos média como fontes de informação.

A conjunção de todas estas consequências provoca geralmente uma redução do pluralismo da informação entre média de um mesmo grupo, uma «pasteurização» e homogeneização do conteúdo dos média, uma despolitização do discurso dos média e uma abordagem unidimensional da atualidade.

Paralelamente, dois outros fenómenos se desenvolvem durante esta mesma época: o aparecimento da televisão a pagamento (e de maneira anexa, mas menos visível, a rádio a pagamento) e a explosão do sector da imprensa gratuita. Opera-se assim uma espécie de reviravolta do sentido da história: a imprensa, que começara por ser paga, passa a ser gratuita; o audiovisual, que começara por ser considerado como gratuito (embora não o fosse: havia a compra do recetor, o pagamento da taxa de licença,...), passa a ser pago.

Esta evolução conduz de facto a uma dualização do consumo dos média: para o grande público, média pagos pela publicidade, com conteúdos editoriais de baixo nível; para um público mais ou menos reduzido, mas com poder de compra, média de qualidade, com um valor acrescentado no que se refere aos conteúdos. Uma dualização que acentuará os mecanismos de exclusão social em relação aos que – por circunstâncias diversas – dispõem de um poder de compra limitado, que não lhes permite investir na aquisição de média de qualidade.

Doravante, é claro que os grupos de média vão privilegiar o consumidor em vez do cidadão.

Da mudança de propriedade e de estatuto

O fim dos anos 1980 e o início dos anos 1990 anunciam outra forma de concentração: a absorção de grupos de média de informação por grupos especializados no entretenimento (vê-se assim, por exemplo, a Warner absorver Time Life, a Disney absorver ABC, a Pathé absorver *Libération*, o grupo Cecchi Gori absorver *TMC* e *TMC 2*). Um movimento que tem consequências evidentes: a acentuação da dimensão do entretenimento, do sensacionalismo, da emoção, por um lado, a espectacularização da informação, por outro. Esta evolução da conceção da informação atinge dois tipos de auge: a morte de Diana Spencer e as felações presidenciais de Monica Lewinsky, consideradas como temas de palpitação planetária; a Guerra do Golfo e a intervenção estado-unidense na Somália propostas em direto, sem que o espectador precise de sair do seu sofá, em casa.

Esta mutação da prática da informação é favorecida por uma evolução tecnológica onde os satélites de telecomunicação passam a ser elementos-chave. Uma evolução que torna cada vez mais possível a prática da informação «em tempo real». Um «tempo real» que vai sobretudo fazer ver e fazer ouvir o que se passa, quando se passa, «em direto». Dispensando toda e qualquer intervenção do jornalista ou reduzindo a presença do mesmo no terreno como mero certificador de que o média se encontra bem no lugar onde se desenrola ou desenrolou o acontecimento. Certificador de autenticidade. Mas da «autenticidade» de quê?

Doravante, é claro que estes grupos de entretenimento transformados em gestores de média e de informação vão privilegiar o indivíduo em busca de momentos de distração, em vez do cidadão à procura de informação capaz de lhe facilitar a sua inserção e a sua intervenção na vida da *polis*.

Outro tipo de mutação começa a dar os primeiros sinais nos fins dos anos 1990 e passa a ser evidente no decorrer de 2000: a passagem dos grupos de média sob o controlo dos grupos de telecomunicações ou de acesso à internet. Assim, por exemplo, a Telefónica passa a ser um dos maiores grupos plurimédia em Espanha (a partir de julho de 1997), ocupando também posições importantes no estrangeiro; a Viacom absorve a *CBS* (em setembro de 1999) e passa a ser um dos super-grandes do sector dos média; a American Online (AOL) absorve a Time Warner (em janeiro de 2000), reforçando assim o novo grupo a sua posição de líder mundial do sector; a Telecom Italia procura adquirir a *TMC 1* e a *TMC 2*, numa tentativa para constituir o terceiro polo de televisão italiana, frente às estações da Rai e da Mediaset (em agosto de 2000); a Portugal Telecom assume o controlo da Lusomundo (em novembro de 2000).

O novo quadro de intervenção dos média

Ora, o posicionamento estratégico destes novos atores do sector dos média mostra que eles privilegiam antes do mais a dimensão lúdica e a dimensão comercial. Doravante, o cliente – o consumidor em busca de lazer e o consumidor confrontado com a escolha de bens e de serviços – é privilegiado em relação ao cidadão. A internet é – será – antes do mais um lugar onde as pessoas se divertem, um lugar onde as pessoas fazem compras, de bens e de serviços. Um lugar também onde as pessoas se podem informar. De maneira provavelmente acessória, colateral – ser-se-ia tentado a dizer, utilizando o termo utilizado pela OTAN-NATO aquando dos seus bombardeamentos na Sérvia... Mas informado como? E informado por quem? E aqui começa o verdadeiro problema da internet em matéria de informação...

Na internet, toda a agente poderá informar toda a gente. Os antigos emissores perderão a situação de privilégio que é a sua. Os antigos recetores passarão também a ser emissores. Na internet, toda a agente poderá «informar» toda a gente. Mas é evidente que as empresas e as instituições poderão «informar» mais e melhor do que os particulares. Como é evidente, as grandes empresas e as grandes instituições encontrar-se-ão em melhores condições de «informar» mais e melhor do que as pequenas. Exceto que, também aqui, se assistirá a uma dualização entre os que estão ou estarão ligados à internet e os que continuam e continuarão a não dispor do equipamento necessário para ter acesso a ela, entre os que dispõem dos meios financeiros para aceder a toda a espécie de sítios com alto valor acrescentado e os que se limitarão a aceder aos sítios gratuitos, promocionais ou com fraco valor informativo.

Mas – na era da internet – o que significará ainda a palavra «informar»? O que significará ainda a palavra «jornalismo», se o essencial das suas funções (a recolha de informações, a verificação, a triagem, a hierarquização, a perspetivação, a análise das informações), se o essencial daquilo que constituía a função social do jornalismo deixa de estar presente no fluxo de dados e interpretações propostos na internet?

No tempo em que os proprietários de média desenvolviam antes do mais as suas atividades profissionais e financeiras no sector dos média, a informação constituía uma prioridade. E, para rentabilizar os investimentos realizados nos média, convinha que esta informação fosse de qualidade (embora os critérios de «qualidade» variassem fortemente). Esta qualidade da informação constituía não só uma probabilidade de rentabilidade, mas também – como foi dito – uma séria perspetiva de visibilidade social e de prestígio para os dirigentes dos média.

Com a entrada em cena dos grupos proprietários maioritária e prioritariamente exteriores ao mundo dos média, assim como com o reforço do peso cada vez maior das direções de comunicação e das receitas publicitárias no equilíbrio financeiro dos média, ou ainda com a afirmação cada vez mais evidente da noção de informação «em tempo real», a prática do jornalismo, tal como foi concebido há coisa de um século, constituirá cada vez mais um exercício problemático, difícil e muitas vezes até impossível.

A necessária reconceção do jornalismo

De há trinta, quarenta anos a esta parte, a tendência geral nos média ditos de informação é de reduzir o espaço dos jornalistas e de alargar o espaço de toda a espécie de animadores e outros «divertidores», para que os jornais sejam mais ligeiros (mais *soft*) e com um ponta de humor (mais *fun*).

Mais recentemente, outra tendência veio a afirmar-se: a de procurar estabelecer uma ligação direta entre os produtores de informação e os consumidores de informação, de modo que os primeiros possam testemunhar «em direto» e os segundos possam assistir «em direto». Transformando assim os média em simples suportes de escoamento da atualidade. Dispensando cada vez mais os jornalistas de praticarem jornalismo. Ou obrigando-os cada vez mais a executar funções técnicas de todo o tipo, que implicam uma redução substancial do tempo necessário à prática do jornalismo.

Ora – hoje como há um século –, os valores essenciais do jornalismo continuam a ter atualidade. Embora tenhamos certamente de proceder a um *aggiornamento* destes valores essenciais, em função da evolução tecnológica dos média e em função também da evolução da sociedade e da nova relação estabelecida entre poder político, poder económico e poder mediático. E a atualidade destes valores essenciais do jornalismo faz que – hoje como há um século – a luta pela liberdade da informação, pela liberdade de acesso à informação e pela liberdade de informar continue a ser de uma total pertinência. E talvez até mais pertinente do que há um século, porque a evolução tecnológica neste fim de século XX permite mais do que nunca que a democracia pluralista seja possível. E que cada leitor, ouvinte e espectador possa realmente ser um cidadão, no sentido pleno da palavra cidadão...

Para tal, há que voltar a colocar o jornalista no centro do universo da informação. E fazer que a relação jornalista-editor, de um lado, e leitor-ouvinte-espectador, do outro, volte a ser a relação privilegiada, essencial do processo da informação. De modo que os média possam de novo propor uma leitura plural, uma leitura contrastada da atualidade. Porque o pluralismo é uma condição essencial da democracia...

Texto revisto pelo autor

Este texto toma como ponto de partida a intervenção do autor no colóquio do Centro de Investigação Média e Jornalismo sob o tema «Uma perspetiva histórica ou o futuro perante o passado», a 14-15 de março de 2000, em Lisboa.

Edição original: «O futuro perante o passado: uma perspetiva histórica», in *Media, Jornalismo e Democracia*, Lisboa, Livros Horizonte, 2002, pp. 85-92.

11
Uma certa morte anunciada...

A evolução dos média põe em evidência a crise do jornalismo, alvo de profunda mutação, tornando-se a sua prática cada vez mais problemática. Não se encontrará muito simplesmente em véspera de desaparecimento?...

Desenganemo-nos: a idade de ouro do jornalismo nunca existiu. Desde a sua emergência como arte de informar os outros, o jornalismo esteve sempre submetido às vicissitudes das suas relações com o poder e com a política, bem como das suas ligações com os meios económicos e financeiros, às contingências da audiência e da concorrência, às incertezas da atualidade e daqueles que produzem os jornais.

Recordemo-nos: pode evidentemente situar-se o nascimento do jornalismo no despertar da humanidade e na transmissão de informações entre os homens, no aparecimento dos contadores de histórias ou dos mensageiros, no nascimento da escrita ou no das *Actas diurnas* romanas, na criação de redes de informação político-militares ou mercantilo-banqueiras, na «descoberta» da imprensa tipográfica (de Gutenberg, Coster ou Walfoghel), na criação da imprensa periódica (fim do século XVI-início do século XVII) ou, bastante mais tarde, na industrialização da imprensa (no século XIX)...

Digamos, para abreviar, que a maneira de conceber a cobertura da atualidade e o seu tratamento, o ofício de jornalista, tal como o compreendemos hoje, nasceu durante os dois últimos terços do século XIX. Com a revolução industrial, a democratização da vida política, a urbanização e a escolarização. Com a preocupação de fazer chegar os jornais a um público mais vasto do que antes. Com a lenta transformação da imprensa, artesanal até há pouco, numa atividade criadora de emprego e de rentabilidade.

O contributo da confrontação

Fortemente marcada pelo cunho político e literário dos séculos precedentes[155], a imprensa foi progredindo, pouco a pouco, para um relato dos factos (cuidadosamente recolhidos e verificados pelos redatores do jornal), que, todavia, não dispensava uma perspetivação e uma análise, e mesmo, se necessário, uma tomada de posição perante os grandes acontecimentos e temas da vida quotidiana.

Claro que as instrumentalizações eram moeda corrente (sobretudo durante os períodos de tensão política, social ou militar[156]), assim como a corrupção (quer antes da Primeira Guerra Mundial, quer no período entre as duas guerras[157]). Além disso, a concorrência desenfreada para conseguir atingir um público cada vez mais vasto levou os jornais a uma estratégia editorial que privilegia o acontecimento em detrimento do curso das coisas[158]. Pondo mais em destaque o que era favorável à emoção do que à razão (as derivas da imprensa

[155] Thomas Ferenczi, *L'Invention du journalisme en France*, Paris, Plon, 1993, pp. 12–17 e 19-42. Marc Martin, *Médias et journalistes de la République*, Paris, Odile Jacob, 1997, pp. 61–63. Christian Delporte, *Les Journalistes en France 1880–1950*, Paris, Seuil, 1999, pp. 52–60.

[156] James Curran e Jean Seaton, *Power without Responsability*, Londres, Routledge, 1991, pp. 49–83. Marc Martin, *Médias et journalistes de la République*, pp. 116–118 e 231–270. Giovanni Gozzini, *Storia del giornalismo*, s.l., Bruno Mondadori, 2000, pp. 200–205.

[157] Thomas Ferenczi, *L'Invention du journalisme en France*, pp. 16 e 220–221. Christian Delporte, *Histoire du journalisme et des journalistes en France*, Paris, PUF, 1995, pp. 30–36 e 46. Christian Delporte, *Les Journalistes en France 1880–1950*, pp. 140–157 e 206–213.

[158] Alban Bensa e Eric Fassin, «Les Sciences sociales face à l'événement», in *Terrain*, Paris, nº 38, mars 2002, pp. 5–20. Ver também J.-M. Nobre-Correia, «La logique de l'événement», in *Information et Media*, éd. MCF, Bruxelles, 1979, pp. 143–150.

dita «popular» não datam de hoje, a sua atração pelos *fait-divers*, pelos crimes e pelo sangue era já evidente nos últimos decénios do século XIX[159]).

Não impede que a factualidade da informação e o leque das suas origens geográficas não tenham deixado de se reforçar. O aparecimento da rádio, primeiro (anos 1920-30), da televisão, em seguida (anos 1940-50) contribuíram de certo modo para isso: os cidadãos dispunham doravante de uma pluralidade de média (ao contrário do jornal geralmente único de antes) que lhes permitia confrontar a informação que lhes era proposta. Tornava-se assim particularmente incómodo escamotear os factos evocados por outros média: *L'Humanité* e *Le Drapeau rouge*[160] podiam cada vez mais dificilmente não tomar em consideração a dissidência na URSS e na Europa de Leste, enquanto *Le Peuple*[161] não podia sonhar anunciar aos seus leitores que deixaria de evocar nas suas páginas as atividades da corrente «La Gauche» («A Esquerda») do Partido Socialista Belga...

Os progressos no tratamento da informação acentuaram-se ainda com a autonomização da rádio e da televisão (nos anos 1950-70, segundo os países da Europa) em relação ao poder político. Foi possível assim ouvir e ver atores da vida social e política que, anteriormente, não tinham direito de antena, porque não faziam parte das estruturas dominantes do poder.

Os mecanismos de travagem

Porém, tal processo não foi mais do que fogo de palha: no preciso momento em que a imprensa, a rádio e a televisão ganhavam autonomia em relação aos poderes, afirmando a sua independência e a sua busca de rigor na

[159] Thomas Ferenczi, *L'Invention du journalisme en France*, p. 215 e 222–225. Christian Delporte, *Histoire du journalisme et des journalistes en France*, pp. 30–36. Marc Martin, *Médias et journalistes de la République*, pp. 42–44 e 65–66. Christian Delporte, *Les Journalistes en France 1880–1950*, pp. 64–68. Giovanni Gozzini, *Storia del giornalismo*, pp. 170 e 174.

[160] Órgãos, respetivamente, do Partido Comunista Francês e do Partido Comunista Belga.

[161] Órgão do Partido Socialista Belga.

abordagem da informação, puseram-se em marcha diversos mecanismos que iriam a pouco e pouco pôr em causa o adquirido, conquistado por uma luta duradoura de quase um século e meio.

A publicidade, que passara a ser um recurso complementar da imprensa por volta dos anos 1830, tornar-se-á uma receita cada vez mais importante a partir dos anos 1860, para se afirmar como um dado essencial na gestão das empresas de imprensa no período entre as duas guerras. E um dado determinante no pós-Segunda Guerra Mundial. Hoje em dia, as receitas dos grandes diários e periódicos provenientes das vendas em banca e das assinaturas são muitas vezes residuais, intervindo a publicidade por vezes em 60 a 70% das receitas[162], quando não a 100% (como no caso de numerosíssimos periódicos gratuitos e doravante de numerosos diários gratuitos). Enquanto em matéria de rádio e de televisão, as receitas publicitárias de todos os géneros dominam largamente a economia destes dois sectores, sobretudo desde a desmonopolização do audiovisual dos anos 1970-80[163].

Este ascendente crescente da publicidade sob todas as suas formas acarretou uma pressão cada vez maior por parte dos anunciantes sobre o conteúdo dos média. Levando os responsáveis destes a darem mais importância a assuntos suscetíveis de favorecer a aquisição dos produtos e serviços dos seus anunciantes. Propondo temas de suplementos, encartes, magazines e «diretos» diversos (veja-se a importância dada aos salões do automóvel, das férias ou da construção, por exemplo). Exercendo represálias quando o tratamento de assuntos mais ou menos ligados diretamente às suas atividades não lhes convém (não envio de comunicados de imprensa, ausência de convites para conferências de imprensa, recusa de entrevistas,...).

[162] Num artigo intitulado «Les quotidiens nationaux et le théorème de Girardin», Laurent Greilsamer avançava números de 35% para *Le Monde* e de 60% para *Le Figaro* (in *Le Monde*, Paris, 13 de janeiro de 2005, pp. 1 e 22). Ver também Jean-Marie CHARON, *La Presse quotidienne*, Paris, La Découverte, 1996, pp. 77-79

[163] Enrique Bustamante, *La Televisión económica*, Barcelona, Gedisa, 1999, pp. 120-133 (tradução portuguesa: *A Economia da televisão*, Porto, Campo das Letras, 2003).

Retirando orçamentos publicitários aos média que se mostram pouco atentos às suas advertências[164]. De maneira que o estabelecimento da «agenda» da atualidade e a hierarquização da informação sofreu pouco a pouco uma distorção favorável aos interesses dos anunciantes[165].

Os mecanismos de distorção

Para os meios de negócios, não era, no entanto, suficiente intervir através da publicidade. Pelo que procuraram intervir no sistema de recolha das informações, fornecendo eles próprios essas «informações» e as «análises» que desejavam ver publicadas nos jornais sob a forma de conteúdo «redatorial». Uma *démarche* em que se inspirarão os meios dirigentes e sobretudo os meios políticos, e até mesmo os meios sindicais e associativos[166]. A avalancha de comunicações diversas das empresas, instituições e associações submergiu as redações, levando muitas vezes os jornalistas a deixarem de exercer as diligências essenciais de verificação dos elementos factuais e de perspetivação destes.

Por isso, os «acontecimentos» da atualidade são cada vez mais fruto de um trabalho metódico de serviços de imprensa, de direções de comunicação e de agências de promoção de eventos [*communication événementielle*], agindo em nome de empresas, instituições e associações. O que significa que as equipas de redação foram perdendo pouco a pouco uma margem substancial de iniciativa e de latitude na recolha dos factos e das opiniões da atualidade. Desde logo, como espantar-se com todos os escândalos financeiros recentes (quer tenham dado pelo nome de Enron, o estado-unidense,

[164] Foi o caso dos exploradores das salas de cinema de Bruxelas no que diz respeito às publicidades de filmes no diário *Le Soir*, há alguns anos, ou também da antiga companhia de aviação belga, a Sabena, em relação ao diário *De Morgen*, mais recentemente.

[165] Ver, a este propósito, o dossiê coordenado por Valérie Patrin-Leclère, «Productions médiatiques et logiques publicitaires», in *Communication & Langages*, Paris, nº 143, março de 2005, pp. 3–48.

[166] Christian Delporte, *Histoire du journalisme et des journalistes en France*, pp. 116–117.

Lernout & Hauspie, o belga, ou Parmalat, o italiano[167]), quando os jornalistas haviam tido como certos resultados contabilísticos falsificados e comentários falaciosos oriundos diretamente dos responsáveis dos grupos em questão...

Por todo o lado, como consequência da gigantesca proliferação da imprensa periódica (sobretudo magazine) e da desmonopolização do sector audiovisual, os média foram arrastados para uma lógica de concorrência feroz, sem comparação com aquela com que foram confrontados desde o século XIX. Enquanto os diferentes países da Europa dispunham geralmente de uma estação de rádio e/ou de televisão, por vezes de duas, mais raramente de três (quase sempre de serviço público), a partir dos anos 1970-80 todos começaram gradualmente a conhecer uma situação em que várias dezenas e até centenas de estações provocaram uma desregulamentação total dos princípios mais elementares da prática da informação.

Pouco a pouco, o relato mais ou menos frio dos factos de atualidade deu lugar à emoção. O *fait-divers*, o desporto e o mundo do *show-business* passaram à frente da atualidade política, económica, social e cultural. A informação «de proximidade» ganhou terreno em detrimento da informação internacional. O «interesse humano» destronou lentamente a razão e deu aos jornais uma dimensão de divertimento onde a própria informação toma ares de um espetáculo que procura provocar riso, lágrimas ou, em todo o caso, palpitações cardíacas.

O objetivo é doravante contar histórias e atrair o mais vasto público possível, e não procurar informar os indivíduos para que possam assumir conscientemente o seu papel de cidadãos ou gerir o melhor possível a sua vida quotidiana. Doravante, o jornalismo tomará assim ares cada vez mais evidentes de encenação (mesmo que a paginação [*mise en page*] e a *mise en onde* sempre tenham dependido um pouco desse tipo de *démarche*), de

[167] A propósito deste último, Ver Enrico Morresi, «Etica del giornalismo economico», in *Problemi dell'informazione*, Bolonha, vol. XXIX, nº 3, setembro de 2004, pp. 301–320.

maneira a tornar a informação «mais *sexy*», como se diz entre os profissionais. E o jornalista confundir-se-á muitas vezes com o animador de uma emissão a meio caminho entre o magazine de informação e a emissão de divertimento, e até de uma emissão de divertimento puro[168]. Quando não é o animador de emissões de puro divertimento a envergar as vestes do jornalismo para entrevistar homens políticos e permitir a estes atingir um público mais vasto e menos sensível aos avatares do mundo político[169].

As novas funções

Neste contexto já não muito favorável ao desabrochar de uma informação exigente, que dá sentido à atualidade, o desenvolvimento extraordinário das tecnologias de telecomunicações provocou uma verdadeira revolução coperniciana no sistema de informação. Toda a atualidade vai doravante poder ser tratada em tempo real, em ligação direta aos locais onde se desenrolam os acontecimentos e para onde os média tiveram a preocupação de despachar um enviado especial. Ouvintes e telespectadores terão assim a ilusão de viver os acontecimentos como se estivessem *in loco*, quando os jornalistas enviados para o terreno deixarão de ter recuo em relação aos factos e às declarações dos diferentes atores ou testemunhas destes factos.

Acaba-se assim com o cotejo, a verificação dos factos, a perspetivação: estas *démarches* tornam-se muito simplesmente impossíveis, por falta de tempo e de distanciamento em relação ao acontecimento. O jornalista

[168] É o caso de emissões humorísticas como «Le jeu des dictionnaires» e «La semaine infernal» da rádio pública belga francófona (RTBF), em que participam muitas vezes jornalistas muito conhecidos do organismo público do audiovisual.

[169] Desde há já alguns anos, «Vivement dimanche», emissão de divertimento musical da televisão pública *France 2*, passou a ser um lugar privilegiado para políticos que procuram dar uma imagem mais «humana» de si próprios a um público mais largo do que o das emissões de informação. A 14 de abril de 2005, esta mistura de géneros atingiu um apogeu na *TF 1*, por ocasião de uma emissão especial sobre o projeto de Constituição para a União Europeia, com o presidente Jacques Chirac a fazer-se aí entrevistar por animadores vindos de televisões concorrentes...

torna-se uma espécie de gerente de manutenção de um equipamento técnico cada vez mais sofisticado e, complementarmente, uma espécie de hospedeiro de acolhimento que recebe na maior parte das vezes «testemunhas» cuja única «competência» é geralmente a de residir nas proximidades do sítio onde se desenrolou o facto que merece o direto, e até num mestre de cerimónias que organiza mais ou menos cuidadosamente o desenrolar do direto no plano cenográfico.

Os «grandes repórteres» da «velha escola», os que antes podiam demorar o tempo necessário a «sentir» o terreno, a entrar em contacto com as pessoas, a perceber o que estava em causa [*les enjeux*], estão cada vez menos em condições de fazer frente ao espírito do tempo que reina no seio das redações. Por uma questão de custos, é preciso agora ser rápido, desembarcar no local da reportagem e, em poucos dias apenas, quando não em algumas horas, «pôr a peça» [*pisser sa copie*] ou «pôr na caixa» [*mettre en boîte*] os sons ou as imagens que se despacham rapidamente para a redação central, propondo a peça «cor local» e confirmando o que já se sabia[170].

Por outro lado, a generalização dos sistemas informáticos de produção e de transmissão de informação teve, entre outras, uma consequência importante: numerosas etapas asseguradas anteriormente por técnicos especializados (composição, paginação, filmagem, montagem...) são atualmente asseguradas pelos próprios jornalistas[171]. O que lhes deixa, mais uma vez, menos tempo para o trabalho de recolha, de verificação e de interpretação da informação.

Uma torrente contínua de despachos e comunicados diversos entra no computador central do média e desemboca nos ecrãs dos jornalistas, que dificilmente estão em condições de proceder a uma triagem e a uma hierarquização consciencioso dos diferentes *items*. A tal ponto que,

[170] Florence Aubenas e Miguel Benasayag, *La Fabrication de l'information*, Paris, La Découverte, 1999, pp. 11–33. Edição portuguesa : *A fabricação da informação*, Porto, Campo das Letras, 2002, 110 p.

[171] Vittorio Roidi, *La Fabbrica delle notizie*, Roma e Bari, Laterza, p. 206.

doravante, são os comunicadores exteriores às redações a ditar cada vez mais a «agenda» dos média, estando os jornalistas muitas vezes obrigados a assumir o papel de simples estenógrafos dos encarregados de comunicação dos diversos poderes.

As incidências da internet

Última etapa de evolução tecnológica: o nascimento e a extraordinária expansão da internet. Depois da imprensa periódica, da imprensa diária, das atualidades cinematográficas[172], da rádio e da televisão, um novo média faz a sua aparição no sistema de informação. É certo que, nove anos após o início da utilização em grande escala da World Wide Web, em 1995[173], a internet continua a ser um média de contornos incertos. Mas a sua expansão atingiu um ritmo vertiginoso[174]. Permite atingir uma enorme variedade de fontes sem comparação com a proposta pelos seus antecessores, ao mesmo tempo que permite ao internauta estabelecer o seu próprio percurso de leitura. Levanta, porém, uma dificuldade importante: a quantidade de dados de atualidade que encontramos na internet é largamente proveniente de meios cuja primeira preocupação não é produzir conteúdos que respondam aos critérios jornalísticos[175], mas meios preocupados com comunicação promocional e até com propaganda.

Para além de uma abundância e de uma variedade sem igual, a internet oferece também uma possibilidade praticamente única: qualquer indivíduo devidamente equipado pode ser ao mesmo tempo recetor e emissor de informações, opiniões, análises. Sabe-se, evidentemente, que os «correios dos leitores» existem há muito tempo na imprensa e que as «emissões

[172] As atualidades cinematográficas foram lançadas em França por Charles Pathé, em 1908, semanais primeiro, bissemanais em seguida, tendo desaparecido em 1980.
[173] Manuel Castells, *La Galaxia Internet*, Barcelona, Areté, 2001, p. 16.
[174] Havia 26 milhões de utilizadores da internet no mundo em dezembro de 1995 e 759 milhões em fevereiro de 2004 (*El País*, Madrid, 2 de janeiro de 2005, pp. 14 e 16 (*Negocios*).
[175] Vittorio Roidi, *La Fabbrica delle notizie*, p. 201.

interativas» se tornam cada vez mais comuns na rádio e na televisão, mas os editores continuam a ser senhores do acesso destes contributos aos média. Como se sabe, numerosas publicações, rádios e televisões existem nas nossas sociedades, por iniciativa de pequenos grupos ou simples individualidades. Mas nunca como hoje qualquer pessoa teve a possibilidade de emitir mensagens a custos tão baixos, conseguindo alcançar um público potencial tão vasto.

Os média e os editores «tradicionais», como os jornalistas «clássicos», perderam assim o «monopólio» secular da função de informar. A recente vaga de «blogues», fazendo nascer aquilo que alguns chamam um «novo jornalismo pessoal»[176], outros «jornais íntimos interativos em linha»[177] ou ainda «jornalismo de pijama»[178], é, deste ponto de vista, significativa[179]. Enquanto as imagens do tsunami que arrasou uma parte do Sudeste Asiático em 26 de dezembro de 2004, filmadas por câmaras digitais de turistas que se encontravam na região, puseram espetacularmente em evidência esta evolução do poder de emitir. Uma evolução de que se teve outra demonstração forte por ocasião dos atentados de 7 de julho de 2005, em Londres, em que sítios internet, televisões, diários e periódicos difundiram então imagens que tinham por origem transeuntes e mesmo testemunhas diretas das explosões, equipados de telemóveis dotados de um aparelho de fotografia e de uma função vídeo...

[176] Mário Mesquita, «O novo jornalismo pessoal», in *Público*, Lisboa, 8 de agosto de 2004, p. 8.

[177] Daniel Schneidermann, «Les Blogs et les dinosaures», in *Libération*, Paris, 15 de outubro de 2004.

[178] Corine Lesnes, «Le Carnet de campagne d'une "journaliste en pyjama"», in *Le Monde*, Paris, 4 de novembro de 2004, p. 10. Lesnes explica que se lhes dá esta designação «porque não dão cabo da cabeça indo em reportagem».

[179] Segundo Corine Lesnes, no início de 2005, haveria «uns 5 milhões» de blogues no mundo (in *Le Monde*, Paris, 5 de janeiro de 2005, p. IV do suplemento «2005 Les ondes de choc»).

A insustentável contradição

Esta passagem em revista da evolução dos média e do ofício de informar desde há, *grosso modo*, meio século põe em evidência a crise do jornalismo ou pelo menos a do jornalismo nascido no decurso do século XIX e consolidado durante a primeira metade do século XX, e mesmo, em muitos aspetos, durante os primeiros três quartos do século XX. Porque tudo leva a crer que a prática deste ofício, tal como foi instituído, tal como foi ensinado nas escolas especializadas, passa a ser muito problemática e até em grande parte impossível[180].

A contribuição dos anunciantes (sob as mais diversas modalidades: publicidade, patrocínio, troca, colocação de produtos…) será cada vez mais importante na economia global dos média, embora uma franja destes média escape em maior ou menor escala a este tipo de recursos. O ascendente deles na conceção e no tratamento da informação pelos média acentuar-se-á, pois cada vez mais. E os média só dificilmente poderão fazer-lhes face, já que os resultados da sua gestão dependem largamente de tal contribuição.

A evolução das vidas política, económica, social, cultural e desportiva faz que o resultado do que está em jogo esteja estreitamente ligado à estratégia de comunicação dos seus atores, empresas e instituições. Desde logo, o seu ascendente sobre os jornalistas não pode deixar de ser cada vez maior. E os jornalistas estarão perante uma insustentável contradição: para obter informações originais, «exclusivas», deverão frequentar estes meios, dando assim azo a todo o tipo de instrumentalizações, conivências e comprometimentos.

Por fim, o novo ambiente económico dos média leva-os cada vez mais a criar grupos de uma certa dimensão (caso de *El País* e de *Le Monde*, mas também de *L'Espresso* e *La Repubblica*) ou a integrar-se em grupos já existentes (caso de *El Mundo*), de maneira a tirar proveito de economias de escala e de

[180] Ver, sobre esta temática, J.-M. Nobre-Correia, «Les incertitudes de demain», in *Espace de Libertés*, Bruxelas, nº 239, março de 1996, p. 14

sinergias diversas, assim como a diminuir o impacto de mudanças de conjuntura económica ou publicitária. Quando não entram muito simplesmente na área de influência de um grupo industrial ou financeiro (caso de *Le Figaro* e de *L'Express*, de *Europe 1* ou de *TF1*, em França, de *Il Messaggero* ou de *Il Mattino*, na Itália) que lhes permite escapar a uma situação muitas vezes caracterizada pela subcapitalização. Como espantar-se então que não seja nas páginas ou emissões deles que se encontrará a notícia «exclusiva», a informação rigorosa ou a análise pertinente sobre as vicissitudes da vida do média ou do grupo de que faz parte? Os interesses do grupo levá-los-ão cada vez mais frequentemente a passar sob silêncio ou a edulcorar factos incómodos sobre o mundo dos média e sobre aqueles com quem eles se relacionam em termos de negócios...

A imparável evidência

A lógica da concorrência desenfreada faz que seja muito difícil a um média escapar-lhe e fazer deliberadamente uma escolha diferente. Como recusar esta lógica da concorrência, com toda a sua série de *fait-divers*, de gritos, de lágrimas, de declarações em estilo de frase feita ou então de assuntos cómicos, mais ou menos desopilantes e *fun*[181], quando aqueles que apostam forte nessa cartada conseguem geralmente obter os melhores resultados de audiência (*Radio Contact*, *Bel RTL* ou *RTL-TVI*, na Bélgica, ou *TF 1*, em França)? Como recusar pôr em evidência um assunto «exclusivo» mais ou menos estrondoso, mas que não se teve tempo de verificar, correndo o risco de ver os rivais anunciá-lo como verdadeira novidade, «demonstrando» assim um maior dinamismo e uma maior competência da sua redação? Não se viu *El País* (um dos melhores diários europeus) anunciar na primeira página, em edição especial, a responsabilidade da ETA no atentado do 11 de março de 2004 madrileno, fazendo fé num telefonema de última hora do primeiro-ministro espanhol[182]?

[181] Furio Colombo, *Ultime notizie sul giornalismo*, Roma e Bari, Laterza, 1995, pp. 12–16.

[182] No próprio dia do atentado, *El País*, diário da manhã, havia preparado uma «edição especial às 13 horas» com a manchete «Matanza terrorista en Madrid» («Matança terrorista em Madrid»). Depois de um telefonema do primeiro-ministro, José Maria Aznar,

A evidência do direto, da transmissão em tempo real, é praticamente imparável. Como explicar aos ouvintes e aos telespectadores que serão mais corretamente servidos ouvindo ou vendo os noticiários de uma estação que levou tempo a verificar, a pôr em perspetiva e a analisar os factos de atualidade, quando as pessoas se precipitam para aquelas que privilegiam os diretos, dando a ilusão de estarem no centro mesmo da ação e, desde logo, conectados à «verdade» do acontecimento? O arrebatamento dos média franceses (mas não só franceses) a propósito do «caso Marie L.», em julho de 2004[183], e o dos média estado-unidenses (e, desde logo, do resto do mundo) a propósito de um vídeo que mostrava «um americano decapitado por terroristas islamistas», em agosto de 2004[184], constituíram ilustrações perfeitas desta lógica imparável.

Face aos dados prolíficos e diversificados extraídos de fontes escolhidas por cada um, onde se quer (em casa, no local de trabalho ou noutro sítio qualquer, não importa onde), no momento em que se quer, quase sempre gratuitamente (ou pelo menos é o que se julga, já que, tal como com a rádio

para o diretor do jornal, às 13h06, o título previsto foi alterado. *El País* anuncia assim, a toda a largura da primeira página, «Matanza de ETA en Madrid» («Matança da ETA em Madrid»), mesmo que, desta vez, a ETA não tivesse responsabilidade no acontecido…

[183] O «caso Marie L.» alarmou as mais altas autoridades francesas, os média e a opinião pública. Jovem mãe francesa de 23 anos, «Maria L.» dirigiu-se à polícia para apresentar queixa, afirmando ter sido agredida no metro regional parisiense por seis magrebinos armados de facas que lhe esfarraparam o vestuário, arranharam a cara, cortaram mechas de cabelos e inscreveram cruzes gamadas na barriga, enquanto o seu bebé recebera um encontrão e caíra para o cais da estação, sem que nenhum passageiro tivesse intervindo. Interrogada pela polícia, confessará a sua trapaça de três dias antes, afirmando que queria que lhe prestassem atenção! Ver, a este respeito, *Le Monde* de 13, 14 e 15 de julho de 2004, nomeadamente.

[184] Telejornais do mundo inteiro mostram imagens de vídeo, captadas na internet, pondo em cena uma nova execução de um refém estado-unidense no Iraque. Algumas horas mais tarde, os mesmos telejornais são obrigados revelar que se tratava de uma farsa encenada pelo jovem que aparecia nas imagens. O que lhe dá, aliás, direito a uma entrevista em que explica a atitude que o tirou do anonimato…

e com a televisão, se esquecem do custo dos equipamentos de base, dos consumos ou das diversas assinaturas), como convencer os utilizadores de que os sítios da internet são muitas vezes – atualmente, pelo menos – pouco fiáveis e satisfatórios? Como convencê-los sobretudo do contributo indispensável de uma equipa de redação que, com competência e rigor, seleciona, hierarquiza, põe em perspetiva e analisa os acontecimentos?

A perspetiva dual

A evolução global do sistema mediático leva a crer numa crise cada vez mais acentuada da conceção do jornalismo nascida no decurso do século XIX, e até na sua entrada numa espécie de coma irreversível. Porque, doravante, a cobertura da atualidade pelos média será feita segundo critérios que já não são os de um serviço prestado aos cidadãos para lhes permitir mais facilmente a inserção na sociedade, a assunção do estatuto de cidadãos na *polis*, no sistema democrático. Trata-se doravante de lhes fornecer um quinhão de sonho e de ludismo necessário para lhes permitir ultrapassar os constrangimentos, as tensões, o stresse, as angústias da vida quotidiana, profissional e familiar, mas também de os levar a assumir plena e jovialmente o seu estatuto de consumidores.

Desaparecerá por isso a conceção do jornalismo dos séculos XIX e XX, aniquilada por uma espécie de destino trágico da história (dos média)? Ser-se-ia apesar de tudo tentado responder pela negativa. Da mesma maneira que diferentes grupos sociais estão de acordo em pagar assinaturas para poderem ver televisões que lhes propõem programas exclusivos, ouvir rádios com uma programação musical especializada ou ler publicações com conteúdo específico, tudo leva a crer que haverá sempre públicos dispostos a pagar por uma informação de qualidade concebida segundo critérios clássicos, devidamente atualizados, adaptados às necessidades atuais dos cidadãos e da sociedade contemporânea. Ou seja: por uma informação que lhes permita estar ao corrente da vida no mundo e dos desafios [*enjeux*] em questão, de maneira a poderem inserir-se melhor na sociedade e a assumirem o seu estatuto de cidadãos, mas também, e mais simplesmente, a gerirem melhor a vida quotidiana e a daqueles de que têm a responsabilidade. Mesmo se podemos interrogar-nos sobre se os que estão dispostos a pagar se interessam por uma cobertura de todos os aspetos da atualidade: terão eles a preocupação de se manter a par da atualidade social, nomeadamente a dos conflitos sociais e a respeitante a grupos marginais?...

Viveremos assim, cada vez mais, numa sociedade dual: no futuro, uma grande maioria da população consumirá média geralmente gratuitos, preocupados antes de mais com comunicação, emoção e divertimento. Em contrapartida, uma minoria procurará ter acesso a uma informação de qualidade, que deverá pagar e que lhe custará caro, mas que lhe permitirá uma maior operacionalidade perante os constrangimentos da vida e a autorizará também a manter o seu estatuto privilegiado no seio da sociedade...

O grande regresso atrás

Dito de outra forma: tudo leva a crer que o jornalismo, enquanto ofício de informação de massa, se encontra em vias de desaparecimento. Permanecerá, todavia, o jornalismo como ofício especializado de informação das elites, ou até mesmo de grupos sociais restritos. Outras técnicas, imemoriais, retomarão serviço, tais como o rumor; outras, também muito antigas, recuperarão o terreno perdido, tais como a propaganda; outras enfim, mais recentes nas formas que lhes conhecemos hoje, ganharão ainda mais importância, como a publicidade. Técnicas que não dizem respeito ao ofício de informação, mas que sempre pretenderam e pretenderão ainda informar.

Em boa verdade, assistiríamos assim a uma espécie de regresso atrás de uns dois a cinco séculos: na origem, o poder controlava de perto os jornais através de diversos mecanismos (privilégio, organização corporativa...). Depois, o poder eclesiástico, desde o século XV, e o poder civil, desde o século XVI, instituíram a censura. Pelo que, do século XV aos séculos XVIII-XIX, apesar da tipografia, apesar das diversas publicações, os meios dirigentes (económicos e políticos) dispunham de circuitos de informação privados, graças nomeadamente aos «novelistas» e às célebres «notícias à mão», que propunham «informações exclusivas» e escapavam mais facilmente às diversas censuras. Durante estes séculos, o «grande público» (que era aliás bastante restrito) podia ter acesso a uma informação rigorosamente controlada pelo Estado e pela Igreja, enquanto uma pequenina elite podia dispor de uma informação mais incisiva e diversificada, pela qual pagava muito caro.

A história pôs claramente em evidência, com efeito, a perfeita interdependência entre os avanços do sistema democrático e o grau de autonomia da informação. E é no mínimo duvidoso que o futuro das nossas sociedades possa escapar a tal princípio...

Texto revisto, aumentado e traduzido pelo autor

Edição original: «Journalisme: une certaine mort annoncée», in *Politique*, Bruxelas, nº 37, dezembro de 2004, pp. 46-49.

Edição em português: «Uma certa morte anunciada...», in *Jornalismo e Jornalistas*, Lisboa, nº 22, abril-junho de 2005, pp. 6-14.

Edição em castelhano: «La crisis del periodismo: Cierta muerte anunciada», in *Telos*, Madrid, Fundación Telefónica, nº 66, janeiro-março de 2006, pp. 14-21.

Edição em italiano: «La morte annuciata del giornalismo», in *Problemi dell'informazione*, Bolonha, Il Mulino, vol. XXX, nº 4, dezembro de 2005, pp. 459-470.

Edição em francês «Une certaine mort annoncée...», in *Communication et Langages*, Paris, ed. Armand Colin, nº 147, março de 2006, pp. 15-24.

12
Um pluralismo muito diverso

Dado que há cada vez menos diários e grupos seus proprietários, o pluralismo da informação é cada vez mais acanhado, ao que parece. Será assim tão simples? Do que se fala quando se evoca o pluralismo dos média numa sociedade democrática?...

Um tema surge regularmente nas interrogações dos meios intelectuais e mais particularmente dos que se pretendem críticos e se situam naturalmente à esquerda de xadrez político: o do pluralismo da informação e dos média. Porém, esta temática é quase sempre abordada de maneira «clássica» e, no fim de contas, insatisfatória.

Vivemos numa sociedade democrática e plural: uma afirmação muitas vezes repetida que, no plano formal pelo menos, podemos considerar como um pressuposto aceitável. Desde logo, nada de mais natural do que interrogarmo-nos sobre a questão de saber se os nossos média refletem mais ou menos fielmente este pluralismo. Melhor ainda: agirão os nossos média mais ou menos como catalisadores do pluralismo em democracia? Mas será preciso pelo menos pôr a questão de saber de que se fala quando se evoca o pluralismo dos média...

Quereremos fazer referência à abundância de média de que podemos dispor para aceder a uma abordagem múltipla e contrastada dos factos de atualidade e das opiniões emitidas a seu propósito? Em matéria de diários de informação geral, na Bélgica francófona, é preciso perder as ilusões: desde há uma quarentena de anos, o seu número derreteu como neve ao sol. De 31 em 1966 passou-se atualmente a apenas 15 (mais um gratuito). Mas, na realidade, já só há cinco diários que propõem uma informação extrarregional (nacional e internacional) diferente[185], os outros não são mais do que edições regionais que se distinguem apenas das «edições mães» pelas informações locais. Enquanto os dedos de uma mão chegam para contar os periódicos de informação geral[186], que eram apesar de tudo mais numerosos em meados dos anos 1960. Notemos aliás, a este propósito, que a situação não é nada mais brilhante na Flandres. Enquanto, em França, quase todas as regiões vivem, desde há mais ou menos tempo, sob a influência de um único diário, quase sempre próximo dos meios políticos e económicos dominantes dessas paragens.

Dos atores e das abordagens

É certo que quando existia apenas a RTB(F), dispúnhamos de três canais de rádio e de um único canal de televisão. O número de estações de rádio anda agora à volta das três centenas (embora não haja números oficiais na matéria) e o das televisões das duas dezenas. Teremos, no entanto, de considerar que tal proliferação constitui uma garantia de pluralismo? Nada é menos certo. No fim de contas, só a *RTL-TVI* (mas não os outros canais do RTL Group), em televisão, a *Bel RTL* e a *BXL*, em rádio, alargaram incontestavelmente o leque do pluralismo. Enquanto o lugar da informação é bastante diminuto em *Nostalgie* e *Contact*, e em todo o caso sem incidência no plano comunitário.

Se o campo da informação geral encolheu seriamente em imprensa e alargou um pouco em audiovisual, será preciso concluir que o pluralismo

[185] *La Dernière Heure, La Libre Belgique, Le Soir, Sud Presse* e *Vers l'Avenir.* Notemos, porém, que, desde há vários anos, *La Libre Belgique* retoma as informações desportivas de *La Dernière Heure* (do mesmo grupo) e que, desde 12 de setembro de 2005, retoma igualmente as informações regionais desta última.

[186] *Le Journal du Mardi, La Libre Match, Le Soir Magazine* e *Le Vif-L'Express.*

se tenha reforçado em termos de atores no sector dos média? Não exatamente. Na Bélgica francófona, o universo da imprensa diária é atualmente reduzido a três editores[187] e o da imprensa periódica sobretudo a dois[188]. Enquanto em audiovisual, para além da pública RTBF, o germano-luxemburguês RTL Group domina largamente o sector da rádio (sete estações[189]) e da televisão (três[190]). Mesmo que convenha não esquecer as doze televisões locais com um estatuto semipúblico, que assumem um papel não desprezável em termos de informação de proximidade (e, por isso mesmo, com uma difusão sociogeográfica limitada). Quanto ao resto, as televisões (as do AB Groupe[191] como as outras) e as numerosas rádios locais contam pouco, ou mesmo nada, em termos de informação geral, que muitas vezes é verdadeiramente inexistente.

Serão estas diminuições do pluralismo compensadas pelo pluralismo das abordagens da atualidade? Se queremos referimo-nos ao pluralismo externo dos média, é preciso rendermo-nos à evidência: os diários e os magazines «grande público» que traduziam opções ditas progressistas (democratas-cristãs, socialistas e comunistas) desapareceram, e os suscetíveis de exprimir sensibilidades novas (como as ecologistas[192]) nunca existiram. Para não mencionar as novas tendências radicais, inexistentes no sector da imprensa diária e bastante marginais no da imprensa periódica.

Se queremos falar do pluralismo interno dos média, é preciso reconhecer que os diários outrora muito marcados no plano ideológico procuram desde há mais ou menos bastante tempo fazer esquecer tais posições.

[187] IPM, Mediabel e Rossel.

[188] Roularta e Sanoma, sendo que este último não publica, porém, periódicos de informação geral.

[189] *Bel RTL, Bxl, Fun Radio, Radio Contact, Contact 2, Contact Plus* e *BFM*.

[190] *RTL-TVI, Club RTL, Plug TV*.

[191] *AB 3* e *AB 4*.

[192] O magazine *Imagine*, feitas as contas, nunca conseguiu ultrapassar uma audiência marginal, sendo a sua periodicidade (bimestral) bastante espaçada.

As evoluções recentes de *La Libre Belgique* e de *Vers l'Avenir* (de origem católica) são a este propósito significativas. Como o foram as de *La Meuse* e de *La Nouvelle Gazette* (outrora liberais) há já alguns anos, depois da tomada de controlo por Rossel. Ou mesmo a de *La Dernière Heure* (que, nos anos1970 e no início dos anos 1980, navegava nas ondas da extrema-direita). Mas, em termos de pluralismo, tal perda de identidade constituirá um progresso?

Consenso e estrangulamento

Nos nossos dias, sobretudo na imprensa, mas também, de maneira mais discreta, no audiovisual, as tónicas políticas ou filosóficas são antes do mais obra individual de jornalistas que não conseguem esconder as suas opções ou recusam fazê-lo. Uma leitura, escuta ou olhar atentos permite assim compreender que aquele que escreve ou fala tem compromissos [*engagements*] particulares, por vezes vizinhos dos de tal organização ou movimento. Quer dizer: os média têm bastante tendência para serem plurais, para alargar a audiência e não indispor uma parte do seu público.

Este pluralismo interno é, porém, muito relativo, caindo quase sempre num consenso mole, fruto de uma *démarche* em que as considerações comerciais pesam de maneira decisiva. O que, acrescentado ao facto de os nossos média disporem de poucas fontes externas diversificadas e se abastecerem antes do mais numa única agência, *Belga*[193], provoca uma grande semelhança entre os conteúdos redatoriais. É certo que as diferenças de tom existem, mas, no essencial, o campo da atualidade coberto é largamente o mesmo, sem divergências de vistas claramente percetíveis. As versões oficiais dos factos, tomando como base conferências e comunicados de imprensa provenientes de instituições e organizações diversas, dominam

[193] Desde há alguns anos, a agência *Belga* procura, aliás, interessar cada vez mais os meios de negócios, de maneira a poder alargar a sua carteira de assinantes, o que a leva a rever os seus critérios de hierarquização da atualidade.

Ver, a este propósito, J.-M. Nobre-Correia, *Teoria da Informação Jornalística*, Coimbra, Almedina, 2018, pp. 85–86.

a oferta que é proposta aos leitores, ouvintes ou espectadores. Por outro lado, notaram que os mesmos títulos, as mesmas imagens, os mesmos termos, as mesmas abordagens de um sujeito, as mesmas análises voltam um pouco exageradamente em diferentes média? Onde está, neste caso concreto, o pluralismo de pontos de vista?

Por outro lado, num país na encruzilhada de diferentes culturas, que foi durante muito tempo terra de imigração e, o que não é negligenciável, que é sede de instituições internacionais importantes (União Europeia, OTAN-NATO,...), será que a composição demográfica das redações traduz mais ou menos a da população? Em que é que os média bruxeleses, por exemplo, traduzem a presença massiva de italianos, de marroquinos, de franceses ou de neerlandeses, para falar apenas deles, no território da capital? É verdade, porém, que o sector audiovisual dá há algum tempo sinais concretos de querer tomar em consideração este dado sociocultural...

A *démarche* que consiste, da parte do audiovisual (e sobretudo da rádio), em recorrer a jornalistas em vista da imprensa escrita para confrontar analistas ou «editorialistas» ou mesmo – contrapartida natural desta *démarche* – a que faz que encontremos jornalistas ou animadores conhecidos do audiovisual como cronistas da imprensa escrita não constituirão um claro encolhimento do pluralismo dos «fazedores de opinião»[194]? Quando nos apresentam tais *démarches*, cada vez mais frequentes, como belos exemplos de abertura dos média, não constituirão estes antes uma espécie de estrangulamento do direito de emitir opiniões?...

Da mesma maneira, encontrar-nos-emos perante uma *démarche* pluralista quando, nos média, são sempre os mesmos constitucionalistas, politólogos, filósofos, sociólogos, economistas, penalistas,... que interpretam factos de atualidade (inclusive sobre aspetos nos quais não são

[194] Esta *démarche* tomou uma extensão particularmente visível desde a *rentrée* de setembro de 2005, com os jornalistas de *L'Écho*, de *La Libre Belgique* e de *Trends Tendances*, nomeadamente, a invadirem a partir de então os programas de informação da RTBF...

manifestamente versados)? Os jornalistas dizem destes especialistas que são «bons clientes». Quer dizer que se trata de pessoas que se exprimem geralmente de maneira clara e que adquiriram nos média uma imagem de competência. Poderíamos acrescentar que os entrevistadores dispõem dos contactos necessários para alcançarem rapidamente, por vezes com urgência, um destes «bons clientes», de quem sabem praticamente de antemão que poderá dizer sobre o assunto o que interessa aos média, o que tranquiliza os jornalistas sobre o facto de que não deverão recomeçar a entrevista.

Oráculos e *faire-valoir*

Ainda neste mesmo plano, tratar-se-á de pluralismo quando são sempre os mesmos representantes das mesmas organizações que têm sempre todas as razões do mundo para intervir a propósito da atualidade em matéria de igualdade de *chances*, de direitos do homem, de laicidade ou de defesa dos consumidores, por exemplo? Quando não são sempre os mesmos líderes dos partidos, dos sindicatos, das mutualidades, das associações de pais de alunos, do movimento estudante ou tudo o mais imaginável, que nos saciam com os seus ditos insustentavelmente profundos e forçosamente originais...

Tratar-se-á de pluralismo quando, domingo, se assiste a um quarto de hora de intervalo a emissões na *La Une* (da RTBF) e na *RTL-TVI*, onde frequentemente os convidados são quase os mesmos? A sociedade belga é a este ponto desprovida de individualidades capazes de exprimir opiniões avisadas, suscetíveis de interessar o público?...

Mas, no fundo, haveria mais pluralismo no tempo em que *Le Drapeau rouge*, *La Wallonie*, *Indépendance*, *Le Journal de Charleroi*, *Le Peuple*, *La Cité* ou *Le Rappel* ainda eram deste mundo? Em termos de princípio, só poderemos responder pela afirmativa: formalmente, o leque das opiniões oficiais expressas diariamente era mais vasto do que é atualmente. Mas tratar-se-á de um verdadeiro pluralismo o que consistia em ter todos os dias os mesmos editorialistas que opinavam sobre tudo e sobre nada, qualquer que fosse o assunto de atualidade, mesmo que a sua incompetência em certas matérias fosse horrivelmente flagrante?

Fora desta expressão de oráculo mais ou menos oficial, ou pelo menos nitidamente alinhado, os diários evocados propor-nos-iam uma informação pluralista, um conteúdo factual rico, uma interpretação de atualidade de boa qualidade, uma sensibilidade evidente às correntes contrastadas que atravessavam a sociedade? Certamente que não. Aliás, morreram de morte natural, mais por falta de qualidade e, por conseguinte, de leitores do que por falta de meios, apesar das abundantes lágrimas vertidas imperativamente por eternas almas sensíveis por ocasião dos funerais de tais jornais.

Por outro lado, o desaparecimento de publicações com reduzida difusão significará sempre uma redução do pluralismo da informação? Não necessariamente. O leque da informação proposta por estas publicações em situação financeira difícil é geralmente limitado. E a qualidade desta informação bastante reduzida, como consequência até de uma redação com meios financeiros e humanos limitados. A absorção destas publicações por outras com meios mais importantes permite muitas vezes alargar o número de páginas, as rubricas, o volume da informação e o leque das opiniões no seio das que as retomaram. Reforçando a sua equipa de redação e alargando o seu público, a publicação absorvente encontra-se muitas vezes em posição de propor um conteúdo de redação mais pluralista do que antes.

É verdade que, para além dos média «grande público», continua sempre a haver pequenos jornais, revistas, rádios e mesmo televisões que assumem um papel não desprezível junto de públicos de dimensão reduzida. Mas o impacto deles à escala de uma comunidade, de um país, é na maior parte das vezes inexistente. A sua razão de ser é antes do mais servir precisamente de *faire-valoir* da democracia e do pluralismo. Em termos de informação, funcionam mais como agitadores de ideias do que como catalisadores do pluralismo em democracia.

Monolitismo e plutocracia

Hoje, tal como ontem (mais do que ontem?), a sociedade civil e, mais largamente, a vida quotidiana dos cidadãos, a dos grupos minoritários como as tomadas de posição em sentido contrário ao das correntes dominantes, encontram pouco lugar nos nossos média. Estes preferem claramente a grisalha que não faz vagas, em detrimento de temas suscetíveis de fazerem faíscas que arriscariam pôr em causa situações adquiridas numa sociedade, no fim de contas, muito convencional. E é talvez nisto uma das razões que explicam o desencanto do público e a tomada de distância em relação aos média belgas francófonos.

Poderíamos cinicamente regozijarmo-nos com este distanciamento e a consequente erosão das audiências da maior parte dos média: tratar-se-ia, no entanto, de uma reação de vistas curtas. É certo que a Bélgica francófona não vive numa redoma. Acedemos assim quotidianamente aos diários, periódicos, rádios e televisões franceses, dos quais partilhamos a língua, e até mesmo aos média de diversos países europeus, que nos chegam em condições comparáveis às dos média belgas. Salvo com esta diferença essencial: só falam excecionalmente do que se passa na Bélgica, no nosso meio ambiente imediato.

Este monolitismo de consenso não constitui, no entanto, uma exclusividade da Bélgica francófona. A atitude dos grandes média franceses nas semanas que precederam o referendo de 29 de maio sobre a aprovação (ou não) do tratado que estabelecia uma Constituição para a Europa (e até mesmo nas semanas que se seguiram ao escrutínio) foi particularmente significativa da falta de pluralismo que ali reina igualmente, embora em menor grau: globalmente, a atualidade foi tratada neles com indiscutíveis certezas, a tiros de canhão. Para além mesmo dos sentimentos que se podem experimentar em relação ao resultado deste referendo, este pôs em todo o caso em evidência não apenas a clivagem cada vez mais profunda entre «a França de baixo» e as suas classes dirigentes, mas também aquele, provavelmente mais abissal ainda, que a separa dos altos responsáveis da informação nos média grande público do Hexágono.

O pluralismo da informação e dos média é uma noção complexa: por detrás de uma diversidade de fachada esconde-se muitas vezes um «uniformismo» real, quando o que parece idêntico pode ser mais rico de contrastes do que o que parece à primeira vista. E o que pode ser a tradução do pluralismo em certos planos constitui a sua antítese noutros planos. Entre média diferentes, estruturas de propriedade, opções sociopolíticas assumidas ou implícitas, conteúdos editoriais mais ou menos exuberantes, abordagens jornalísticas caleidoscópicas, graus diversos de abertura em relação às componentes da sociedade e muitos outros elementos de distinção pertinentes, a realidade do pluralismo é singularmente contrastada.

Desde logo, quando se põe a questão do pluralismo da informação e dos média, trata-se antes do mais de saber se estes dão eco ao pluralismo económico, cultural, político e filosófico da sociedade. Se fazem circular as informações, as análises e as opiniões, irrigando desta maneira o tecido social, oxigenando-o, dando-lhe vigor, de maneira a renová-lo, a redinamizá-lo. Se agem como contrapoderes aos abusos dos detentores dos poderes político, económico, social e cultural, mas também como vetores da mutação permanente e de progresso da sociedade na qual se inserem. Se consideram os cidadãos como adultos, propondo-lhes os elementos de informação suficientemente ricos, rigorosos e contrastados para que possam eles mesmos forjar a sua própria opinião e tomar soberanamente atitude perante os acontecimentos. Na ausência destas condições, é o bom funcionamento da sociedade democrática que sofrerá, secando-se a sua dinâmica e entregando-a a uma plutocracia que não deixará de procurar fazer dos cidadãos simples consumidores...

Texto revisto e traduzido pelo autor
Edição original: «Un pluralisme très divers», in *Politique*, Bruxelas, nº 41, outubro de 2005, pp. 50-53.

13
Os três escolhos

As mutações de fundo que se operaram nos anos 1970-80 fizeram dos média mecanismos de guetização dos alóctones, quando, até lá, tinham fortemente contribuído para a sua integração social...

Durante longos anos, os média constituíram formidáveis instrumentos de integração social. Sobretudo, evidentemente, a partir da industrialização da imprensa, na segunda metade do século XIX. Quer dizer: a partir do momento em que os jornais escaparam ao círculo restrito da elite para se voltarem para um «leitorado» mais vasto. Porque a alfabetização, a industrialização, a urbanização e a parlamentarização da vida política levaram cada vez mais as pessoas a interessar-se pela impressa. A sua leitura tornava mais fácil a sua inserção na vida da *polis*, permitindo-lhes situarem-se melhor perante as grandes questões de uma sociedade em vias de democratização.

Um fator de integração perdido

Este papel de instrumento de integração social foi ainda reforçado pelas chegadas da rádio, primeiro, e da televisão, depois. Porque, se antes os analfabetos e as pessoas pouco instruídas se mantinham afastados da imprensa, do escrito, o som e a imagem permitiam inseri-los também na vida da sociedade ambiente. Rádio e televisão propunham então às diferentes componentes da sociedade temas de atualidade comuns, numa linguagem comum, convidando-as de certa maneira a comungarem de um mesmo projeto de vida.

De há vinte-trinta anos a esta parte, este mecanismo de integração social voou em estilhaços. A desmonopolização do sector audiovisual provocou com efeito uma enorme proliferação das estações de rádio e de televisão. E, com ela, uma grande diversificação dos posicionamentos editoriais das novas estações, cada uma procurando dirigir-se a públicos específicos, o que desencadeou uma inevitável fragmentação da audiência. Com uma consequência a que não se prestou suficientemente atenção: doravante já não haveria horizonte comum, temas comuns de conversa, linguagem comum. Doravante, um sem-número de minorias sociais coexistiriam lado a lado, passando o diálogo e as relações sociais entre elas a ser muitas vezes problemáticos e limitados ao absolutamente indispensável.

Por último, o desenvolvimento das telecomunicações aniquilaria o papel que os média haviam assegurado durante mais de um século. Graças aos satélites, às redes de cabo e às antenas parabólicas, as populações de origem estrangeira iam deixar muitas vezes de ouvir as rádios e as televisões do país de acolhimento, para se conectarem às dos países de origem. E, atualmente, são muitas vezes as estações dos países (ou da bacia linguística) de que procedem os seus membros que reinam nos lares. Um processo largamente acentuado com a chegada da internet.

No seio da comunidade nacional (cada vez mais teórica) vivem agora numerosos grupos sociais diariamente imersos na vida dos países de origem. Países onde se desenrolam acontecimentos específicos, que são confrontados com desafios próprios e que têm abordagens particulares da atualidade no mundo. Desde logo, estes grupos sociais constroem à sua volta muros de uma guetização percetível em relação à sociedade ambiente. O que reduz gravemente qualquer partilha de um mesmo espaço público com os autóctones.

Uma preocupante guetização

Tais comportamentos têm tanto mais tendência para se reforçarem quanto os média do país de acolhimento dão pouco eco ao pluralismo cultural da sociedade. Os que fazem os média, que os escrevem, produzem e apresentam são largamente gente «de raiz», sendo muito raros os que vêm de fora. Desde logo, a conceção da informação dos primeiros, a maneira de estes perceberem a atualidade no mundo, traduz naturalmente a sensibilidade particular que é a sua. O que os leva também naturalmente a interessarem-se muito pouco pelos que vêm de além-fronteiras ou têm outras raízes culturais. A não ser que um chefe de Estado ou um primeiro-ministro estrangeiro em visita oficial venham recordar aos média que originários do seu país vivem entre nós. Ou então, e isso é bastante mais frequente, há alóctones implicados em *faits-divers* mais ou menos crapulosos...

A evolução dos média de há vinte-trinta anos a esta parte favoreceu a guetização das populações que escapam às «normas» nacionais, étnicas ou confessionais, acentuando os seus sentimentos comunitaristas. Favorecendo clivagens, desconfianças, hostilidades e exclusões. Ora, se depende muito largamente da vontade de cada um, a integração é também fruto de mecanismos exteriores empregados para a favorecer. E, nesta matéria, os nossos média já não desempenham o papel que era outrora o deles...

Texto revisto e traduzido pelo autor

Edição original: «Les Trois écueils», in *Le Vif-L'Express*, Bruxelles, 18 de novembro de 2005, p. 32.

Edição em português: «Os três escolhos», in *Expresso*, Lisboa, 23 de dezembro de 2005, p. 11.

14
Os equívocos de uma formação

As escolas «de jornalismo» proliferam. Só que o jornalismo é raramente a preocupação central de escolas que funcionam muitas vezes em condições pedagógicas e técnicas pouco satisfatórias...

Dois momentos fundadores marcaram a história da imprensa e do jornalismo na Europa Ocidental tais como os conhecemos hoje: o da industrialização da imprensa e o da constituição do jornalismo como profissão autónoma.

A industrialização da imprensa nos países da Europa Ocidental operou-se em duas etapas sucessivas: a primeira, a partir de 1836, com as iniciativas, em França, de Émile de Girardin e de Armand Dutacq (que lançaram no mesmo dia, respetivamente, os diários *La Presse* e *Le Siècle*); a segunda, a partir de 1863, com a de Moïse Polydore Millaud (criador do diário *Le Petit Journal*)[195].

Ora, a industrialização da imprensa significou não só a passagem da fase artesanal à fase industrial, evidentemente, mas também a passagem de uma *démarche* de caráter antes do mais literária e política a uma *démarche* propriamente informativa de cobertura da atualidade. O que significou

[195] J.-M. Nobre-Correia, *Histoire des médias*, 2 vol., Bruxelas, PUB, 2006, 340 p.

a passagem progressiva de uma fase em que um só «homem-orquestra» – redator, editor e tipógrafo – assumia a produção do jornal (solicitando, no entanto, colaboradores eminentes ou amadores esclarecidos, que tiravam os rendimentos de outras atividades) a outra em que as diferentes funções foram progressivamente assumidas por profissionais distintos. O que implicou que as equipas se fossem alargando, passando até a contar com várias centenas de pessoas nos casos dos diários de grande difusão: à beira da Primeira Guerra Mundial, a sociedade de edição de *Le Matin*, que é então apenas o quarto diário francês em importância, emprega já 900 pessoas, das quais 150 redatores[196].

Uma profissão singular

De instrumento antes de mais de intervenção cultural e/ou política, o jornal foi-se transformando ao longo da segunda metade do século XIX em instrumento de criação de mais-valia, de rentabilização de capitais investidos, cada vez mais importantes. E os redatores, considerados até então como «literatos», começaram progressivamente a afirmar-se enquanto jornalistas, como fazendo parte de uma profissão singular, específica, *sui generis*.

É certo que o termo *journaliste* já era utilizado no *Journal de Trévoux*, dos jesuítas, em 1703, e dataria até mesmo de 1684, significando então aquele que fazia, que publicava um jornal[197]. Émile Littré identificava o termo no seu dicionário de 1863-73, tal como Pierre Larousse o fazia no seu de 1865-76. O que não impedia que, dois séculos depois, no *Dictionnaire des professions*, publicado em 1880, Edouard Charton se interrogasse sobre a questão de saber se «o jornalismo é uma profissão» e respondesse pela negativa. Avançando uma explicação: nenhuma aprendizagem, nenhum

[196] Christian Delporte, *Histoire du journalisme et des journalistes en France*, Paris, PUF, 1995, pp. 20–21. Laurent Martin, *La Presse écrite en France au XXe siècle*, Paris, Le Livre de Poche, 2005, p. 214.

[197] *Le Nouveau petit Robert*, Paris, Dictionnaires le Robert, 2001, p. 1382. Christian Delporte, *Histoire du journalisme...*, p. 8.

diploma ou certificado eram exigidos para trabalhar ou colaborar num jornal[198].

Na senda do reconhecimento, os primeiros atos fundadores da identidade profissional consistiram na criação de associações específicas e na adesão dos jornalistas ao movimento mutualista, que caracterizaram os dois últimos decénios do século XIX[199]. Iniciativas que permitirão erigir instituições que, inevitavelmente, se dotarão de códigos de conduta, mas que procurarão também delimitar o território em que, preferencialmente, se efetuará o recrutamento de novos confrades[200].

Ora, precisamente por essa mesma altura, as grandes empresas em que se haviam transformado as sociedades de edição dos grandes diários sentiam cada vez mais necessidade de pessoal competente, capaz de ser imediatamente operacional, de assumir sem demora responsabilidades específicas. Dito de outro modo: as empresas precisavam de gente que tivesse sido previamente formada para assumir diversas funções no seio de uma redação. Tanto mais que a profissão se hierarquizara e diversificara. Hierarquizara com diretores, chefes de redação, secretários de redação, chefes de serviço (político, estrangeiro, cultura,...). E diversificara nomeadamente no seguimento da introdução de novos géneros jornalísticos: crónica, reportagem, entrevista, boletim financeiro, relato desportivo e mesmo fotografia...

Dos manuais às escolas

Esta necessidade de formação explica o aparecimento de manuais de jornalismo. Assim, por exemplo, na Grã-Bretanha, a publicação de *The Reporter's*

[198] Christian Delporte, *Histoire du journalisme...*, p. 8. Denis Ruellan, «Les Frontières d'une vocation», in Jean-François Lacan, Michael Palmer e Denis Ruellan, *Les Journalistes*, Paris, Syros, 1994, p. 214.

[199] Christian Delporte, *Histoire du journalisme...*, p. 37. Thomas Ferenczi, *L'Invention du journalisme en France*, Paris, Plon, 1993, pp. 245–251. Note-se a este propósito que o VI Congresso Internacional de Jornalistas terá lugar em Lisboa em 1898.

[200] Cyril Lemieux, *Mauvaise presse*, Paris, Métailié, 2000, p. 50.

Handbook (nos anos 1860) e de *Newspaper Reporting* (1890)[201]. Ou em França: *Le Journalisme*, de E. Dubief (1892), *Pour devenir journaliste – Comment se redige et s'administre un journal*, de V. Jamati (1906), *Comment on devient journaliste*, de A. Guerin (1910)[202]. Ou ainda, em Espanha: *Manual del perfecto periodista* (1891), *El Periodismo* (1903) e *El Arte del periodista* (1906)[203].

Por outro lado, o número de profissionais era cada vez mais elevado e aumentava com uma espantosa rapidez: a França contava mais de 4000 jornalistas em 1890 e uns 6000, dez anos mais tarde, em 1900[204]. Pelo que as novas organizações profissionais consideravam necessário estabelecer uma distinção entre «profissionais» e «amadores»[205] e erigir uma seleção entre os candidatos à profissão. Tanto mais que, num contexto em que a clivagem entre imprensa de referência e imprensa popular era já notória, a questão do rigor e da deontologia profissional assumia cada vez mais pertinência.

Em França, que era então o país europeu com a imprensa de maior difusão, a primeira escola de jornalismo foi criada em 1899, por iniciativa privada: a École Supérieure de Journalisme, em Paris, que ainda hoje existe e se considera mesmo «a decana mundial das escolas de jornalismo»[206].

A questão da formação pôs-se sobretudo com especial pertinência depois da Primeira Guerra Mundial. Quer dizer: depois da «lavagem ao

[201] Chris Frost, «The development and integration of bachelor degrees in journalism into the training and recruitment of journalists in the UK», in J. Marinho e S. Pinto da Silva (org.), *Atas do Congresso internacional Premium: Integração profissional dos licenciados em Jornalismo /Ciências da Comunicação*, Porto, Universidade do Porto, 2007, p. 193.

[202] Denis Ruellan, *Le Professionnalisme du flou*, Grenoble, PUG, 1993, pp. 236–238.

[203] Daniel E. Jones, «Investigación sobre comunicación en España: evolución y perspectivas», in *Zer*, Bilbau, nº 5, 1998, pp. 13–51.

[204] Christian Delporte, *Histoire du journalisme...*, p. 36. A situação era comparável na Grã-Bretanha: Ver, a este propósito, Jeremy Tunstall, *Journalists at work*, Londres e Beverly Hills, Constable e Sage, 1971, p. 12.

[205] Thomas Ferenczi, *L'Invention du journalisme en France*, p. 251.

[206] A School of Journalism da University of Missouri Columbia, primeira escola aparecida nos Estados Unidos, foi criada em 1908, enquanto a Columbia University Graduate School of Journalism, criada graças ao financiamento de Joseph Pulitzer, data de 1912.

cérebro» em que participou a imprensa, fazendo-lhe perder credibilidade, e no momento em que a mesma começava não só a dar por vezes os primeiros sinais de erosão das difusões, como a sofrer as primeiras consequências da entrada em cena da rádio como média de informação[207].

Foi pois no período entre as duas guerras mundiais que começaram a surgir várias iniciativas, ligadas muitas vezes aos meios profissionais. Assim nasceram – sem querer ser exaustivo – a School of Journalism da London University, em 1919; o Institut de Journalisme[208], em Bruxelas, em 1922; a École Supérieure de Journalisme, em Lille, em 1924[209]; a Deutsches Institut für Zeitungskunde, em Berlim, também em 1924[210]; a Escuela de Periodismo do diário *El Debate*, em Madrid, em 1926[211]. Enquanto a necessidade de manuais de formação se tornava manifesta: data desta época o aparecimento, em França, de *Le Journalisme en vingt leçons*, de Robert de Jouvenel (1920), *Pour devenir un bon journaliste, manuel pratique*, de Pierre Davesne (1931), ou *Le Journalisme appris en dix-huit leçons*, de Albert Rival (1931)[212], ou, na Grã-Bretanha, de *The Complete Journalist*, de F. J. Mansfield (1935)[213]. E não se trata de pura coincidência o facto de o parlamento

[207] Erik Neveu, *Sociologie du journalisme*, Paris, La Découverte, 2001, p. 15.

[208] É este o seu nome atual, nome que foi variando no tempo.

[209] Criada por iniciativa de jornalistas católicos da imprensa desta cidade próxima da fronteira belga.

[210] Três anos mais tarde, a DIZ da Universität Berlin passará a chamar-se Institut für Zeitungswissenschaft, que se ocupará de ensino como de investigação.

[211] Criada por Ángel Herrea Oria, advogado e diretor de *El Debate*, que viria a ser sacerdote em 1940 e bispo em 1947. Esta escola desapareceria em 1936, com o início da guerra civil. Note-se que certos autores afirmam que um primeiro curso privado de Jornalismo foi iniciado em Espanha em 1887: Ver, a este propósito, M. Alvarez, «Communication studies in Spain: an individual perspective», in David French e Michael Richards, *Media education across Europe*, Londres e Nova Iorque, Routledge, 1994, p. 49.

[212] Christian Delporte, *Histoire du journalisme*..., p. 59. D. Ruellan, Le Professionnalisme du flou, pp. 236–238.

[213] Chris Frost, «The development and integration of bachelor degrees in journalism into the training and recruitment of journalists in the UK», p. 195.

francês ter votado a lei sobre o estatuto do jornalista em 29 de março de 1935.

Concebidas numa perspetiva de melhoramento da qualidade da informação nas sociedades democráticas, estas iniciativas inspiraram, porém, os novos regimes ditatoriais como: a Itália fascista, que criou a Scuola di Giornalismo da Federazione della Stampa, em 1928, em Roma; a Alemanha nazi, que fundou a Reichspresseschule, em 1935, em Berlim; e a Espanha franquista, que instalou a Escuela Oficial de Periodismo, em 1941, em Madrid[214]. Mas é claro que se tratava, nestes casos, de «formatar» antes do mais os candidatos à profissão segundo os cânones da ideologia autoritária no poder. E não será desprovido de interesse reparar que o salazarismo não achou necessário dotar o regime e o país de tal tipo de escola...

A viragem dos anos 1970

A necessidade de uma formação específica tornou-se ainda mais evidente após a Segunda Guerra Mundial: não só a imprensa, mas também a rádio foram utilizadas como meios de propaganda, como começava já a adivinhar-se o enorme potencial da televisão nesta matéria. Só que, desta vez, não foram apenas as organizações profissionais (patronais e sindicais) que se investiram no assunto, mas também as instituições universitárias. Três exemplos apenas: a licenciatura em Jornalismo da Université Libre de Bruxelles (ULB) foi criada em 1945[215]; a Especialização em

[214] De 1941 a 1958, esta escola deteve o monopólio do ensino do jornalismo em Espanha. Em 1958, a Opus Dei criou o Instituto de Periodismo na Universidad de Navarra, em Pamplona.

[215] Também na Bélgica, a Université Catholique de Louvain introduziu quatro cadeiras «de comunicação» no curso de Ciências Políticas e Sociais, em 1946, aos quais virá acrescentar-se um «seminário de prática de jornalismo» lecionado por um cónego. Porém, a licenciatura em Comunicação Social só será criada vinte anos mais tarde, em 1966.

Na Grã-Bretanha, a primeira licenciatura foi criada em 1970-71 pela Cardiff School of Journalism, naquela que agora se chama (desde 2004) Cardiff University. A formação iniciada no período entre as duas guerras mundiais pelo King's College, na London

Jornalismo do Istituto Superiore di Scienze e Tecniche dell'Opinione Pubblica (a atual Libera Università Internazionale degli Studi Sociali), em Roma, também nasceu em 1945[216]; enquanto o Centre de Formation des Journalistes, em Paris, foi lançado em janeiro de 1946, com o apoio dos editores da Fédération de la Presse e do Syndicat National des Journalistes.

No início, estas formações eram sobretudo filológicas, jurídicas e históricas. Depois, logo no início dos anos 1960 (em 1961, na ULB), vieram acrescentar-se cadeiras de técnicas profissionais e de estágios profissionais. Primeiro de jornalismo escrito, depois de jornalismo audiovisual (e sobretudo radiofónico, por razões técnicas evidentes), até porque se tornava notório que estes diferentes média exigiam abordagens diferentes da atualidade e práticas jornalísticas diferentes.

Os anos 1970 trouxeram quatro grandes novidades:

• a invasão das salas de aula por um número de alunos muito mais elevado do que antes;

• a multiplicação das escolas e formações em matéria de informação e de comunicação, consequência lógica do número crescente dos alunos, mas consequência também da «crise económica» que então começava, abrindo as portas à desregulamentação de grande parte dos sectores económicos, ao recuo do sector público e ao avanço intempestivo do sector privado, nomeadamente no audiovisual e no ensino;

• a preocupação em acrescentar (e em alguns casos reforçar) uma formação técnico-profissional (até então ignorada ou com pouca importância) à tradicional formação de caráter sobretudo «literária» e «humanista».

University, não foi reconduzida após 1945: ver, a este propósito, Jeremy Tunstall, *Journalists at Work*, p. 60.

[216] As licenciaturas em Ciências da Comunicação com uma especilização em Jornalismo só foram criadas em cinco universidades públicas italianas a partir de 1992: P. P. Giglioli, «Italy: the coming of age of media studies», in David French e Michael Richards, *Media education across Europe*, p. 40.

O facto de a televisão passar a ser o média dominante implicava com efeito novas exigências em matéria de formação;

- o aparecimento das primeiras tentativas de diversificação em relação àquilo a que se chama hoje a comunicação (ou, mais exatamente, a comunicação das empresas e das instituições).

O número crescente de alunos e de escolas[217] provocou um processo incontrolável de permanente alargamento do perímetro de ensino das escolas de informação e comunicação. Perímetro que se foi tornando

[217] Em 1997, Mário Mesquita e Cristina Ponte enumeravam já vinte e nove «cursos universitários e politécnicos» na área do jornalismo, aos quais acrescentavam mais três «centros de formação» existentes em Portugal: Mário Mesquita e Cristina Ponte, «Situação do ensino e da formação profissional na área do jornalismo», www.boicc.ubi.pt.

Dez anos depois, Sandra Marinho afirma que, em Portugal, «só na rede pública de ensino superior temos 14 universidades, 5 institutos de ensino universitário não integrados em universidades, 15 institutos politécnicos, 15 unidades integradas em universidades públicas e 15 escolas politécnicas independentes, e que muitos deles têm Licenciaturas na área do Jornalismo e das Ciências da Comunicação»: S. Marinho, «Integração profissional e formação em jornalismo e comunicação: o caso da Universidade do Minho», in Jorge Marinho e Salomé Pinto da Silva (org.), *Atas do Congresso internacional Premium*..., p. 26.

A propósito da situação em Portugal, ver também Sara Meireles Graça, «Os Problemas-chave de ingresso no jornalismo em Portugal», in Jorge Marinho e Salomé Pinto da Silva (org.), *Atas do Congresso internacional Premium*..., pp. 111–131.

É interessante comparar estes números com os que Daniel E. Jones avança relativamente a Espanha: em 1998, havia uns vinte mil estudantes matriculados nas vinte e cinco faculdades de «Ciencias de la Información/Comunicación»: Daniel E. Jones, «Investigación sobre comunicación en España: evolución y perspectivas», pp. 13–51. Será necessário recordar que a população espanhola é *grosso modo* quatro vezes superior à portuguesa e que a paisagem mediática espanhola é bastante mais dinâmica do que a portuguesa, quer se trate de imprensa diária, de rádio ou de televisão? A propósito da evolução recente no país vizinho, ver Miguel Túñez, «Condicións laborais, reputación e satisfacción profesional dos xornalistas», in Jorge Marinho e Salomé Pinto da Silva (org.), *Atas do Congresso internacional Premium*..., p. 81.

O caso de Itália é igualmente edificante: a criação da licenciatura em Ciências da Comunicação data de 1992, tendo então cinco universidades começado este tipo

pura e simplesmente ilegível, impercetível: um ano antes da sua morte, Mauro Wolf [1947-1996] falava da criação de uma «fábrica de ilusões e de desemprego». E não parece que o chamado «processo de Bolonha» tenha permitido clarificar a situação. Muito provavelmente até a terá ajudado a obscurecer, dado o aparecimento das chamadas «orientações menores» no seio das «orientações maiores»...

O prognóstico de Pulitzer

Primeiro sinal de não clarificação: como se chama a área de ensino em questão? Jornalismo? Informação? Comunicação? Comunicação Social? Comunicação de Massa? Informação e Comunicação? Média? Ciências das disciplinas evocadas? Teoria e Técnicas dessas mesmas disciplinas? Mediologia?... E por aí fora... Esta falta de terminologia específica é significativa de uma cruel indefinição da área. Fala-se do Direito, da Medicina, da História, da Economia,... E, quando se trata da área que diz respeito à formação dos futuros profissionais da informação nos média, com que termo preciso a designamos?

Claro que, concretamente no caso que nos ocupa, poderíamos (e deveríamos) muito simplesmente falar de Jornalismo. Só que, nas nossas instituições de ensino, o jornalismo é raramente autónomo e geralmente forçado a coabitar com as formações mais diversas: Publicidade, Relações públicas, Animação sociocultural, Mercadologia [*Marketing*], Grafismo, Fotografia, Edição de livros, Cinema, Teatro e um sem-número de especializações

de formação. Catorze anos depois, em 2006, esta formação era dispensada em 48 das 78 universidades italianas: Barbara Mazza, «Communication Sciences in Italiy between Specialiazed Education and The Labour Market», in Jorge Marinho e Salomé Pinto da Silva (org.), *Atas do Congresso internacional Premium...*, pp. 140–141.

Mas o caso da Grã-Bretanha é também interessante: as três primeiras formações universitárias em Jornalismo foram criadas em 1991. Quinze anos depois, em 2006, mais de 40 instituições propõem formações em jornalismo: Chris Frost, «The Development and Integration of Bachelor Degrees in Journalism into The Training and Recruitment of Journalists in the UK», p. 196.

mais ou menos imaginativas ou fantasistas... Ora, peguemos num único exemplo: regra geral, não consiste a Comunicação das empresas e instituições (por vezes ainda chamada Publicidade ou Relações públicas) num processo exatamente oposto ao da informação jornalística dos leitores, ouvintes, espectadores ou internautas?

A esta situação já por si inquietante vem acrescentar-se o facto de muitos licenciados, mestres ou doutorados em Línguas, em Literaturas, em Filosofia ou em História, sem perspetivas profissionais (dadas as crises nestes sectores), quando não a Teologia (porque as vocações sacerdotais já não seduzem muita gente e porque a hierarquia da Igreja Católica marcou sempre um interesse muito particular pelos média[218]), terem investido a área do Jornalismo para dispensar formações pouco ou nada adequadas às necessidades dos média de informação.

Nos começos do século XX, e mais precisamente em 1904, nos Estados Unidos, Joseph Pulitzer prognosticava que, «antes que termine o presente século XX, as escolas de Jornalismo serão aceites como instituições de ensino superior, à semelhança das faculdades de Direito ou Medicina». Digamos que Pulitzer – um dos principais criadores do chamado «jornalismo amarelo» americano, como se sabe – falhou no seu prognóstico. Não só o Jornalismo não conseguiu ainda pôr-se ao nível do Direito ou da Medicina, como se é mesmo obrigado a constatar que o diploma de Jornalismo continua a não ser condição *sine qua non* para se dar entrada na redação de um média de informação. E obrigado a constatar também que o habitual processo de decantação que se operou nas tradicionais áreas de ensino, permitindo circunscrevê-las por contornos precisos, ainda aqui não teve lugar.

[218] Portugal constitui deste ponto de vista um caso particularmente significativo: bom número de departamentos das universidades públicas foi criado e/ou teve durante muitos anos como principais responsáveis antigos padres católicos ou antigos seminaristas que renunciaram *in extremis* a fazer votos e a entrar na vida sacerdotal...

O reino da confusão

Nos países da Europa Ocidental, a confusão continua pois a ser bastante grande no domínio do ensino do Jornalismo:

- primeiro, porque os programas de estudos continuam a não proceder a uma separação de águas entre o que é formação em jornalismo e o que diz respeito a outros tipos de formações teóricas ou práticas;
- em segundo lugar, porque os docentes formados na área do Jornalismo continuam a ser largamente minoritários. A área do jornalismo constitui uma saída importante para muitos docentes vindos de áreas de ciências humanas que deixaram de oferecer perspetivas de futuro académico nessas mesmas áreas. Com a agravante de que a anterioridade histórica das áreas de que provêm os impede muitas vezes – e quantas vezes com uma manifesta falta de interesse pelos média e uma total ausência de experiência em matéria de Jornalismo, o que por vezes não os priva, no entanto, de uma certa arrogância... – de fazer o indispensável esforço de adaptação às especificidades desta área;
- e, em terceiro lugar, porque a cultura nascida dos «dourados anos 1960» e do utópico «Maio de 68», aliada à proliferação de novas atividades nos sectores da informação e da comunicação (como consequência nomeadamente da desmonopolização dos sectores da rádio e da televisão e, agora, do surgimento altamente perturbador da internet), fizeram que os estudos em informação e comunicação se tenham transformado numa moda[219]. Uma moda que leva a perceber estes estudos como uma espécie de novas ciências humanas da modernidade, enchendo as escolas com gente totalmente desprovida de sensibilidade ao Jornalismo. Gente que não lê um jornal[220], não ouve um radiojornal, nem vê um telejornal, não

[219] Hugh Stephenson e Pierre Mory, *La Formation au journalisme en Europe*, pp. 46 e 61.

[220] Michael Palmer, «Les Héritiers de Théophraste», in Jean-François Lacan, Michael Palmer e Denis Ruellan, *Les Journalistes*, p. 117.

consulta um sítio de informação em linha. Gente que confunde a profissão de jornalista com a de animador de emissões de divertimento. Gente que muitas vezes «aterra» em cursos de Jornalismo por não ter conseguido singrar noutros cursos de ciências humanas tidos por mais difíceis (com a sobrepopulação a desencadear naturalmente uma descida dos níveis de exigência). Gente numerosa – fruto da chamada «democratização» do ensino e da necessidade das entidades governamentais de encherem os *campus* para fazerem baixar as estatísticas do desemprego – que impede que se faça a necessária decantação dos programas, dos docentes e também dos alunos.

Hoje, no Département des Sciences de l'Information et de la Communication da ULB, estão inscritos 532 alunos no primeiro ano, dos quais apenas um terço chega geralmente ao atual quarto e último ano de estudos[221]. Para evocar números comparáveis, em 1969-70 havia 29 alunos no último ano, ou seja 9,4 vezes menos do que os atuais 272, dos quais 127 em Jornalismo propriamente dito[222].

Tal situação tem uma explicação simples: as escolas de ensino superior e universitário recebem orçamentos das Comunidades culturais (recorde-se que a Bélgica é um Estado federal com três Comunidades culturais) em função do número de alunos inscritos[223]. Consequência: em junho de 2006, as seis principais escolas de jornalismo francófonas puseram na rua

[221] O programa em 3 + 2 anos de estudos, conforme à «diretiva de Bolonha», foi ativado em 2004–05. Desde logo, o novo *master* entrará em aplicação em 2007–08, pelo que o quinto e último ano de estudos funcionará pela primeira vez em 2008–09.

[222] Dados de março de 2007. A propósito da situação na Bélgica, Ver J.-M. Nobre-Correia, «Du journalisme en Belgique», in *La Revue nouvelle*, Bruxelles, vol. 98, nº 12, décembre de 1993, pp. 80–88.

[223] O mesmo acontece, aliás, em França, onde «os créditos atribuídos às universidades dependem principalmente do número de estudantes inscritos. A inscrição na universidade dá acesso à segurança social estudante e às bolsas» (Christian Saint-Etienne, «Pour des universités de rang mondial», in *Le Monde*, Paris, 13 de março de 2007, p. 23.

344 diplomados[224], aos quais há que acrescentar os diplomados da segunda época de setembro, quando os postos de trabalho disponíveis anualmente rodam à volta de um décimo do número total de diplomados.

Uma fase de transição

Esta sobrepopulação provoca uma enorme taxa de desemprego. Na Bélgica, em julho de 2006, 22,2% dos 2103 jornalistas francófonos eram independentes [*pigistes, freelancers*], sem contrato de trabalho («a recibo verde») e este número atingia os 27,5% na classe etária dos 20-29 anos[225]. Isto para não falar em todos os que, extremamente numerosos, depois de terem procurado exercer como independentes – num país onde as colaborações são pagas miseravelmente[226] – abandonam pura e simplesmente o sector. Situação que aliás tende a generalizar-se na Europa e levou a Federação Europeia dos Jornalistas a reagir, adoptando em abril de 2006 uma «Charte des droits des journalistes freelance»[227].

[224] AJP (Association des journalistes professionnels), *Le Livre noir des journalistes indépendants*, Bruxelas, Éditions Luc Pire, 2006, p. 20.

[225] AJP, *Le Livre noir des journalistes indépendants*, p. 20.

[226] AJP, *Le Livre noir des journalistes indépendants*, pp. 48–50.

[227] FEJ (Fédération européenne des Journalistes), *Charte des droits des journalistes freelance*, Bruxelas, 2006. Rémy Rieffel evocava já esta situação de precariedade em França: em 1978, 14,3% dos jornalistas profissionais estavam desempregados: Remy Rieffel, *L'Élite des journalistes*, Paris, PUF, 1984, pp. 30–31.

Por seu lado, Jean-Marie Charon mencionava o caso do Centre de Formation de Journalistes, em Paris (uma das mais célebres, se não a mais famosa escola francesa de jornalismo, que pratica uma severa política de *numerus clausus*), que realizou um estudo em 1992 que mostrava que 41% dos diplomados saídos nos últimos cinco anos não tinham arranjado um emprego definitivo: J.-M. Charon, *Cartes de presse*, Paris, Stock, 1993, pp. 33–34.

Mais recentemente, Érik Neveu afirmava que os independentes [*pigistes*] representavam 8,5% dos detentores da carteira profissional em França em 1975, 14,7% em 1990 e mais de 40% em 1999: Érik Neveu, *Sociologie du journalisme*, p. 25.

Em Espanha, em 1988, dezassete anos após a criação das licenciaturas em Ciências da Informação, o sindicato UGT afirmava que 35,7% dos licenciados estavam inscritos

Esta taxa de desemprego fomenta evidentemente condições de trabalho e de remuneração que em nada favorecem uma imagem de marca positiva da profissão, desconsiderando mesmo os que dela fazem parte aos olhos de uma sociedade largamente dominada por uma perceção «financeirista» do estatuto social dos seus membros. Para além de ter consequências nefastas no que se refere à qualidade do conteúdo editorial dos média, na medida em que a preocupação natural dos independentes é a de terem uma produção abundante que permita aumentar os níveis de remuneração, abundância que é raramente favorável à qualidade da dita produção.

Ora, claramente, esta situação não pode perdurar. Porque os média se encontram numa fase de profunda mutação, sem comparação na história que vai de Gutenberg até aos anos 1970-80[228]. Porque a própria natureza do Jornalismo e da sua função social é mais do que nunca objeto de interrogações. Porque num mundo onde, graças aos mais diversos equipamentos eletrónicos (telemóveis, aparelhos fotográficos, câmaras digitais, computadores portáteis,...), às telecomunicações e à internet, todo e qualquer cidadão pode e considera ter direito de informar e de propor o seu ponto de vista sobre a atualidade no seu próprio blogue, o jornalista tem de poder propor uma especificidade, uma mais-valia, um valor acrescentado em relação a estas contribuições de não jornalistas sobre a atualidade[229].

no desemprego: Macu Alvarez, «Communication studies in Spain: an individual perspective», pp. 52–53.

Sobre a situação na Galiza, ver Miguel Túñez, «Condicións laborais, reputación e satisfacción profesional dos xornalistas», in Jorge Marinho e Salomé Pinto da Silva (org.), *Atas do Congresso internacional Premium...*, p. 84.

[228] J.-M. Nobre-Correia, «O futuro perante o passado: uma perspectiva histórica», in *Media, jornalismo e democracia*, Lisboa, Livros Horizonte, 2002, pp. 85–92.

[229] J.-M. Nobre-Correia, «Une certaine mort annoncée...», in *Communication et Langages*, Paris, Armand Colin, março de 2006, nº 147, pp. 15–24.

A necessária decantação

Há pois que proceder urgentemente a uma separação das águas entre o ensino do Jornalismo e o ensino de outras áreas que têm também os média como núcleo central das respetivas atividades. Como há que distinguir o que diz respeito à aprendizagem da teoria e da prática do Jornalismo propriamente dito do que constitui o estudo teórico, científico, dos processos de informação e de comunicação das sociedades em que vivemos, assim como da relação dialética que com elas mantêm. Para que se possa, em seguida, fazer dos estudos em Jornalismo um ensino de alto nível, exigente, devidamente enquadrado no plano pedagógico e realizado em condições de equipamento técnico adaptadas às realidades profissionais de hoje dos média de informação.

Mais do que nunca – perante a avalancha de uma pseudo-informação que tem antes do mais origem na comunicação promocional e na fase atual de redefinição da função de informar –, são necessários jornalistas dotados de uma vasta e sólida formação cultural, profundos conhecedores dos domínios da atualidade que tratam. Jornalistas providos da salutar curiosidade indispensável para procurar compreender e do necessário sentido pedagógico para procurar fazer compreender a atualidade, tornando a sua complexidade mais inteligível. Jornalistas capazes de relatar com rigor os aspetos factuais significantes de um acontecimento ou de uma situação, de os pôr em perspetiva e de os analisar nas suas implicações prospetivas, com base numa documentação e numa argumentação sérias, pondo em prática, com mestria, os mais nobres recursos da arte e da técnica da profissão. Uma profissão cujo futuro não pode deixar de ter profundas repercussões sobre o provir das sociedades democráticas...

Texto revisto e aumentado pelo autor

Este texto toma como ponto de partida a intervenção do autor no congresso internacional sob o tema «Integração profissional dos licenciados em Jornalismo-Ciências da Comunicação», na Universidade do Porto (Centro em Estudos das Tecnologias, Artes e Ciências da Comunicação), a 8-9 de março de 2007, no Porto.

Edição original: «Os equívocos de uma formação»,in J. Marinho e S. Pinto da Silva (org.), *Atas do Congresso Internacional Premium: Integração profissional dos licenciados em Jornalismo-Ciências da Comunicação*, Porto, Universidade do Porto, 2007, pp. 100-109.

«Ensino do jornalismo: os equívocos de uma formação», in *Jornalismo e Jornalistas*, Lisboa, nº 30, abril-junho 2007, pp. 28-36.

15
Dois panoramas contrastados

Portugal e Espanha têm histórias políticas e mediáticas recentes bastante diferentes. Pelo que as estruturas socioeconómicas das duas paisagens mediáticas são extremamente divergentes. E as relações dos média com o mundo político também o são...

Embora vizinhos, Portugal e Espanha têm entre si semelhanças e diferenças, tanto no plano histórico como no plano mediático, o que é tanto mais natural quanto os dois países partilham uma fronteira comum (e, no caso português, até a sua única fronteira terrestre).

Sem voltar muito atrás no passado, limitemo-nos a recordar que a implantação do salazarismo se desenrolou de modo globalmente sereno. Enquanto o franquismo impôs-se um decénio mais tarde pela violência, no seguimento de uma terrível guerra civil que ele próprio desencadeou.

A transição para a democracia também se operou de maneira diferente: fruto de um golpe militar que desencadeou um importante movimento social, em que alguns consideram poder reconhecer uma revolução de «brandos costumes», em Portugal. Um ano e meio depois, em Espanha, a morte de Francisco Franco abria a porta a uma «transição» institucional programada, assumindo contornos sociais imprevistos, mas globalmente sob controlo.

Entretanto, Portugal fora-se afundando numa multiplicidade de guerras coloniais sem futuro, voltado para o passado e para África, ao passo que Espanha construía o seu futuro procedendo a um promissor desenvolvimento económico, voltado para a modernidade e para a Europa.

A língua e o regionalismo

A estes pontos de partida diferentes, para não dizer contrastados, vem acrescentar-se um dado de base diametralmente oposto: à homogeneidade linguística portuguesa (considerada, aliás, como única no plano europeu) corresponde um pluralismo linguístico e cultural espanhol que ganhou manifestamente dinamismo (malgrado o interregno repressivo nesta matéria do franquismo) e fez que haja hoje cinco regiões autónomas oficialmente bilingues (e até trilingues: caso da Catalunha com o occitano, para além do catalão e do castelhano).

Esta diferença entre os dois países teve como consequência uma segunda divergência: uma centralização administrativa em Portugal levada ao mais alto grau (com as exceções das Regiões autónomas dos Açores e da Madeira) que faz do Estado português um «país macrocéfalo» (girando tudo em torno de Lisboa); uma descentralização considerável da administração pública espanhola, com as suas 17 «comunidades autónomas», e duas «cidades autónomas».

As duas clivagens evocadas (linguístico-cultural e administrativa) têm uma inevitável consequência fundamental: o sistema mediático português é quase totalmente centralizado e totalmente unilingue, quando a descentralização do sistema mediático espanhol é uma realidade (embora contrastada), tal como o é, em escala mais modesta, o seu plurilinguismo.

Se excetuarmos um número considerável, enorme, de semanários, quinzenários e rádios locais ou regionais, uns e outros com difusões limitadas, e sem impacto algum na vida política, económica e cultural nacional, Portugal não dispõe de média com audiência nacional (diários, periódicos, rádios ou televisões) que não estejam sediados em Lisboa. Só o *Jornal de Notícias* e o desportivo *O Jogo*, publicados no Porto, têm audiências que ultrapassam largamente a região de origem.

Em Espanha, a imprensa diária regional e local é uma realidade. Os diários da Catalunha, do País Basco ou da Galiza, mas também das Astúrias, para evocar apenas estes, atingem níveis de pluralidade e de difusão atualmente inimagináveis em Portugal[230]. A imprensa magazine, se bem que com fraca expressão em termos de difusão (comparada à de países europeus com uma demografia similar), não tem apenas por origem Madrid: Barcelona é também um centro de edição importante. É certo que as rádios e as televisões de audiência nacional têm como origem Madrid. Mas as rádios e as televisões públicas e privadas das «comunidades autónomas» são uma realidade bastante plural: basta recordar os 14 organismos de televisão «autonómicos» existentes, para não falar já das mais diversas *cadenas* de rádio, bem como de televisão privadas com verdadeira implantação regional[231].

Rutura e devastação

Profundamente diferentes em termos de estruturas, os dois sistemas mediáticos estabeleceram também relações diferentes com a política e os meios políticos.

Em Portugal, o «25 de Abril» (ou «Revolução dos Cravos») desencadeou no plano mediático uma situação duplamente anacrónica. Por um lado, a nacionalização do sector bancário, em março de 1975, provocou uma nacionalização *de facto* da grande maioria da imprensa diária e periódica «nacional», assim como da rádio[232] e até formalmente da televisão. Portugal entrava assim em fase de estatização dos média, quando no resto

[230] Ver, a este propósito, J.-M. Nobre-Correia, «Compreender a fragilidade para procurar superá-la...», in *Jornalismo e Jornalistas*, Lisboa, nº 28, outubro–dezembro de 2006, pp. 6-11.

[231] Um só exemplo: uma rede como Localia (pertencente ao grupo Prisa) reúne atualmente mais de 90 televisões locais.

[232] Se bem que, no plano legal, a nacionalização da rádio tenha sido decidida a 2 de dezembro de 1975.

da Europa os média entravam precisamente numa fase de privatização, de liberalização (ou, pelo menos, de desmonopolização do sector audiovisual). Por outro lado, como consequência da intensa movimentação social que se operou entre abril de 1974 e novembro de 1975, os média portugueses entraram em fase de militantismo político e muitas vezes partidário, quando no resto da Europa enveredavam por um processo de «despolitização», de autonomização em relação ao poder político e até em relação às ideologias políticas, ao discurso político.

Este duplo processo provocou a ruína, a destruição a curto e a médio prazo de quase todas as empresas de jornais, de magazines e de rádio: apenas três diários generalistas «nacionais» (*Diário de Notícias*, *Jornal de Notícias* e *O Primeiro de Janeiro*) e dois desportivos (*A Bola* e *Record*, que aliás não eram diários na altura) sobreviveram (passando um dos generalistas a ter uma dimensão puramente local: *O Primeiro de Janeiro*), enquanto, no sector audiovisual, só a *Rádio Renascença* do episcopado foi salvaguardada, saindo por isso mesmo reforçada do vazio criado à sua volta. Vieram assim a desaparecer sucessivamente da cena mediática portuguesa títulos tão célebres como *República*, *Jornal do Comércio*, *O Século*, *Diário de Lisboa*, *Diário Popular*, *O Comércio do Porto* e *A Capital*. Tal como desapareceriam estações tão populares como o (antigo) *Rádio Clube Português*, os *Emissores Associados de Lisboa* ou os *Emissores do Norte Reunidos*, pura e simplesmente absorvidas pela nova *RDP*, sucessora da antiga *Emissora Nacional* pública...

Mas o dito processo provocou também uma estranha anomalia: a constituição de equipas redatoriais politicamente compósitas, cujas contradições se foram acentuando com o processo de decantação «partidária» e política que se operou nos anos seguintes. Uma situação grandemente facilitada pela total ausência de uma formação profissional no domínio do jornalismo (caso praticamente único nos países da Europa Ocidental[233]),

[233] Ver, a este propósito, J.-M. Nobre-Correia, «Os equívocos de uma formação», in *Jornalismo e Jornalistas*, Lisboa, nº 30, abril–junho de 2007, pp. 28–36.

que, no contexto de um «processo revolucionário em curso», permitiu o acesso às redações de gente com níveis de formação cultural totalmente díspares e muitas vezes insatisfatórios.

E isso teve como consequência o facto de, em Portugal, os diários e os periódicos se comprazerem hoje em dia num *soi-disant* pluralismo político, em que é corrente a coabitação das expressões mais contrastadas no seio da própria equipa redatorial[234]. Levando os jornais a absterem-se de tomar posição em temáticas fundamentais (como aquando do recente referendo sobre a legalização da interrupção voluntária de gravidez, por exemplo, matéria em que a *Rádio Renascença* anunciou, porém, tomar claramente posição). Recusando toda e qualquer «coluna vertebral» claramente percetível, em termos políticos, confessionais (com a exceção mais uma vez da *Rádio Renascença*, que até transmite diariamente e em direto diversos ritos católicos, com nenhum outro média nacional a afirmar-se como laico, como defensor da laicidade) ou mesmo de regime (prestando praticamente todos uma atenção desmedida a um pretenso «herdeiro do trono» e nenhum deles a afirmar claramente as suas convicções republicanas[235]). E impedindo assim que os leitores, ouvintes e espectadores se possam identificar com «o seu» jornal ou, mais largamente, com «o seu» média (o que, em termos de mercadologia [*marketing*], constitui aliás um erro estratégico evidente).

Esta forma de «pluralismo» neutralista não impede, no entanto, uma coabitação sem peias com os meios políticos. Jornalistas em vista passam alegremente das redações para as mais diversas assessorias políticas (em ministérios, organismos públicos, fundações, partidos...), para

[234] O caso mais emblemático desta situação foi o do semanário *Expresso*, considerado como um órgão de expressão do «MRPPD» (isto é: da aliança de facto do partido de extrema-esquerda MRPP e do partido de centro direita PPD, que passaria a chamar-se PSD)... Uma situação que encontramos atualmente em termos de certo modo comparáveis no diário *Público*.

[235] A última iniciativa do *Público* em matéria de coleção de livros é aliás significativa: a *História genealógica da Casa Real portuguesa* em nada menos de 15 volumes!

regressarem na devida altura às redações, de preferência a postos de responsabilidade[236]. Por outro lado, a função de analista político, assumida no resto da Europa por politólogos geralmente oriundos dos meios do ensino ou da investigação universitários e por vezes também por jornalistas de longa experiência profissional, é, nos média portugueses, apanágio muitas vezes de homens políticos, membros eminentes dos partidos políticos tradicionais[237]!

Note-se, finalmente, que, no plano da propriedade, um dos quatro principais grupos de média em Portugal é controlado por uma personalidade do mundo político, que recorda regularmente ser o militante «número um» do partido de centro direita e manifestou em várias ocasiões as suas ambições em relação à Presidência da República (ambições hoje provavelmente postas de parte)[238].

Continuidade e expansão

Sem falar já da Escuela de Periodismo do diário *El Debate*, criada em 1926, em Espanha, o ensino do jornalismo existia desde 1941, embora a Escuela Oficial de Periodismo tivesse também uma função de enquadramento ideológico da profissão, e a nível universitário esse ensino existia desde

[236] A situação mais caricatural nesta matéria é a de uma apresentadora de telejornal de uma televisão privada (a *TVI*) que passa a deputada, antes de regressar à apresentação do mesmo telejornal e ter assim a ocasião de entrevistar... o presidente do partido de que fora deputada!

[237] Os primeiros-ministros atual e anterior foram «comentadores políticos» de televisão. O ex-presidente de um partido político foi «comentador político» antes e depois de ter assumido tais funções, numa televisão privada primeiro (a *TVI*), numa televisão pública atualmente (onde dispõe de uma emissão semanal) e agora também num semanário (*Sol*). Vários outros antigos (e potencialmente futuros) altos responsáveis políticos que assumem este tipo de estatuto, por vezes em diversos média ao mesmo tempo...

[238] Possa embora Francisco Pinto Balsemão ter sido o homem que, com a criação do semanário *Expresso* a 6 de janeiro de 1973, deu incontestavelmente início a uma nova etapa da história do jornalismo português.

1958, quando a Opus Dei criou o Instituto de Periodismo na Universidad de Navarra, com uma função de enquadramento ideológico de outra natureza[239]. Por outro lado, a *transición* foi operada numa relativa serenidade (apesar do «23-F», do 23 de fevereiro de 1981), e só o descrédito da Prensa y Radio del Movimiento fez que, quando os jornais da Medios de Comunicación Social del Estado (que lhe sucedeu) foram privatizados, bastantes tenha havido que não encontraram comprador em 1982 e viessem acrescentar-se aos que tinham já desaparecido por «seleção natural»[240]. Quanto às rádios do Movimiento, foram integradas na *Rádio Cadena Española*, antes de esta ser absorvida pela pública *RTVE*, em 1989[241].

Porém, neste contexto de reestruturação dos média do Movimiento, as empresas de imprensa e de rádio privadas mantiveram-se e prosseguiram naturalmente o seu caminho, em situação política e sociocultural evidentemente mais favorável ao seu desenvolvimento. Grupos houve que, de então para cá, se reforçaram consideravelmente (Vocento – resultado da absorção da Prensa Española pelo Grupo Correo –, Planeta, Godò, Cope); outros nasceram e tomaram grande importância (Prisa, Zeta, Unedisa – que passou sob o controlo do italiano RCS –, RBA – que se associou ao suíço Edipresse), tanto no plano nacional como no internacional, muitas vezes na América Latina, por vezes em Portugal[242] ou até em França[243]).

Esta dimensão empresarial muito mais forte (em Portugal, apenas se afirmaram a Impresa e a Cofina Média, enquanto se aguarda de certo modo a confirmação da Controlinveste como grupo de média, tendo a

[239] Ver, a este propósito, J.-M. Nobre-Correia, «Os Equívocos de uma formação», *idem*.

[240] Ver, a este propósito, J.-M. Nobre-Correia, *Histoire des Médias en Europe*, 9.ª ed. Bruxelas, PUB, 2007, p. 257.

[241] Ver, a este propósito, J.-M. Nobre-Correia, *Histoire des Médias en Europe*, p. 275.

[242] A RCS-Unidad Editorial controla o *Diário Económico* e o *Semanário Económico*. A Prisa controla a Média Capital. Por seu lado, a Prensa Ibérica falhou redondamente as suas tentativas de relance do *Comércio do Porto* e de *A Capital*.

[243] A Vocento é acionista minoritária do Groupe Sud Ouest (6,0%), em Bordéus. A Prisa é acionista minoritária da SAS *Le Monde* (15,01%), em Paris.

Média Capital, por seu lado, passado sob o controlo do espanhol Prisa), mais plurimediática e internacional (nenhum grupo português se impôs significativamente além fronteiras), não impediu os média espanhóis de se afirmarem nas suas sensibilidades político-culturais, embora sem sectarismos, na maior parte dos casos. Ninguém ignora em Espanha quais são, globalmente, as posições políticas dos grandes diários nacionais (*El Pais*, *El Mundo*, *Abc*, *La Razón*, *El Periódico*, *La Vanguardia* ou até do jovem *Público*), dos magazines de informação geral (*Tiempo*, *Cambio 16*, *El Siglo* ou Época), das grandes cadeias de rádio (*Cadena S*er ou *Cope*, *Onda Cero* ou *Punto Radio*) ou das grandes cadeias de televisão (*Antena 3*, *Cuatro*, *Tele 5*, *La Sexta* ou *Canal + España*)...

As linhas de conduta

Não esqueçamos, porém, que Portugal e Espanha são países de cultura latina, onde as clivagens económicas, sociais e culturais são importantes, em que as oposições são muitas vezes frontais e se afirmam de maneira também frontal. E não esqueçamos também que a clivagem entre os dois grandes partidos políticos espanhóis (PSOE e PP[244]) é manifestamente mais nítida do que a que separa os dois principais partidos portugueses (PS e PSD).

Esquematizando necessariamente as relações entre os média, a política e o mundo político, talvez se possa afirmar que os média em Espanha afirmam de maneira mais ou menos clara ou matizada [*feutrée*] as suas sensibilidades, as suas opções de fundo perante os destinos da sociedade: adotando a conveniente distância e o conveniente sentido crítico em relação às áreas [*mouvances*] de que se sentem próximos, e praticando evidentemente a conveniente abertura e o conveniente sentido da tolerância, procurando afirmar-se como contrapoder, como instâncias de controlo do poder (embora haja exceções como, por exemplo, a *Cope*, claramente

[244] Partido Socialista Obrero Espanõl e Partido Popular, respetivamente.

marcada à direita, para não dizer à extrema-direita). E isto quando constituem globalmente um sector socioeconómico com um invejável nível de desenvolvimento.

Tais relações aparentam ser diametralmente diferentes em Portugal, tendo os média antes de mais como preocupação, como horizonte jornalístico, constituir um antipoder (antipoder e não contrapoder, note-se): antipoder político, antipoder governamental, antipoder perante o poder nos partidos políticos (mas não, note-se, antipoder perante o poder económico, o poder cultural ou mesmo o poder desportivo)[245], conduzindo por vezes campanhas de «bota a baixo»[246], elegendo cavalos de batalha a propósito dos quais dirá muitas vezes tudo e o seu contrário, numa singular conceção do «pluralismo» interno. E isto quando os média em Portugal se caracterizam por um dos mais baixos níveis de desenvolvimento socioeconómico da Europa e por uma das mais desoladoras situações de «pluralismo» externo.

Conclusões esquemáticas em jeito de suave provocação, esperando, todavia, que possam atear interrogações e debates sobre o tempo e o modo dos média nos dois países ibéricos...

[245] Na sua intervenção de 23 de outubro de 2007 na «Ágora: O Debate peninsular», em Badajoz, o presidente da Assembleia da República, Jaime Gama (antigo jornalista político, note-se), evocava, a este propósito, «a flagelação institucional» e a «deslegitimização da política» pelos média, para os quais «o governo é mau e a oposição ainda é pior»!

[246] O «bota a baixo» faz, aliás, parte da «boa tradição» nacional. Dois exemplos recentes ilustraram de maneira particularmente chocante tal tradição: a crónica de Miguel Sousa Tavares no *Expresso* de 23 de dezembro de 2006, sobre o último livro de José António Saraiva, antigo diretor do *Expresso*; as quatro páginas especiais de Vasco Pulido Valente no *Público* de 24 de novembro de 2007, sobre o último livro de Miguel Sousa Tavares, antigo cronista do *Público*! Como uma espécie de vingança contra os que abandonaram as hostes, esquecendo que, direta ou indiretamente, a própria imagem dos jornais que publicaram esses textos fica seriamente atingida por tais textos, de extrema ferocidade, propriamente inimagináveis em jornais de referência europeus...

Texto revisto pelo autor

Este texto toma como ponto de partida a intervenção do autor no colóquio «Prensa y política. De poder a poder», na Ágora Academia, a 22-23 de outubro de 2007, em Badajoz.

Edição original: «Península ibérica: Dois panoramas contrastados», in *Jornalismo e Jornalistas*, Lisboa, nº 33, janeiro-março 2008, pp. 6-11.

16
Uma afirmação problemática

«A construção da Europa» é tema constante tanto nos discursos políticos como nas análises dos média. No entanto, o poder no seio do sistema de informação e de cultura da União Europeia escapa largamente ao controlo dos europeus...

Zbigniew Brzezinski, conselheiro para a segurança nacional do presidente Jimmy Carter, afirmava, já lá vai algum tempo, que, «depois da era da canhoneira, e a da comércio e das finanças, as técnicas e as redes de comunicação representam a terceira geração da dominação do mundo»...

É certo que se poderia afirmar que as canhoneiras, o comércio e as finanças ainda não deixaram de contar e de produzir os seus efeitos. Mas tal análise tem o mérito de pôr a tónica numa conceção nova da estratégia de conquista e de dominação do mundo. Ora, nesta matéria, a conquista e a dominação do mundo pelos Estados Unidos são mais do que nunca evidentes. Mais do que isso: o fosso que separa a União Europeia dos Estados Unidos não cessa de aumentar no que diz respeito ao sector dos média[247].

[247] Ver, sobre uma temática conexa, J.-M. Nobre-Correia, «Les Médias et l'Europe», in *Communication et Langages*, Paris, A. Colin, nº 140, junho de 2004, pp. 133–140. J.-M. Nobre-Correia, «Medios e identidad: los medios de comunicación y Europa», in *Telos*, Madrid, Fundación Telefónica, nº 61, outubro–dezembro de 2004, pp. 27–32. J.-M. Nobre-

Um fosso crescente

Até depois da Primeira Guerra Mundial e mesmo no período entre as duas guerras, a Europa[248] fora não só pioneira em matéria de imprensa, de agências de informação, de cinema, de rádio e mesmo de televisão, mas mantinha-se nos primeiros lugares ou, em todo o caso, numa relação relativamente comparável à dos Estados Unidos.

Depois da Segunda Guerra Mundial, o atraso da Europa não deixou de se acentuar... A situação em matéria de cinema é suficientemente significativa: em 2006, 64,0% do mercado do filme na União Europeia (a 25) tinham como origem filmes produzidos nos Estados Unidos e 27,6% apenas por filmes produzidos na UE[249]. O que se traduzia significativamente também em 64,0% das entradas nas salas de cinema para os filmes estado-unidenses e em apenas 33,3% para filmes da UE[250]. E isto embora a UE (a 25) tenha produzido 815 filmes em 2005 e os EUA apenas 699[251]. Uma situação que encontra explicação nomeadamente no facto de, em 1999, os nove primeiros distribuidores de filmes na Europa serem filiais de grupos estado-unidenses[252] (situação que, de então para cá, parece não ter sofrido alterações de fundo).

-Correia, «A ciascuno i suoi media», in *Problemi dell'informazione*, Bolonha, Il Mulino, vol. XXIX, nº 4, dezembro de 2004, pp. 511–522.

[248] O termo Europa é evidentemente ambíguo, na medida em que, na linguagem corrente, tão depressa designa a União Europeia como o continente europeu (de que fazem parte países como a Suíça ou a Noruega, para dar apenas dois exemplos que não fazem parte da UE), cujos limites geográficos são aliás tema de polémica... Quando for o caso, falar-se aqui de UE e não de Europa.

Da mesma maneira, os termos «europeu» e «europeia» designam tanto os habitantes da União Europeia como os do continente europeu. Neste caso, porém, não existem ainda termos precisos para designar apenas os habitantes da UE...

[249] OEA (Observatoire européen de l'Audiovisuel), *Focus 2007*, Estrasburgo, p. 12.

[250] OEA, *Focus 2007*, Estrasburgo, p. 17.

[251] OEA, *Focus 2007*, Estrasburgo, p. 9.

[252] IMCA (International Média Consultants Associés), Identification et évaluation des flux économiques et financiers du cinéma en Europe et comparaison avec le modèle américain, Paris, 2002, p. 49.

A situação em matéria de cinema tem evidentemente repercussões no sector da televisão: 68,7% dos programas de ficção difundidos por 101 estações de televisão europeias em 2000 provinham dos EUA, e apenas 15,8% da UE[253]. Dados mais recentes, referentes a 2004, mostram que, em 125 televisões de 13 países da UE, 71,5% da programação é constituída por ficção (telefilmes, séries e folhetins, animação, filmes de longa e curta metragens) não europeia, 15,0% por ficção nacional e apenas 13,4% por ficção europeia não nacional[254].

No que diz respeito à rádio, o fator linguístico (ou, mais precisamente, o pluralismo linguístico europeu) continua a proteger as estações de rádio da invasão estado-unidense, embora a dominação geral da programação musical seja largamente estado-unidense, «estado-unidófila» ou, em todo o caso, anglófona. Até porque, dos quatro maiores editores de discos que controlam 71,6% do mercado mundial da música gravada, três têm sede nos Estados Unidos (Universal, 25,5% em 2005, Sony BMG, 21,5%, e Warner, 11,3%)[255], encontrando-se o quarto em Londres (EMI, 13,4%)[256], situação que, evidentemente, não é desprovida de significado. Muito embora a Universal seja controlada pelo francês Vivendi e a Sony BMG o seja a 50% pelo alemão Bertelsmann[257].

Uma máquina potente

A dominação estado-unidense é, porém, evidente nos outros média, começando primeiro pelas agências de informação, onde a nova-iorquina *Associated Press* reina em matéria de informação geral[258]. Enquanto a velha

[253] André Lange, *Le Déséquilibre des échanges audiovisuels entre l'Amérique du Nord et l'Europe ne cesse de s'aggraver*, OEA, Estrasburgo, abril de 2002.

[254] OEA, *Film, Television and Video in Europe*, vol. 2, Estrasburgo, 2007, p. 8.

[255] Em Santa Mónica o primeiro, em Nova Iorque os dois últimos.

[256] IFPI (International Federation of Phonographic Industry), Londres, 2005.

[257] O alemão Bertelsmann cedeu os 50% que detinha ao outro acionista, a Sony, que detém doravante 100% da sociedade (*Le Monde*, Paris, 7 de agosto de 2008).

[258] As que informam sobre tudo, menos sobre elas próprias! Pelo que é extremamente difícil, e muitas vezes impossível, recolher dados factuais sobre a atividade das ditas

instituição britânica *Reuters* passou em maio de 2007 para a dependência do grupo canadiano Thomson, cuja sede operacional se situa, porém, em Nova Iorque. Uma deslocalização de propriedade da Europa para a América que arrastou consigo o sector económico e financeiro da agência.

Ora, na área da informação económica e financeira, o mesmo Thomson já assumira o controlo da francesa (...de língua inglesa) *AFX*, filial da *Agence France-Presse*, com sede em Londres (em junho de 2006[259]). Antes da fusão da *Thomson* com a *Reuters*, a estado-unidense *Bloomberg* representava 33% do mercado mundial da informação económica e financeira, a *Reuters* 23% e a *Thomson* 11%[260]. O que faz que, se acrescentarmos ao novo Thomson-Reuters e à *Bloomberg* o grupo Dow Jones (que, para além da agência *Dow Jones Newswires* – com mais de 420 mil assinantes –, publica nomeadamente o *Wall Street Journal*)[261], isso significa que o sector económico e financeiro é mais do que nunca largamente dominado por empresas norte-americanas.

Esta tomada de controlo da *Reuters* teve ainda outra consequência: doravante, as duas grandes agências mundiais de imagens de informação televisiva, *Reuters Television* e *APTN*, são norte-americanas, embora as sedes operacionais de ambas se encontrem em Londres, por evidentes razões geoestratégicas de mercado. Mas por quanto tempo ainda continuarão em Londres?... Paralelamente, a grande concorrente no plano da informação geral que é a *AFP* só em fevereiro de 2007 lançou uma *AFP TV* (que sucedia a uma *AFP Vidéo*, puramente nacional, criada em 2001),

agências. No caso concreto da *Associated Press*, se quisermos evocar dados recentes, teremos que nos contentar em dizer que «a agência serve mais de 17 700 diários, magazines, rádios e televisões no mundo inteiro em texto, fotos, som e imagens» (Sítio da *AP* em francês, 12 de outubro de 2007).

[259] *Le Monde*, Paris, 16 de junho de 2006, p. 17.

[260] *El País*, Madrid, 5 de maio de 2007, p. 56.

[261] O grupo Dow Jones passou entretanto para o controlo da australo-estado-unidense News Corporation, de Rupert Murdoch (ver nomeadamente *Le Monde*, Paris, 5 de julho de 2007, p. 20).

que distribui modestamente uma média de 150 peças por mês, em árabe, em castelhano, em francês e em inglês.

É verdade que se pode sempre lembrar que a *Agence France-Presse* (que produz diariamente 400 a 600 mil palavras[262]), uma das três grandes agências mundiais (ao lado da *Associated Press* e da *Reuters*), continua a ser europeia. E recordar igualmente que a espanhola *Efe* (que distribui cerca de três milhões de notícias por ano, ou seja, uma média de mais de oito mil por dia[263]), a italiana *ANSA* (mais de duas mil notícias por dia[264]) e a alemã *DPA* (umas 750 por dia[265]) assumem, nos planos europeu e internacional, um papel cada vez mais importante. Não impede que, como assinala Furio Colombo, ex-professor na nova-iorquina Columbia University e ex-diretor do diário romano *L'Unità*, «a maior parte das notícias do mundo vem, é notório, de fontes americanas. Isto é verdade em dois sentidos: porque a potente máquina americana da informação difunde no mundo mais notícias sobre o seu próprio país do que qualquer outra fonte consegue fazer, mas também porque as notícias de qualquer outro país só se tornam mundiais quando se tornam notícias americanas»[266].

A imagem proposta

Da mesma maneira, convém lembrar que a *Eurovision* (ou, se se preferir, a UER, Union Européenne de Radio-Télévision) assume um papel primordial na troca de imagens de atualidade entre países europeus e mesmo não europeus, propondo mais de 30 mil peças de atualidade por ano, para além das 15 mil horas de retransmissão em direto de acontecimentos desportivos e culturais[267]. Em 2003, as peças que tinham por origem os membros da

[262] Sítio da *AFP*, 10 de outubro de 2007.

[263] Sítio da *Efe*, 12 de outubro de 2007.

[264] Sítio da *ANSA*, 12 de outubro de 2007.

[265] Sítio da *DPA*, 19 de maio de 2008.

[266] Furio Colombo, *Ultime notizie sul giornalismo*, Roma e Bari, Laterza, 1995, p. 24. Ver também, a este propósito, Jeremy Tunstall, *The Media Are American*, Londres, Constable, 1977, pp. 23–37.

[267] Sítio da UER, 10 de outubro de 2007.

UER representavam 54% do total[268]. Isto não impede que o rolo compressor constituído pela *APTN* e pela *Reuters Television* seja largamente dominante em matéria de fixação da «agenda» mundial da informação.

Convém ainda não esquecer a fotografia de informação e de ilustração. Durante um quarto de século, de fins dos anos 1960 a fins dos anos 1980-princípops dos anos 1990, a França dominou largamente o sector com as agências *Gamma*, *Sygma* e *Sipa Press*. Há uns dez-quinze anos, tudo mudou: hoje são as estado-unidenses *Corbis* (mais de 100 milhões de clichés e uma distribuição em mais de 50 países[269]) e *Getty Images* (mais de 70 milhões de clichés[270]) que dominam o sector, tendo adquirido, umas atrás das outras, as grandes agências francesas, britânicas ou alemãs. E, mesmo que a *Gamma* (integrada agora na *Eyedea*) e a *Sipa Press* continuem a ser francesas (tanto em termos jurídicos como de propriedade), pelo menos por enquanto, o papel delas no plano mundial desagregou-se seriamente.

Paralelamente, as agências mundiais de informação passaram também a assumir um papel cada vez mais importante no sector da fotografia, sobretudo a partir de 1985. Mas, como vimos, o centro de gravidade do poder nesta matéria deslocou-se para os Estados Unidos. Embora haja a assinalar o caso da *EPA* (European Pressphoto Agency), iniciativa europeia transnacional lançada em 1985 e relançada como estrutura autónoma em 2003, que tem sede em Francoforte (na Alemanha) e assume um papel importante nesta área da informação (uma média de 750 fotos distribuídas todos os dias[271])[272].

[268] *Annuaire 2004 de l'UER*, Genebra, p. 23.

[269] Sítio da *Corbis*, 10 de outubro de 2007.

[270] *Getty Images* mudou de proprietário a 25 de fevereiro de 2008, mas manteve o seu estatuto estado-unidense (*Le Monde*, Paris, 27 de fevereiro de 2008, p. 15).

[271] Sítio da *EPA*, 10 de outubro de 2007.

[272] Sobre «o papel das agências de informação» e a atualização dos dados factuais que lhes dizem respeito, ver J.-M. Nobre-Correia, *Teoria da Informação Jornalística*, Coimbra, Almedina, 218, pp. 67-138.

A regra e as exceções

A situação é relativamente comparável no que diz respeito à imprensa diária. São títulos como o *International Herald Tribune* e o *Wall Street Journal*, ambos estado-unidenses (se bem que o primeiro, agora propriedade do *New York Times*, tenha historicamente sede em Neuilly-sur-Seine, na região parisiense), que dominam a cena mundial: o *IHT* difunde assim 30 073 exemplares em França, mas 210 690 no estrangeiro[273]; o *WSJ Europe*, com sede em Bruxelas, difunde 87 059 exemplares[274]. Face a eles, o britânico *Financial Times* conseguiu impor-se no plano internacional, realizando 30,4% da sua difusão na Europa (excluindo o Reino Unido: 134 259 exemplares) e 38,5% (169 952) fora da Europa[275]. Os outros grandes diários de origem europeia atingem, porém, níveis de difusão bastantes modestos fora das fronteiras nacionais: 50 577 exemplares para o *Corriere della Sera*, 35 398 para *La Repubblica* e 1995 para *La Stampa*[276]; 38 494 para *Le Monde*, 10 883 para *Le Figaro* e 5785 para *Libération*[277]; 21 676 para *El Pais*, 3782 para *El Mundo*, 2175 para *Abc* e 1688 para *La Vanguardia*[278]; 85 para o *Diário de Notícias* e um para o *Público*[279].

Situação idêntica no que se refere à imprensa periódica (não diária): são igualmente os estado-unidenses *Time*, *Newsweek* e outros *Business Week* que dominam a cena mundial. O britânico *The Economist* conseguiu impor-se no plano internacional de há anos a esta parte, difundindo 1,306 milhões

[273] OJD, Paris, números relativos ao ano de julho de 2006-junho de 2007.

[274] ABC, Londres, números relativos a janeiro-junho de 2007.

[275] ABC, Londres, números relativos a agosto de 2007.

[276] ADS, Milão, números relativos ao ano 2005.

[277] OJD, Paris, números relativos ao ano de julho de 2006-junho de 2007.

[278] *Notícias de la Comunicación*, Madrid, nº 270, junho de 2007, p. 32, números relativos ao ano de 2006.

[279] APCT, Lisboa, números relativos a janeiro-dezembro de 2007. Os números referentes aos outros diários «nacionais»: 151 para o *Correio da Manhã*, 87 para o *Jornal de Notícias* e 10 para o *24 Horas*. Números que falam por si próprios...

de exemplares em 2007[280], dos quais mais de quatro quintos fora da Grã-Bretanha e mais de meio milhão nos Estados Unidos[281]. E não é a larga implantação dos magazines femininos franceses (sobretudo *Elle* e *Marie-Claire* que publicam, respetivamente, 39 e 28 edições diferentes) que nos poderá consolar: o impacto deste tipo de publicações é claramente menos relevante em termos políticos, económicos e culturais[282].

O poder dos Estados Unidos em matéria de televisão é por demais evidente. Não só no que diz respeito aos programas que invadem os nossos ecrãs, mas também no que se refere à informação. Para além das agências de imagens de televisão já evocadas, a primeira televisão de informação contínua no mundo foi a *CNN*, lançada por Ted Turner, a 1 de junho 1980. Desde então, o número de estações estado-unidenses implantadas na União Europeia é enorme: recordemos todas as televisões de informação económica, como a *Bloomberg* ou a *CNBC*, todas as televisões musicais, como a *MTV* ou a *VH1*, todas as televisões de documentários, como a *National Geographic*, a *Discovery*, a *Odyssey* ou a *Biography*, todas as televisões para crianças, como a *Cartoon Network* ou a *Nickelodeon*[283]...

As iniciativas transnacionais

Perante esta avalancha – e para nos limitarmos apenas às televisões de informação geral –, foi preciso esperar onze anos para que a *BBC* lançasse a *BBC World Service Television* em 1992, em que a informação constituía um aspeto menor da programação, só passando a ser a componente dominante

280 *Le Monde*, Paris, 16 de fevereiro de 2008, p. 15.

281 Sítio de *The Economist*, 28 de setembro de 2007.

282 Poderia evidentemente citar-se o caso de *Le Monde diplomatique* e das suas 71 edições (em papel e em linha) em 25 línguas através do mundo, totalizando uma tiragem de 2,4 milhões de exemplares (publicidade publicada no *Le Monde*, Paris, 4–5 de maio de 2008, p. 9). Mas o seu «leitorado» situa-se demasiado numa área [*mouvance*] alternativa para que possa ter um papel de prescritor de «agenda».

283 Ver, por exemplo, a este propósito, *Television 2007*, 14.ª ed., Luxemburgo, IP e RTL Group, 2007, 486 p.

com a mudança de nome para *BBC World*, a 16 de janeiro de 1995. Enquanto a França lançou a *France 24* apenas a 6 de dezembro de 2006, vinte e seis anos depois da *CNN* (embora a franco-belga-suíça-canadiana *TV 5 Monde*, lançada a 2 de janeiro de 1984, assumisse já um papel não de somenos importância no plano internacional). Uma situação que, em termos de estimativa de audiência, se traduz de maneira de certo modo contrastada: a *CNN* é captável por 260 milhões de fogos, a *BBC World* por 281 milhões, e a *France 24* por 80 milhões (enquanto a *TV 5 Monde* o é por 176 milhões)[284]...

Uma única iniciativa escapou a esta origem puramente nacional: *Euronews*, estação com sede em Lião [*Lyon*], em França, é, desde o início (1 de janeiro de 1993), controlada por várias estações nacionais de televisão e emite com diferentes canais de som: alemão, castelhano, francês, inglês e italiano (logo no primeiro dia), português (desde 1999) e russo (desde 2001). *Euronews* é de facto uma iniciativa europeia (e, mais exatamente, plurinacional), praticando uma abordagem da atualidade claramente europeia (isto é, não nacional) e alcançando uma audiência europeia (concretamente transnacional). A ausência de protagonismo (tanto na apresentação dos jornais como na maior parte dos diversos magazines), assim como a prática muito comedida dos «diretos», impedem, porém, que afirme fortemente a sua identidade própria numa área em que a identificação do público com os que têm visibilidade na produção do média é particularmente forte, possa embora a sua audiência atingir 189 milhões de fogos[285].

Ora, a televisão continua a ser o média dominante em matéria de informação dirigida ao «grande público» (de todas idades, géneros, níveis de instrução e meios socioprofissionais), aquele que impõe a sua «agenda» (a sua ordem do dia), a sua hierarquia da informação e os temas que «farão»

[284] *Le Monde*, Paris, 11 de outubro de 2007, p. 23. Note-se que a *Deutsche Welle TV*, lançada a 1 de abril de 1992, passou a emitir 24 horas por dia em 1995, em três línguas: 12 horas em alemão, 10 em inglês e 2 em castelhano. Todavia, a germano-austríaco-suíça *3 Sat*, lançada a 1 de dezembro de 1984, assumia já um papel de certa importância a nível transnacional.
[285] *Le Monde*, Paris, 11 de outubro de 2007, p. 23.

a atualidade para uma maioria de cidadãos. Mas a televisão é também um importante média prescritor de estilos de vida, de modelos culturais, de lazeres. E é certo que nestas matérias as iniciativas de origem europeia existem (*Eurosport*, *MCM*, *Mezzo*, *BBC Prime*,... por exemplo), sendo porém a repercussão internacional que elas alcançam globalmente limitada em termos de audiência.

Uma avalancha em linha

Porém, nos nossos dias, não se pode deixar de falar de média sem evocar a internet. E, nesta matéria também – e mais do que nos outros sectores –, a dominação estado-unidense é esmagadora, quanto mais não seja em termos de informação, onde *Google* (lançado a 15 de setembro de 1997: 605,576 milhões de visitantes únicos em fevereiro de 2008), *MSN* (em agosto de 1995: 542,751 milhões), *Yahoo* (em janeiro de 1994: 487,573 milhões) e *AOL* (em outubro de 1991: 240,810 milhões[286]) dominam como motores de pesquisa e portais de informação que «aspiram», aliás, à produção das agências de informação, como dos diários e dos restantes média[287]. E o facto de *Google* e de *Yahoo* terem assinado, em finais de agosto de 2007, contratos com a *AP* e a *AFP* [288] (e, no caso de *Google*, também com a britânica *Press Association* e a *Canadian Press*[289]) é de natureza a aumentar ainda a importância do papel que já assumem nesta matéria...

Paralelamente, a situação referente aos sítios na internet é também significativa do desequilíbrio «regional» nesta matéria: em meados de outubro de 2007, dos 1 105 173 sítios recenseados pelo Open Directory Project, 685 330 têm como origem a América do Norte (ou seja, 62,0%) e apenas

[286] *L'Écho*, Bruxelas, 11 de abril de 2008, p. 3.

[287] *Le Monde*, Paris, 21 de julho de 2007, pp. 1 e 12.

[288] Anouch Seydtaghia, «Face à Google, le dilemme des sites de presse», in *Le Temps*, Genebra, 25 de setembro de 2007.

[289] *El País*, Madrid, 6 de setembro de 2007, p. 34.

262 159 a Europa (23,7%)[290]. O que quer dizer que a maioria da informação e da documentação consultadas em linha por cidadãos europeus tem origem nos EUA, nos cidadãos estado-unidenses, e por isso mesmo uma conceção de prioridades e uma maneira de abordar os assuntos que traduzem naturalmente as sensibilidades e as necessidades deles, e não as dos indivíduos que vivem do lado de cá do Atlântico.

Ora, como escrevia, há já algum tempo, o sociólogo e crítico dos média estado-unidense Herbert Schiller [1919-2000], «uma nação cujos média são dominados pelo estrangeiro não é uma nação»[291]. Desde logo, antes mesmo de sonhar em dominar o mundo (o que não é forçosamente desejável), poderá a União Europeia constituir-se como nação, sem se dotar de um sistema mediático forte onde possa afirmar a sua identidade, mas também a sua conceção plural própria da democracia política, da democracia social e da democracia cultural?

A viabilidade de um projeto

Mais concretamente: poderá a União Europeia dispensar-se de se dotar de um aparelho de recolha, de tratamento e de difusão da informação (dito de outro modo: de agências de informação) de natureza a impor-se no plano mundial ou, pelo menos, a permitir-lhe fazer contrapeso à importância das agências estado-unidenses? Poderá a União Europeia, na sua governança quotidiana da vida política, económica e sociocultural, continuar a servir-se de um sistema de informação cuja arquitetura não traduz as suas próprias necessidades, mas sim as dos concorrentes mais diretos? Poderá a União Europeia desdenhar uma abordagem própria da atualidade do mundo, de uma «agenda» estabelecida em função da sua própria posição no mundo?

[290] Sítio da DMOZ (Open Directory Project), 12 de outubro de 2007.

[291] Citado por Ignacio Ramonet, *Le Chewing-gum des yeux*, Paris, Alain Moreau, 1980, p. 16. Ver igualmente, a este propósito, Jeremy Tunstall, *The Media Are American*, pp. 262–276.

Poderão os próprios média de informação da União Europeia continuar a cobrir a atualidade segundo «agendas» e grelhas de leitura que são antes de mais as da potência norte-americana? Poderão os ditos média de informação continuar a prestar tanta atenção aos factos mais anódinos que têm lugar nos Estados Unidos e «esquecer» afrontosamente factos importantes da vida política, económica e sociocultural que têm lugar nos países-membros da União Europeia, factos estes que têm uma incidência mais direta na nossa própria vida quotidiana[292]?

Poderão estes mesmos média, e mais particularmente a televisão e o cinema, abster-se de se dotarem de uma visão europeia da sociedade, da vida quotidiana e da vida no mundo? Abster-se de proporem ou de, pelo menos, mostrarem ao resto do mundo o que constitui a identidade europeia, a sua cultura «plurifacetada» mas comum, o seu estilo de vida multiforme mas específico? Continuar a ignorar (ou pelo menos a esquecer) a necessidade imperiosa de dotarem a União Europeia de estruturas transnacionais de produção e de distribuição em matéria de ficção e de documentário para o cinema e para a televisão?

Mas, para além destes desafios face aos Estados Unidos e ao resto do mundo (nomeadamente os principais países emergentes, que não deixarão

[292] Em fevereiro-março de 2008, foi particularmente significativo constatar que o número de páginas e de primeiras páginas consagradas às «primárias» nos Estados Unidos foi muito mais importante do que o consagrado às eleições em quatro países da União Europeia. As eleições legislativas em Espanha e em Malta (ambas a 9 de março) e em Itália (a 13-14 de abril) foram mais ou menos ignoradas. Tal como foram as eleições municipais em França (a 9 e 16 de março), primeiro teste à política do novo presidente da República. A constatação foi ainda mais chocante para a rádio e sobretudo a televisão, que multiplicaram as correspondências, as reportagens e os diretos a propósito das ditas «primárias»...

Ora, na mesma altura, os média europeus propunham aos seus públicos uma série de informações sobre a demissão, a 12 de março, do governador do estado de Nova Iorque, no seguimento da revelação das suas relações com prostitutas. Enquanto a 15 e a 16 de março deram uma certa importância ao desmoronamento de uma grua sobre um edifício de Nova Iorque...

de querer afirmar-se nas diversas áreas dos média), a União Europeia será também confrontada com o desafio que consiste em procurar aprofundar a sua própria união, a sua própria federalização, numa altura em que os média favorecem antes do mais a fragmentação sociocultural das audiências.

Uma interrogação premente

Embora contrastada, a tendência geral no que diz respeito à imprensa diária é já há bastantes anos a de uma descida considerável das audiências. E o sobressalto positivo da imprensa diária gratuita – mais preocupada com o entretenimento e com a informação de proximidade e globalmente pouco sensível à informação internacional, macroeconómica e cultural – não é de molde a compensar tal tendência geral. Por seu lado, a imprensa periódica magazine é por natureza diversificada, altamente segmentada, dirigindo-se a públicos cada vez mais específicos. E, de qualquer modo, quer em matéria de imprensa diária, quer em matéria de imprensa periódica, o pluralismo linguístico da União Europeia impedirá sempre a existência de verdadeiras publicações de caráter europeu com larga audiência, para além, portanto, do círculo restrito das elites dirigentes[293].

Quanto ao chamado audiovisual, desde os anos 1970-80 que – como consequência natural da desmonopolização e da liberalização do sector – a rádio e a televisão têm evoluído no sentido de uma proliferação das emissoras, proliferação que teve como consequência notória a fragmentação das audiências[294]. E a adoção do digital terrestre (ou hertziano) só veio aumentar esta fragmentação.

[293] J.-M. Nobre-Correia, «Des journaux européens?» in François Féron e Armelle Thoraval (org.), *L'État de l'Europe*, La Découverte, Paris, 1992, p. 287.

[294] Assinalemos a iniciativa lançada em abril de 2008 sob a égide da *Radio France Internationale* e da *Deutsche Welle*, com o apoio da Comissão Europeia: a criação de Euranet, um consórcio de dezasseis rádios de treze países da União Europeia que procedem a trocas de programas e difundem diariamente trinta a sessenta minutos de programas europeus (*Le Monde*, Paris, 9–10 de março 2008, p. 35 de TV & Radio).

O média mais recente, a internet, afirma-se com pelos menos duas diferenças essenciais em relação aos anteriores. Logo de início, a internet foi um média prolífero, plural, no que diz respeito aos editores ou emissores de conteúdos (contrariamente aos média precedentes, cujas proliferações só se operaram longos decénios depois do aparecimento). Se a rádio e a televisão (e até de certo modo à imprensa), foram durante muito tempo objeto de um acesso coletivo, familiar, em grupo, a internet caracteriza-se por uma individualização das práticas de acesso aos seus conteúdos.

A partir dos anos 1950-60, o cinema foi perdendo lentamente a sua característica de espetáculo que reunia largos públicos em salas que eram, aliás, na maior parte das vezes, particularmente vastas. E a evolução do sector da televisão e da internet só poderá favorecer a fragmentação (temporal) do público e um acesso cada vez mais individualizado.

Como se a fragmentação linguística do espaço europeu não bastasse, a fragmentação das audiências dos velhos média «de massa» em nada facilitará a construção de um espaço comum europeu nos planos social e cultural. E em nada facilitará, como é evidente, a afirmação da Europa no plano internacional perante as potências ou hiperpotências atuais e aquelas de que se entrevê já a emergência...

Desde logo, a questão que se põe com cada vez mais acuidade é a de saber quais são as perspetivas futuras do projeto europeu, qual a viabilidade deste mesmo projeto europeu. O que faz que a interrogação sobre o porvir dos média na Europa seja incontestavelmente premente. Embora as respostas unívocas não pareçam evidentes...

Texto revisto, aumentado e traduzido pelo autor

Texto baseado na lição de encerramento proferida pelo autor no seminário da Universidad Internacional Menéndez Pelayo (UIMP) sob o tema «Europa ante el desafio de la reordenación del sistema mediático», a 15-20 de outubro de 2007, em Pontevedra.

Edição original: «Europe: des médias sous influence», in *Politique*, Bruxelas, nº 54, abril de 2008, pp. 64-67.

«União Europeia: Uma afirmação problemática», in *Jornalismo e Jornalistas*, Lisboa, nº 34, abril-junho de 2008, pp. 22-29.

«L'Europa dei media? Forse è ancora da fare», in *Problemi dell'informazione*, Bolonha, ed. Il Mulino, vol. XXXIII, nº 3, setembro de 2008, pp. 369-379.

«La Construcción de Europa. Una reafirmación problemática a través de la comunicación», in *Telos, cuadernos de comunicación e innovación*, Madrid, ed. Fundación Telefónica, nº 78, janeiromarço de 2009, pp. 44-51.

«Union européenne: des médias sous influence», in *Les Cahiers du Journalisme*, Lille e Québec, ESJ e Université Laval, nº 20, outono de 2009, pp. 154-165.

17
Fomentar uma nova dinâmica

É geralmente aceite o princípio de que há uma forte interdependência entre a qualidade da informação praticada num país e a maior ou menor solidez da sua democracia. E, em Portugal, muito há a fazer em matéria de média...

Os disfuncionamentos da democracia portuguesa são muito evidentes. Há mesmo quem diga que o sistema político nascido no pós-25 de Abril é uma caricatura de democracia. E isto se a noção disser respeito não só aos seus aspetos institucionais, mas também aos económicos, sociais, culturais e políticos.

Várias explicações são avançadas para este estado de coisas. O claro baixo nível cultural da população, consequência de um ensino deficiente (em termos de duração, primeiro, e de qualidade, de seguida). O facto de as estruturas ligadas aos partidos, sindicatos, ordens, fraternidades e demais grupos de pressão terem tomado conta das estruturas do aparelho de Estado. A notória ausência de cultura democrática, depois de uma Primeira República demasiado conturbada, de um Estado Novo salazarista ditatorial e de uma Segunda República nascida mais num clima de injunção excludente do que num ameno e salutar confronto de posições.

Muitas outras explicações são avançadas, e nomeadamente a que diz respeito ao estado dos média e do jornalismo em Portugal. Limitemo-nos aqui a evocar sobretudo as estruturas da imprensa generalista e a relação da imprensa dita «nacional» com a informação regional.

Uma posição pouco invejável

Em matéria de imprensa, Portugal ocupa no plano europeu uma posição pouco invejável. Segundo os últimos dados da ENPA (European Newspaper Publishers' Association), Portugal é o penúltimo classificado numa lista de 29 países no que se refere à difusão de diários a pagamento por mil adultos da população, só a Roménia obtendo pior classificação. E o que é de certo modo ainda mais significativo é que Portugal tem um consumo de diários quase 8,5 vezes inferior ao do país que ocupa o primeiro lugar, a Noruega.

DIÁRIOS A PAGAMENTO: DIFUSÃO / ADULTOS (EXEMPLARES POR MIL) MÉDIA TOTAL[295]

Noruega	447	Estónia	186	Lituânia	103
Finlândia	425	Irlanda	177	Grécia	102
Suécia	373	Sérvia	176	Espanha	89
Suíça	297	Bulgária	170	Polónia	86
Áustria	278	Bélgica	147	Itália	85
Alemanha	262	Hungria	145	Eslováquia	82
Luxemburgo	262	Eslovénia	140	Ucrânia	62
Reino Unido	261	França	133	Portugal	53
Países Baixos	244	República Checa	126	Roménia	43
Dinamarca	211	Croácia	108		

Obtendo embora resultados bastante medíocres, os outros países da mesma área cultural (latina, católica), geograficamente próximos (Espanha, França, Itália), conseguem, apesar de tudo, classificar-se bem melhor do que Portugal.

[295] ENPA (European Newspaper Publishers' Association), *Annual Report 2012*, Bruxelas, 2013 (?), p. 7 / Media on the Move, p. 30.

Paralelamente, a configuração da paisagem impressa generalista portuguesa (isto é: de informação geral – política, económica, social, cultural, desportiva,...) é espantosamente disforme. A imprensa diária existe apenas em Braga (dois títulos), no Porto (dois), em Aveiro (um), em Viseu (um), em Coimbra (dois), em Leiria (um), em Lisboa (quatro) e em Évora (um), aos quais há a acrescentar os da Madeira (dois) e os dos Açores (quatro). Dito de outro modo: exceção feita do *Diário do Sul*, em Évora, a imprensa diária só existe na faixa costeira a norte de Lisboa. Todo o resto do país, toda a larga faixa ao longo da fronteira espanhola e todo o Sul do Tejo (com exceção de Évora) são totalmente desprovidos de imprensa diária própria!

Para acentuar o trágico da situação, os diários pretensamente «nacionais» têm níveis baixíssimos de difusão paga da edição impressa (dados APCT de janeiro-junho 2013)[296]:

Correio da Manhã	113 097 exemplares
Jornal de Notícias	66 852
Público	24 052
Diário de Notícias	23 473
I	5251

[296] A título de comparação, vejamos o caso da Bélgica, país com uma população idêntica à de Portugal, mas que não dispõe de língua própria e que partilha as línguas de três países limítrofes: seis milhões têm o neerlandês como língua oficial, quatro milhões o francês e 85 mil o alemão. Assim sendo, os seus cidadãos podem perfeitamente decidir ler diários «nacionais» do país da sua área linguística e não os do seu próprio país (CIM janeiro–dezembro 2012):

Het Laatste Nieuws 283 715 exemplares
Het Nieuwsblad 260 535
De Standaard 92 142
De Morgen 51 741
Le Soir 72 904
La Dernière Heure 55 313
La Libre Belgique 38 616

Ora, esquematicamente, estes diários têm uma implantação em termos de difusão que se situa antes do mais na zona urbana em que são publicados: a Grande Lisboa e o Grande Porto. Pelo que a sua difusão no Portugal «do interior» é inacreditavelmente diminuta. Os dados referentes aos dois distritos da Beira Interior, por exemplo, são bastante elucidativos a este propósito (dados APCT de janeiro-junho 2013):

	Castelo Branco	Guarda
Correio da Manhã	2176	1504 exemplares
Diário de Notícias	1064	518
Jornal de Notícias	70	230
Público	162	116
I	52	18

Um «interior» desconhecido

Estes dados, de uma pobreza incrivelmente franciscana, são consequência de uma distribuição pouco eficiente e particularmente insatisfatória. Mas resultado também da ausência de edições regionais dos diários ditos «nacionais»[297], edições com cadernos autónomos de informação e publicidade regionais, ou pelo menos de páginas diferenciadas de uma edição regional para outra[298]. E, como se isto não bastasse, a informação local e regional proveniente do Portugal «do interior» pouca importância merece

[297] Com a exceção das muito modestas edições de Lisboa e do Porto do *Público*.

[298] Consideremos ainda o exemplo da Bélgica: salvo uma exceção, os diários «nacionais» belgas publicam diariamente cinco a treze edições regionais com conteúdos editoriais e publicitários diferentes. E isto num país com uma superfície três vezes mais pequena do que Portugal. Ou melhor: numa Bélgica neerlandófona que será umas oito vezes mais pequena do que Portugal e numa Bélgica francófona umas cinco vezes mais pequena. O elemento linguístico é com efeito determinante em matéria de leitura de jornais: os diários de cada uma das comunidades não atravessam praticamente a fronteira linguística com a outra comunidade...

por parte dos diários ditos «nacional»[299]. «Amor com amor se paga»: os leitores da Beira Interior manifestam o seu desinteresse pelas «aventuras» do microcosmos lisboeta ou, na melhor das hipóteses, do litoral centro-norte.

Esta situação de pobreza informativa poderia evidentemente ser compensada por uma imprensa diária generalista regional. Só que, aqui também, os dados referentes à difusão paga da edição impressa são tristemente baixos (dados APCT de janeiro-junho 2013)[300]:

Diário de Notícias Madeira	10 044 exemplares
Diário de Coimbra	7444
As Beiras (Coimbra)	5310
Diário do Sul (Évora)	4990
Diário de Aveiro	2967
Açoriano Oriental	2853

Os outros diários regionais (no continente: *Correio do Minho* e *Diário de Minho*, em Braga, *Primeiro de Janeiro*, no Porto, *Diário de Viseu* e *Diário de Leiria*; nas ilhas: *Jornal da Madeira*, *Correio dos Açores*, *Diário dos Açores* e *Diário Insular*) não se submetem ao controlo da APCT, o que deixa prever resultados ainda mais baixos.

É evidente que nem só a imprensa diária se encontra em condições de informar corretamente os cidadãos. Também a imprensa periódica (não diária), as rádios, as televisões e os média de informação em linha são de

[299] Ver, a este propósito, J.-M. Nobre-Correia, «Compreender a fragilidade para procurar superá-la», in *Jornalismo e Jornalistas*, Lisboa, nº 28, outubro–dezembro de 2006, pp. 6–11.

[300] Uma vez mais, vejamos as difusões pagas dos maiores diários regionais da Bélgica neerlandófona e da Bélgica francófona (CIM janeiro-dezembro 2012):

Het Belang van Limburg (Hasselt) 94 650 exemplares
Gazet van Antwerpen (Antuérpia) 92 784
Sud Presse (Namur) 99 028
L'Avenir (Namur) 87 527

natureza a assumir esta função. Mas a imprensa periódica generalista em Portugal é ela também rara e com fraca difusão. E, no caso dos periódicos regionais, sete semanários apenas em todo o país fazem controlar as suas difusões pagas pela APCT (o que traduz a fraca importância destas difusões das edições impressas dos outros), sendo os dois principais precisamente editados na Beira Interior (dados APCT de janeiro-abril 2013):

Reconquista (Castelo Branco)	10 219 exemplares
Jornal do Fundão	9862

Quanto a rádios, televisões e média em linha, as iniciativas existentes no Portugal «do interior» são pouco relevantes em termos de informação jornalística no sentido pleno e forte da palavra, havendo embora um sem-número de iniciativas meio amadora-meio profissionais que mereceriam mais atenção e apoio da parte da administração pública.

A trágica situação que este conjunto de dados revela deveria supor da parte dos meios dirigentes do país (governantes, meios políticos, meios económicos, sociedade civil) um empenhamento com vista a procurarem fomentar uma nova dinâmica. Para que a informação venha realmente à luz do dia. Para que circule largamente entre os cidadãos. Para que seja um vasto cadinho de debates e um são confronto de ideias. Para que exerça o papel que é o seu em democracia de contrapoder dos poderes constituídos, de modo que estes não sejam tentados a abusar do estatuto que é o seu.

O estado desolador em que se encontra a paisagem mediática portuguesa é não só consequência de uma tradição altamente centralizadora da vida pública, particularmente reforçada pelas diretivas da censura salazarista, mas também resultado de três situações importantes: a ausência de tipografias adequadas à produção de diários ou semanários de larga difusão fora de Lisboa e do Porto, situação que, sem ser totalmente insuperável, constitui, no entanto, um fator que em nada favorece a criação de novos jornais; a estrutura perfeitamente insatisfatória da distribuição da imprensa, sobretudo no Portugal «do interior»; a quase ausência de uma estrutura de natureza a favorecer a aquisição por assinatura dos jornais (fator favorável à situação financeira dos editores) e a distribuição porta a porta (fator favorável a um acesso matinal fiável aos jornais por parte do leitor).

Todavia, esta situação geral não é de modo algum irreversível. E é tanto mais indispensável e mesmo urgente superá-la quanto a cobertura da atualidade local e regional constitui uma condição essencial do desenvolvimento económico e sociocultural do Portugal «do interior». E que a criação de uma dinâmica plural em matéria de informação geral constitui uma condição indispensável do bom funcionamento de uma democracia moderna pluralista.

Procurar relançar o sector

Há pois que favorecer o lançamento de novos diários e semanários (em papel e/ou em linha) de grande difusão no Portugal «do interior»; favorecer a criação de edições regionais (em papel ou em linha) dos diários «nacionais» de Lisboa e do Porto; favorecer a cobertura da atualidade do Portugal «do interior» nos média nacionais.

Uma primeira proposta com vista a progredir neste sentido consistiria em criar um Fundo para a Informação Regional (FIR). Este Fundo seria alimentado por fundos de origem pública: fundos de desenvolvimento regional e outros da União Europeia; fundos diversos do Estado Português; outros... Mas também por fundos de origem privada: percentagem das receitas de publicidade das estações de televisão; percentagem das receitas de publicidade dos diários e semanários gratuitos; imposição sobre a venda de tecnologias de telecomunicação (telemóveis, antenas parabólicas, redes de cabo, computadores, fornecedores de acesso à internet,...); imposição sobre as receitas dos operadores de telecomunicações; contribuições voluntárias de empresas, dedutíveis da imposição fiscal; contribuições voluntárias de fundações privadas; outros...

Este fundo poderia ser solicitado pelas empresas de média já existentes, desejosas de tomarem iniciativas concretas em matéria de cobertura da informação do Portugal «do interior» e sobretudo em matéria de edições regionais. Mas também pelos projetos de lançamento de novos diários, semanários ou média em linha regionais.

No caso das empresas de média já existentes, as intervenções do Fundo visariam: lançar edições regionais autónomas, dotadas de cadernos (em papel e/ou em linha) específicos inteiramente consagrados à atualidade de uma região precisa; aumentar o número das páginas do jornal consagradas à informação sobre o Portugal «do interior»; alargar os efetivos da redação com vista exclusivamente a ampliar o âmbito da cobertura da atualidade do Portugal «do interior»; aumentar o número de correspondentes permanentes locais profissionais a tempo inteiro nas regiões do Portugal «do interior».

Estas intervenções do Fundo seriam feitas anualmente e por um máximo de três anos, sob a forma de empréstimo, sem taxa de juro e sem implicações no plano da imposição fiscal. Estes empréstimos deveriam ser reembolsados ao Fundo no prazo de dez anos a contar da data da atribuição do primeiro empréstimo.

No caso dos projetos de lançamento de novos diários ou semanários regionais (em papel e/ou em linha), os empréstimos do Fundo seriam atribuídos a sociedades especialmente constituídas com o objetivo de lançar um diário regional ou um semanário regional, dotado de uma edição em linha igualmente consagrada à informação regional e funcionando em sinergia com a publicação em papel. Mas também a sociedades constituídas obrigatoriamente por equipas de jornalistas, de comerciais e de gestores, em que cada uma destas três componentes deveriam ser acionistas em proporções definidas por elas próprias.

As modalidades de intervenção

As atribuições de fundos a estas novas sociedades seriam feitas anualmente, durante um total de três anos e excecionalmente durante um total de cinco anos. O reembolso destes valores ao Fundo deveria ser feito no prazo de dez anos, a contar da data da atribuição do primeiro empréstimo, no caso de um empréstimo de três anos; ou no prazo de quinze anos, no caso de um empréstimo de cinco anos.

O montante dos fundos atribuídos não poderia ser superior a dois terços do capital da empresa, sendo a atribuição dos mesmos escalonada anualmente durante três ou cinco anos.

Durante os dez ou quinze anos que duraria o empréstimo (ou durante menos anos, caso o empréstimo tenha sido reembolsado antecipadamente), um representante do Fundo participaria nas reuniões do conselho de administração da sociedade na qualidade de observador, mas com direito de veto sobre as decisões passíveis de terem repercussões negativas na situação financeira da sociedade.

Os fundos seriam atribuídos mediante a apresentação de um projeto editorial, comercial e financeiro circunstanciado da sociedade. Este projeto seria obrigatoriamente acompanhado dos documentos oficiais comprovativos da seriedade de tal projeto, documentos emanados das empresas de que a publicação seria cliente: agência(s) de informação, empresa(s) de impressão, empresa(s) de distribuição, servidor(es) em linha, empresas subcontratantes diversas e outras...

Os projetos seriam estudados e avaliados pela direção do Fundo, composta por elementos independentes de indiscutível competência em matéria de média e mais particularmente em matéria de imprensa.

A atribuição do Fundo seria circunscrita anualmente a um número de projetos restrito e a um montante global igualmente limitado.

Por outro lado, e de maneira geral, a ajuda à imprensa diária e semanária generalista por parte do Estado poderia efetuar-se através de: uma participação degressiva nos custos do papel; uma participação degressiva nos custos de impressão; uma participação degressiva nos custos de expedição; uma subscrição a preço preferencial de assinaturas para as escolas e associações culturais; uma inserção obrigatória de publicidades de tipos específicos (a definir) das administrações públicas pagas a preço preferencial.

Mas também as empresas privadas poderiam participar neste apoio à imprensa diária e semanária generalista através da subscrição a preço preferencial de assinaturas coletivas para o pessoal da empresa, fiscalmente dedutível, assim como da inserção publicitária fiscalmente dedutível a partir de um certo número de inserções ou de montante financeiro (a definir).

O apoio à informação regional preconizado deveria idealmente favorecer o lançamento de três ou quatro diários de grande difusão (+/- 25 mil exemplares) no Norte e Centro (dois) da faixa interior do país, assim como nas regiões a sul do Tejo (um ou dois), bem como o lançamento de um ou dois semanários de grande difusão (+/- 15 mil exemplares) por província ou região autónoma onde esta situação porventura ainda não exista.

Para alcançar estes resultados ideais, duas estruturas teriam de ser criadas: a implantação de três ou quatro tipografias capazes de assumir a produção destes diários e semanários regionais; a criação de três ou quatro circuitos regionais de distribuição adaptados às necessidades de distribuição capilar destes diários e semanários regionais.

Estes dois tipos de estruturas poderiam ser criados graças à intervenção de fundos públicos: fundos da União Europeia em matéria de reconversão industrial e de criação de emprego; e fundos do Estado em matéria de reconversão industrial e de criação de emprego. Mas também de fundos privados: empresas de imprensa ligadas aos diários, semanários e outros periódicos da região; empresas de imprensa de Lisboa e do Porto interessadas em lançar edições dos respetivos diários na dita região; empresas exteriores ao mundo dos média interessadas no desenvolvimento da atividade industrial ligada à tipografia.

Os fundos de origem pública seriam reembolsáveis parcialmente e segundo um calendário de modo a permitir a rentabilização do investimento industrial.

Uma questão premente

A vida económica, cultural, social e política de um país só pode adquirir dinâmica e criatividade se a informação circular de maneira aberta e satisfatória dentro das fronteiras nacionais. Se esta informação traduzir um pluralismo de abordagem e de análise da atualidade, nomeadamente no que diz respeito à geografia do país. E se esta informação fizer eco do pluralismo de opiniões que atravessam a sociedade, em proveniência das mais diversas sensibilidades e dos mais diferentes quadrantes ideológicos. E só o pluralismo dos média poderá garantir condições favoráveis a esta circulação da informação...

Ao fomentar hábitos de leitura da imprensa sobretudo junto de jovens gerações com razoáveis níveis de escolaridade, tais iniciativas favoreceriam inevitavelmente a difusão dos diários «nacionais» existentes, que grande necessidade têm de alargar os volumes das suas vendas. Enquanto a criação de média de caráter regional daria certamente uma dinâmica nova à vida social, cultural, económica e política ao Portugal «do interior»...

Dir-se-á provavelmente que as propostas aqui avançadas de relançamento da informação nacional e regional supõem meios financeiros atualmente pouco disponíveis, dadas as dificuldades financeiras que o país atravessa. De qualquer modo, a questão da informação generalista e da paisagem mediática nacional pôr-se-á de forma cada vez mais premente. E há que enfrentá-la se quisermos paralelamente relançar também a noção de democracia no sentido pleno e plural da palavra...

Texto revisto e aumentado pelo autor

Edição original: «Incrementar a informação regional», in *Jornalismo e Jornalistas*, Lisboa, nº 37, janeiro-março 2009, pp. 28-31.

Edição revista e aumentada: «Repensar as estruturas», in *Notas de Circunstância*, nº 1, 5 de setembro de 2013.

18
O insustentável dilema

Os média e a publicidade têm histórias que se entrelaçam. Os editores solicitam a publicidade. Mas os jornalistas não gostam nada dela. Porém, este par bem mal harmonizado ainda deverá ter muito futuro...

Dizem os especialistas que a publicidade é filha da propaganda. Mas, enquanto a propaganda «visa obter a adesão a um sistema ideológico», a publicidade, por seu lado, visa «desenvolver ou manter uma clientela» de uma empresa ou agrupamento de empresas[301]. Pode, no entanto, acrescentar-se que, se a noção de publicidade comercial remonta à Antiguidade romana, as relações da publicidade com a imprensa datam de bem mais tarde, evidentemente. Que mais não seja porque a imprensa, no sentido de publicação periódica, só aparece mesmo no fim do século XVI (os mensários), início do século XVII (os semanários).

A partir desta época, os destinos da imprensa e da publicidade vão com efeito estar associados. Será puro acaso se aquele que é considerado como o fundador do primeiro semanário francês, em 1631, Théophraste Renaudot [1586-1653], criador de *La Gazette*, abriu também no ano anterior um «bureau d'adresses et de rencontre» («escritório de endereços e de

[301] B. De Plas e H. Verdier, *La Publicité*, Paris, PUF, 1968, pp. 5-6.

encontro», espécie de serviço de informações e de colocação em empregos, centralizador de ofertas e de procuras), e seja assim muitas vezes considerado como sendo também o fundador da publicidade em França? Para facilitar as operações deste «escritório», Renaudot publica aliás um *Inventaire des adresses du Bureau de rencontre où chacun peut donner et recevoir avis de toutes les nécessitéz et commoditéz de la vie et société humaines* («Inventário dos endereços do Escritório de encontro onde cada um pode dar e receber conselhos de todas as necessidades e comodidades da vida e sociedade humanas»)[302].

A «imprensa popular»

O destino das duas atividades (o relato da atualidade e a expressão de opiniões, por um lado, a divulgação de produtos e de serviços e a correlativa recomendação, por outro) passa a estar mais estreitamente ligado a partir do momento em que, sempre no século XVII, diversos jornais publicam anúncios para promover outras publicações do mesmo impressor-editor (livros e periódicos) ou de produtos benfazejos dizendo respeito à arte de tratar e de curar. E no decurso dos séculos XVII e XVIII encontram-se, aqui e ali, através da Europa, folhas inteira ou largamente consagradas aos anúncios, propondo os serviços mais diversos: casas à venda ou para alugar, cargos a ceder, guarda de doentes,... Como *The Publick Adviser*, lançado já em 1657 em Londres por Marchamont Nedham [1620-1678]. Ou como nos *Intelligenzblättern* alemães, cujo primeiro exemplo conhecido é o de Francoforte, lançado em 1722.

A publicidade verdadeiramente comercial dá entrada nos jornais por ocasião da criação no mesmo dia, 1 de julho de 1836, em Paris, dos diários *La Presse*, de Émile de Girardin, e *Le Siècle*, de Armand Dutacq. A história reteve Girardin [1806-1881] como sendo o criador da «imprensa a baixo preço». A sua análise é simples: «o preço de assinatura dos jornais diários não está em justa relação com a modicidade da renda média da grande

302 Muitas das referências deste texto provêm de J.-M. Nobre-Correia, *Histoire des Médias en Europe*, 10.a edição, Bruxelas, PUB, 2008, 368 p.

maioria dos leitores franceses que se compõem de proprietários rurais»[303]. Desde logo, para baixar o preço, Girardin procura fazer baixar os encargos fiscais aos quais são submetidos os editores. Não o conseguindo, decide recorrer à publicidade, inspirando-se numa prática já frequente em diversas publicações britânicas.

Doravante os jornais não terão apenas uma, mas duas fontes de receitas: as assinaturas (as vendas avulso são raras nessa época) e a publicidade. Girardin poderá assim dividir por dois o preço habitual de uma assinatura. E «bastarão poucas semanas para que Girardin e Dutacq saibam que o seu sucesso não é uma ilusão. Antes do fim do verão, serão os felizes proprietários dos dois jornais mais vendidos da imprensa parisiense. Sem tomarem leitores aos outros títulos: simplesmente vendendo os seus jornais aos que, antes, não compravam nenhum»[304].

Este novo modelo económico da imprensa assume uma dimensão diferente a 1 de fevereiro de 1863, por ocasião do lançamento do diário *Le Petit Journal*. Porque, para Moïse Polydore Millaud [1813-1871], trata-se de baixar o preço de venda do jornal para que seja três a quatro vezes menos caro do que o dos seus concorrentes. Condição essencial para que se possa assistir ao nascimento de uma «imprensa popular», o jornal passa a ser vendido antes do mais avulso e já não por assinatura. E, evidentemente, as receitas publicitárias desempenham um papel maior na estratégia económica da empresa. Um modelo económico que será igualmente aplicado em Portugal por ocasião do lançamento do *Diário de Notícias* por Eduardo Coelho [1835-1889], em 1 de janeiro de 1865[305]. Mas também, por exemplo,

[303] Citado por Elizabeth Cazenave e Caroline Ullmann-Mauriat, *Presse, radio et télévision en France de 1631 à nos jours*, Paris, Hachette, 1994, p. 25.

[304] Pierre Pellissier, *Émile de Girardin*, Paris, Denoël, 1985, p. 102.

[305] Ver, a este propósito, José Tengarrinha, *História da Imprensa Periódica Portuguesa*, 1.ª edição, Lisboa, Portugália, 1965, pp. 187-188; 2.ª edição, Lisboa, Caminho, 1989, pp. 213-215. Note-se que os responsáveis do *Diário de Notícias* persistem em afirmar que o jornal foi fundado a 29 de dezembro de 1864, quando de facto nesta data foi publicado

na Grã-Bretanha, com o *Daily Mail*, lançado por Alfred Harmsworth [futuro lorde Northcliffe, 1865-1922], a 4 de maio de 1896.

Conceitos diferentes

Para interessar um público popular e atingir uma difusão suficientemente importante de natureza a interessar os anunciantes, a fórmula editorial dos jornais vai mudar profundamente. Com Girardin, haverá menos atualidade parlamentar e editoriais, e mais atualidade judiciária. Millaud acrescentará a isso romances-folhetins (a fim de fidelizar os leitores) e crónicas; fará «subir» os *faits-divers*[306] para a primeira página; prestará uma atenção muito particular à vulgarização da ciência, da história, da geografia e da política, assim como à simplificação do estilo de escrita. Em 1890, *Le Petit Journal* ultrapassa o milhão de exemplares. O seu jovem concorrente, *Le Petit Parisien*, lançado em 1876, ultrapassa-o e dota-se em 1904 de um subtítulo proclamando que é «a mais forte tiragem dos jornais do mundo inteiro», atingindo os 3 031 312 exemplares no dia seguinte ao do armistício de novembro de 1918. Por seu turno, o jovem *Daily Mail*, em Londres, ultrapassa o milhão de exemplares a partir de 1901.

Após a Primeira Guerra Mundial, a imprensa vai porém ver-se confrontada a um recém-chegado à cena mediática: a rádio. Experimental antes da guerra, a rádio afirma claramente as suas ambições logo no pós-guerra. Globalmente, duas teses se confrontam então: a que considera que

apenas um «número-programa» anunciando para 1 de janeiro de 1865 o lançamento do novo diário.

[306] Que se saiba, os filólogos lusófonos ainda não se preocuparam em encontrar uma terminologia portuguesa para traduzir este termo francês. Os melhores dicionários franceses definem-no das seguintes maneiras. *Le Nouveau Petit Robert*: «os acontecimentos do dia (relacionados com os acidentes, delitos, crimes) sem ligação entre eles, fazendo objeto de uma rubrica nos média.» *Lexis*: «notícias pouco importantes interessando uma pessoa ou um grupo restrito de pessoas.» *Le Petit Larousse*: «Acontecimento sem impacto geral que pertence à vida quotidiana.» *Le Nouveau Littré*: «conjunto de artigos de um jornal dizendo respeito aos acontecimentos do dia relativos à criminalidade, à delinquência, etc.»

a nova tecnologia deve fazer parte do domínio dos serviços públicos dos correios, telégrafos e telefones; e a que estima que a sua exploração deve pertencer à iniciativa privada. Por outro lado, há países que optam pelo monopólio da rádio de serviço público (Itália, Alemanha, Grã-Bretanha), outros pela coabitação legal do sector público e do sector privado (Portugal e Espanha), outros ainda por uma coabitação de facto dos dois sectores (Bélgica e França), outros enfim pelo monopólio privado (Luxemburgo).

A situação será diferente de um país para o outro no que diz respeito ao serviço público, fazendo alguns deles coabitar taxa de licença e publicidade (como na Alemanha, a partir de 1924). Mas, quando existem estações privadas, estas vão ter a publicidade como única (ou quase única) fonte de receitas. O que vai ter como consequência programações que se distinguirão cada vez mais: concertos, óperas, peças de teatro, emissões literárias, históricas, escolares e religiosas do lado das estações públicas; variedades, canções, jogos e humor nas estações privadas (caso nomeadamente da *Radio Luxembourg*, lançada a 15 de março de 1933 e com uma audiência transnacional[307]). O interesse do meio publicitário pela rádio é aliás posto particularmente em evidência pela participação da francesa Havas (simultaneamente agência de informação e concessionária de publicidade) no capital da *Radio Luxembourg*, mas também pela aquisição, em 1935, da *Radio Cité*, em Paris, por Marcel Bleustein [futuro Bleustein-Blanchet, 1906-1996], que tinha fundado a agência de «reclame» Publicis, em 1926.

A produção de massa

A utilização da rádio como veículo de propaganda, tanto antes como durante a Segunda Guerra Mundial, teve como consequência a nacionalização das estações praticamente por toda a parte na Europa. Concretamente com duas exceções: o Portugal salazarista e a Espanha franquista, onde,

[307] J.-M. Nobre-Correia, «Querela franco-belga em torno de uma luxemburguesa...», in *A Cidade dos média*, Porto, Campo das Letras, 1996, pp. 123–148.

paradoxalmente, continuam a coabitar rádios públicas e rádios privadas; e os micro-Estados, como Luxemburgo, Andorra e Mónaco, onde só as rádios privadas existem, por razões ligadas aos fracos meios de que dispõem as administrações públicas. O caso mais significativo em termos de publicidade é o de França. Porque, apesar de um estatuto legal que impunha o monopólio de serviço público (desprovido de publicidade), quatro estações privadas a emitirem do exterior imediato das fronteiras visam os ouvintes e os anunciantes franceses: *Radio Luxembourg*, *Radio Monte Carlo*, *Sud Radio* (emitindo a partir de Andorra) e *Europe 1* (emitindo a partir do protetorado francês do Sarre, antes que, por referendo, este seja integrado na Alemanha). E a publicidade será rainha nestas «rádios periféricas».

Um terceiro ator faz irrupção no campo mediático: a televisão. Nascida no seio das estações de rádio, terá quase por toda a parte um estatuto de monopólio, geralmente de serviço público (possa embora a estação ter um estatuto legal de empresa privada, como na Itália ou em Portugal[308]). Com a exceção, mais uma vez, do Luxemburgo e de Mónaco, onde tem um estatuto privado. Com a exceção também da Grã-Bretanha, onde, sob a pressão nomeadamente dos meios publicitários, é criada a *ITV* (Independent Television), espécie de federação de estações regionais nascidas a partir de 22 de setembro de 1955, que coabitará com a *BBC* (British Broadcasting Corporation), pública.

[308] A RTP (Radiotelevisão Portuguesa) foi criada como SARL, de que o Estado detinha 20 mil ações do capital, o Rádio Clube Português 9260, a Rádio Renascença 4630, os Emissores do Norte Reunidos 2310, o Rádio Clube de Moçambique 2310, os Emissores Associados 1400, a Rádio Ribatejo 30, a Rádio Polo Norte 30, o Posto Emissor de Radiodifusão do Funchal 20, a Rádio Clube de Angra 10, a Caixa Geral de Depósitos, Crédito e Previdência 2150, o Banco Nacional Ultramarino 2125, o Banco Espírito Santo e Comercial de Lisboa 2150, o Banco Fonsecas, Santos & Viana 2150, o Banco Lisboa & Açores 2150, o Banco Borges & Irmão 2150, o Banco José Henriques Totta 2150, o Banco Português do Atlântico 2150, o Banco Pinto & Sotto Mayor 1000, o Banco Burnay 1000, o Crédit Franco-Portugais 500, o Bank of London & South América 300 e o Armando Stichini Vilela 25 (*Estatutos da R.T.P. - Radiotelevisão Portuguesa S.A.R.L.* [escritura de 15 de dezembro de 1955]).

Desta vez, porém, a atitude em matéria de publicidade é contrastada: várias instituições públicas escolhem programar sequências publicitárias a fim de prover um média dispendioso em termos de produção e de funcionamento. Algumas delas recorrem à publicidade logo no início das suas emissões (caso da *RTP*[309]), outras terão acesso a ela bastante rapidamente, alguns anos depois da entrada em funcionamento.

Após uma fase de reconstrução das suas infraestruturas, a Europa Ocidental entra num período de expansão económica e de irrupção da produção de massa. E, para dinamizar a vida económica e ativar o consumo, a publicidade assume um papel motor decisivo. Desde logo, não é um acaso se *Télé Monte-Carlo*, a francesa *Europe 1*, *Télé Luxembourg*, a britânica *ITV* e a francesa *Sud Radio* são criadas entre 1954 e 1958, num momento em que as empresas comerciais procuram aceder à publicidade audiovisual e em que os criadores de novas estações têm o sentimento de que os anunciantes não poderão senão acolhê-las de braços abertos. A este momento-chave sucede outro que se pode situar em torno de 1968, quando – ironia da história[310] – a publicidade é introduzida na televisão, em França...

A partilha do «bolo»

Por volta do fim dos «trinta gloriosos» anos (como lhes chamou o economista e sociólogo Jean Fourastié), e mais precisamente em 1971, 81% do resultado de exploração de *Le Figaro* tinham como origem a publicidade, enquanto no *Le Monde* contribuía em 69%. Na Grã-Bretanha, em 1973, esta intervenção atingia 80% no *Financial Times*, 73% no *The Times*, 60% no *Daily Telegraph* e 57% no *The Guardian*[311]. Recordemos porém a este propósito

[309] O que estava previsto pelo artigo 3, alínea b dos Estatutos da Sociedade.

[310] Foi nesse ano que teve lugar o movimento que ficou na história como «Maio de 68», que desencadeou nomeadamente (e aparentemente) uma contestação radical da sociedade de consumo...

[311] Jean-Clément Texier, «Société et publicité», in Claude Vielfaure, *La Publicité de A à Z*, Paris, Retz, 1971, p. 413.

que é só em 1952 que *The Guardian* renuncia à sua primeira página publicitária e em 1966 que *The Times* o faz também, quando são considerados como os dois diários de referência por excelência da sociedade britânica...

Porém, este período de esplendor publicitário para a imprensa diária começa a dar sinais de enfraquecimento: a «crise económica» (dita «petroleira») começa a produzir os seus efeitos, enquanto a desmonopolização do sector audiovisual, com a criação de numerosas estações de rádio e de televisão, vai seriamente encetar a parte leonina do «bolo publicitário» que a imprensa açambarcava. E esta disputa feroz entre diários, periódicos, rádios e televisões coloca-os cada vez mais numa posição de dependência, e até de submissão, em relação à publicidade, aos publicitários e aos anunciantes: estes dispunham doravante de uma multiplicidade de escolhas possíveis sem comparação com todo o período precedente. Com o que isso significa em termos de encolhimento da margem de latitude dos editores, dos diretores e dos jornalistas na conceção dos seus média e no tratamento da informação.

Evidentemente, nem todos os média se encontram em situação idêntica: os média generalistas de larga difusão dispõem de uma margem de manobra bem maior perante as pressões dos anunciantes do que os média especializados de difusão restrita. Os primeiros contam com um leque de anunciantes suficientemente vasto para que a perda de um deles possa ter um impacto relativamente menor nas receitas publicitárias. Pelo contrário, um média especializado (sobre automóveis ou cinema, por exemplo) corre o risco de ver os anunciantes de um mesmo sector económico escaparem-lhe durante algum tempo ou mesmo definitivamente.

Esquematicamente, as pressões exercidas pelos publicitários e os anunciantes podem depender de quatro tipos de diligências: manifestar o seu descontentamento perante tratamentos da atualidade que lhes dizem respeito e não dão deles, das suas empresas, produtos e serviços a imagem que desejam propor; favorecer a publicação de «peças» e de «temas» redatoriais que os ponham em valor e globalmente positivos sobre as suas empresas; inspirar a criação de rubricas, suplementos, cadernos, emissões especiais, «diretos» consagrados às suas iniciativas (inauguração de feiras e salões, abertura de novas lojas, lançamento de novos produtos,...); e convidar os responsáveis dos média a procederem a reposicionamentos editoriais capazes de responder melhor aos alvejamentos[312] socioeconómicos das suas empresas[313].

O nó da questão

Esta capacidade de pressão e de intervenção aumenta a partir do momento em que o média se encontra em posição de fragilidade (baixa da difusão e da audiência, situação financeira deficitária,...). Mas também, evidentemente, a partir do momento em que tensões sociais e políticas fazem nascer incertezas a propósito do futuro ou do momento em que a conjuntura económica se torna sombria, situações que provocam uma redução sistemática dos meios financeiros que as empresas consagram à publicidade. Anunciantes e publicitários tornam-se então menos adeptos de operações de sedução em relação aos média e mais claramente partidários de negociações duras, a pulso, exigentes sobre as tarifas publicitárias praticadas pelos média como sobre as «trocas de boas maneiras» às quais estes média estariam dispostos em termos de informação e de emissões.

Perante tais exigências, o potencial de resistência dos média é fraco, porque a publicidade lhes permite praticar uma política de preços de venda aceitável pelos leitores: quando as 8 páginas (em grande formato[314]) do *Le Canard enchaîné* se fazem vender a 1,20 euros em França e as 16 páginas (em tabloide) de *Charlie Hebdo* pedem 2 euros, ambos sem

[312] *Ciblage* em francês, *targeting* em inglês.

[313] A concessionária de publicidade Régie Média Belge (RMB), dando parte dos desejos dos seus anunciantes, inspirou assim largamente o reposicionamento das cinco rádios da pública RTBF em fevereiro-abril de 2004.

[314] *Sabana* em castelhano, *grand format* em francês, *broadsheet* em inglês.

publicidade[315], *Le Monde* propõe uma média de 40 páginas (em berlinês[316]) a 1,40 euro e o *Libération* 40 páginas (em tabloide) a 1,30. Enquanto a britânica *BBC* (cujas televisões destinadas ao estrangeiro são as únicas que praticam a publicidade, sendo as destinadas ao interior totalmente desprovidas) dispõe de uma taxa de licença anual de 195,36 euros, em França as rádios públicas (sem publicidade) e as televisões públicas (com publicidade[317]) obrigam os detentores de recetores a pagarem apenas 116,00 euros.

O nó da questão reside aqui: a publicidade intervém fortemente na conceção editorial dos média e no tratamento da informação. Mas, sem publicidade, a imprensa diária francófona belga, por exemplo, seria obrigada a praticar preços de venda de pelo menos 1,5 a 2,4 vezes superiores àqueles a que os leitores estão habituados[318]. E muito dificilmente se imagina que a maioria destes leitores estaria em condições de os pagar ou disposta a pagá-los[319]. As taxas de audiência atingidas pela imprensa gratuita

[315] *Le Canard enchaîné* e *Charlie Hebdo* são dois semanários satíricos, o primeiro dos quais atribui grande importância à investigação, enquanto o segundo dá mais espaço à caricatura e ao humor.

[316] Formato adotado pelo português *Expresso* por ocasião da reforma de 9 de setembro de 2006.

[317] Mas, desde 5 de janeiro de 2009, a pública France Télévisions suprimiu a publicidade dos ecrãs entre as 20h00 e as 6h00, devendo a supressão total, em princípio, ter lugar num próximo futuro. Esta iniciativa serviu de modelo ao governo espanhol: uma lei promulgada a 29 de agosto de 2009 suprime a publicidade dos ecrãs da pública Television Española a partir de 1 de janeiro de 2010.

[318] A mesma tentativa de cálculo foi feita quatro vezes pelo autor, em março e abril de 2009, junto dos diretores dos cinco diários generalistas nacionais portugueses: *Correio da Manhã*, *Diário de Notícias*, *Jornal de Notícias*, *Público* e *24 Horas*. Só o diretor do *Correio da Manhã* respondeu à pergunta, com uma informação pouco conclusiva. O diretor do *Público* prometeu responder, mas nunca deu seguimento aos *mails* seguintes sobre o assunto. Os diretores dos outros três diários nunca responderam a nenhum dos *mails* do autor...

[319] Para uma abordagem mais geral do tema, ver Jean-Marie Charon, *La Presse quotidienne*, Paris, La Découverte, 2005, p. 49.

(na maioria dos casos altamente criticável no plano jornalístico[320]) ilustram bem, *a contrario*, este dilema. E as contradições nas quais se debatem os sítios de informação na internet ilustram esta insustentável realidade: os internautas desertam da esmagadora maioria dos sítios sujeitos a pagamento, sem publicidade, para se voltarem para os sítios gratuitos, muitas vezes invadidos por uma publicidade intempestiva, ainda mais embrutecedora do que a que conhecíamos nos outros média.

É certo que se poderia dizer da publicidade que, por vários aspetos, tem uma função de informação a propósito de produtos e de serviços dos quais, de qualquer maneira, as pessoas terão realmente necessidade na vida quotidiana. Mas não deixa de ser menos verdade que a função prioritária da publicidade é sobretudo de levar o público a optar por um tipo de produto ou de serviço, em detrimento dos outros e a pagar um montante para o poder obter. A publicidade visa o consumidor e não o cidadão, ao contrário mesmo da função de informar[321]. E é um infortúnio para os média (e sobretudo para os média de informação) que a publicidade seja geralmente um mal necessário...

A viragem da crise

A crise financeira declarada em setembro de 2008, que teve como consequência a crise económica iniciada logo em 2009, trouxe consigo uma grave crise dos investimentos publicitários que afetou particularmente os média «tradicionais» (impressa, rádio e televisão) em diferentes graus. A tal ponto que se assistiu a uma redução importante dos efetivos das redações,

[320] Mas, ao longo do ano de 2008, em diferentes países europeus, a imprensa gratuita começou a dar sinais de crise, consequência imediata da própria crise financeira e económica.

[321] J.-M. Nobre-Correia «Uma certa morte anunciada...», in *Jornalismo e Jornalistas*, Lisboa, nº 22, abril–junho 2005, pp. 6–14. Ou, numa versão revista e aumentada, J.-M. Nobre-Correia, «Une certaine mort annoncée...», in *Communication et Langages*, Paris, Armand Colin, nº 147, março de 2006, pp. 15–24.

das paginações dos jornais e das produções audiovisuais, assim como a um aumento do preço de venda dos diários e dos periódicos.

Mas a crise trouxe também três novidades. A primeira foi a crise da imprensa gratuita, gravemente atingida, provocando nomeadamente o desaparecimento de numerosos títulos: caso de *Sexta* e de *Meia Hora*, em Portugal, de *Metro*, em Espanha, ou *The London Paper*, na Grã-Bretanha, para citar apenas quatro casos. A segunda novidade é mais exatamente uma confirmação: o deslize cada vez mais evidente dos investimentos publicitários dos «média tradicionais» para a internet, movimento claramente ilustrado em setembro de 2009 no Reino Unido, tendo os investimentos publicitários na internet (23,5% do total) ultrapassado pela primeira vez os realizados na televisão (21,9%)[322].

A terceira novidade, mais incerta, porque constitui de certo modo uma aposta, é o facto de vários grupos e média de importância mundial ou mais simplesmente nacional terem decidido que haveria que pôr termo a uma «economia da gratuidade» suicidária. A informação de qualidade supõe equipas redatoriais importantes e custos elevados de produção, pelo que tem que ser paga. O que implica que os sítios de informação na internet, autónomos ou emanando de «média tradicionais», tenham de passar a exigir um pagamento aos que desejam consultá-los[323]. Pagamento reservado a certos tipos de conteúdos, à grande maioria ou à totalidade dos conteúdos. Pagamento por assinatura ou à peça. Uma revolução coperniciana na qual a publicidade continuará certamente a ter um papel importante. Mas provavelmente menos importante do que o que assumiu durante quase dois séculos...

[322] *Le Monde*, 2 de outubro de 2009, p. 17.

[323] Rupert Murdoch deu o sinal mais forte desta viragem pouco tempo depois de, em fins de 2007, ter assumido o controlo do estado-unidense *The Wall Street Journal*. Mas John Ridding, diretor executivo do britânico *Financial Times*, afirma claramente a mesma viragem quando recorda que «o jornalismo é um ofício, é uma competência, que requer formação, que requer investimento» (*The Guardian*, Londres, 2 de outubro de 2009).

Texto revisto e traduzido pelo autor
Edição original: «Médias et publicité: l'insoutenable dilemme», in *Politique*, Bruxelas, nº 58, fevereiro de 2009, pp. 30-35.

Edição em português: «Média e publicidade: o insustentável dilema», in *Jornalismo e Jornalistas*, Lisboa, nº 40, outubro-dezembro de 2009, pp. 24-29.

19
As núpcias bárbaras

Tudo é de natureza a favorecer a atração pela atualidade que diz respeito à violência, à insegurança e à integridade física das pessoas. Reforçando assim uma lógica em que a informação cede lugar à propaganda e às manobras de destabilização...

Durante muito tempo, três tipos de publicações coexistiram: as que faziam o relato de acontecimentos importantes (as «relações»), as que tratavam de *faits-divers*, de mistério e de maravilhoso (os *canards*) e as que, por fim, punham a tónica na expressão de opiniões e no combate ideológico (os «libelos»). Depois, mais tarde, e sobretudo a partir do século XIX, quando a imprensa se industrializou e foi necessário ir à conquista de um público mais vasto, as três *démarches* coabitaram no seio dos jornais «grande público». Antes de a opinião e de o combate ideológico serem afastados, de modo a não chocar suscetibilidades e de se pôr a tónica em temas que suscitem a emoção, de maneira a atingir mais facilmente os meios populares.

Numa tal conceção da informação, a primazia vai ser dada ao que se caracteriza antes de mais pela «anormalidade», pelo lado «extra-ordinário», ou, dito de outro modo, ao que constitui uma transgressão em relação à quotidianidade, uma rutura em relação ao curso das coisas, em detrimento do relato sereno dos factos significativos que aconteceram[324]. Uma opção cada vez mais exacerbada pela concorrência entre jornais e que se estenderá mais tarde aos outros média.

Esta maneira de conceber a «cobertura» da atualidade não escapará aos meios dirigentes (sobretudo políticos), que procurarão explorá-la propondo aos média a sua dose de atualidade original, mais ou menos estrondosa e excitante. Deste modo, estes meios dirigentes valorizar-se-ão junto da população e procurarão reforçar estratégias de consolidação do seu poder ou de enfraquecimento do dos seus rivais.

Os excluídos entram em cena

Servindo-se assim repetidamente dos média, os meios dirigentes deram ideias a grupos minoritários ou excluídos das nossas sociedades, e até a indivíduos que se consideram marginalizados, negligenciados ou vítimas de injustiças. Com, no entanto, uma diferença: será preciso que as suas iniciativas assumam um caráter singularmente original, inabitual, de preferência violento, chocante, dramático[325]. Porque é praticamente o único meio para que os média lhes prestem atenção...

Os exemplos de acontecimentos criados a pensar nos média são numerosos: da conferência de imprensa à manifestação pública, passando pela declaração mais ou menos retumbante. Dispondo de mais recursos financeiros e humanos, os meios dirigentes são particularmente «performantes» neste terreno: por conta deles, agências de «comunicação acontecimental»[326] desencadeiam operações cuja capacidade de

[324] Albert du Roy, *Le Serment de Théophraste*, Paris, Flammarion, 1992, pp. 193–194; Pierre Nora, «L'Événement monstre», in *Communications*, Paris, nº 18, 1972, pp. 162–172; Herbert Marcuse, *An Essay on Liberation*, Boston, Beacon Press, 1969, trad. francesa: *Vers la Libération*, Paris, Éditions de Minuit, 1969, pp. 23–24.

[325] François-Henri de Virieu, *La Médiacratie*, Paris, Flammarion, 1990, p. 280; Albert du Roy, *La Mort de l'information*, Paris, Stock, 2007, p. 207.

[326] Comunicação que consiste em criar acontecimentos para que os média sejam mais ou menos obrigados a cobri-los em termos jornalísticos (em francês: «communication événementielle»).

mobilização dos média ultrapassa largamente a das iniciativas não profissionais de simples indivíduos ou de pequenos grupos. Será pois preciso que estes passem a um estado superior da «espetacularização», tomando iniciativas que supõem uma certa dose de violência[327], tendo a dimensão «espetacular» ganho toda a sua importância quando a televisão passou a ser o média de informação dominante.

A violência tem geralmente a ameaça como corolário. Ameaça em relação a si próprio: se não satisfazem as minhas reivindicações, continuarei a minha greve da fome, deitar-me-ei desta grua abaixo, dar-me-ei um tiro, imolar-me-ei pelo fogo,... Ou, num registo ainda de certo modo brando [*soft*], frequentemente no registo da simulação [*bluff*], tomar-se-ão outros indivíduos como reféns, privando-os momentaneamente de liberdade: se não responderem de maneira positiva aos meus pedidos, não porei em liberdade os que raptei, eliminarei os que tenho como prisioneiros... Tais atitudes têm geralmente como origem uma reivindicação pessoal (no seguimento de um despedimento, de um divórcio difícil...), por vezes também reivindicações sociais, não explicitamente políticas (no seguimento de despedimentos massivos, de encerramento de uma empresa, de uma contestação estudante...).

Mas a preocupação em suscitar a atenção dos média pode igualmente dizer respeito a uma postura mais explicitamente política. Uma particularidade parece, todavia, constante: são precisamente grupos desprovidos de enraizamento popular e cujas iniciativas com caráter legal passam globalmente desapercebidas que recorrem a tais processos[328]. Os seus gestos de violência obedecem habitualmente a três tipos de *démarches*: difundir largamente os seus princípios doutrinais e as suas análises de uma situação;

[327] Giovanni Bechelloni, «Terrorismo, giovani, mass media», in *Problemi dell'informazione*, Bolonha, vol. 2, nº 3, 1977, p. 307; Jean Ferniot, Ça suffit!, Paris, Grasset, 1973, p. 38; René Lasserre e Denis Muzet, «La Violence, moyen d'information», in *Communications*, Sankt Augustin (Alemanha), vol. 2, nº 2, 1976, p. 253.

[328] Gilles Kepel, *Le Monde*, Paris, 11 de setembro de 2004, p. IV (dossiê).

exigir uma tomada de posição ou decisão da parte das autoridades; destabilizar e desacreditar uma instituição ou aparelho de Estado. O que supõe a aplicação de um verdadeiro «plano média» de acompanhamento: anúncio da tomada de refém aos média, envio de comunicado com as reivindicações dos autores, gravação de vídeo e mais raramente gravação de som para confirmar a detenção do refém e a gravidade da situação deste.

Um leque de registos

Vários exemplos, mais ou menos célebres, puseram em evidência um *crescendo* na atitude em relação aos média. Assim, a 20 de fevereiro de 1981, a ETA raptou os cônsules da Áustria, do Salvador e do Uruguai para fazer fixar os projetores da atualidade sobre o País Basco espanhol. Mas a organização nacionalista foi apanhada na sua própria ratoeira: um novo acontecimento (a tentativa de golpe de Estado de 23 de fevereiro, em Madrid[329]) desviará as atenções dos média, e a ETA ver-se-á obrigada a libertar os reféns.

Contudo, nesta mesma perspetiva de pura utilização dos média como veículos de uma mensagem, os «reféns ideais» são os jornalistas, fazendo o espírito de clã atribuir ao rapto de um confrade uma atenção muito especial, mesmo diária, se necessário com o anúncio do número de dias da sua detenção. O caso recente de Florence Aubenas[330] e o de Christian Chesnot[331] e de Georges Malbrunot[332], um pouco mais antigo, foram deste ponto de vista particularmente significativos.

[329] A 23 de fevereiro de 1981, um grupo de guardas civis dirigido pelo tenente coronel Antonio Tejero tomou de assalto o Congresso dos Deputados espanhol por ocasião do voto de investidura do governo de Leopoldo Calvo Sostelo, que sucedia ao de Adolfo Suárez. Esta intervenção integrava-se num movimento mais largo de golpe de Estado promovido por militares fiéis ao franquismo, à cabeça dos quais se encontrava o capitão general Jaime Milans del Bosch.

[330] Na altura, jornalista no diário parisiense *Libération*.

[331] Na altura, jornalista independente na *Radio France* e na *Radio France Internationale*.

[332] Na altura, jornalista independente para os diários franceses *Le Figaro, Ouest-France* e *RTL radio*, assim como para a belga *RTBF*.

O assassinato de lorde Mountbatten (tio do marido da rainha de Inglaterra e último vice-rei da Índia), a 27 de agosto de 1979, dizia respeito a uma estratégia parecida, embora mais trágica[333]: responsáveis do IRA afirmaram então claramente que a escolha de uma personalidade conhecida no mundo inteiro tinha tido por único objetivo chamar uma vez mais a atenção dos média internacionais para a situação na Irlanda do Norte[334].

Nos casos anteriores, o «plano média» foi sempre posto em aplicação após o desencadeamento da operação violenta. Mas pode, pelo contrário, precedê-lo: a 25 de novembro de 1999, às 10h40, ao telefone, uma voz anuncia ao chefe de redação da *France 3 Corse*[335]: «Colocámos bombas [em quatro edifícios públicos]. Vão explodir dentro de 25 minutos.» Às 11h23, a deflagração tem lugar num destes edifícios. Uma equipa da *France 3* filma a cena. «Às 11h40, os dois jornalistas correm para a estação, as imagens na máquina. [...] Às 12h26, as imagens [de um edifício] em fogo aterram na redação da *France 3* nacional, que as difunde imediatamente no seu jornal, de 12-13[336]. Às 12h30, a "cacha" da *France 3 Corse* chega a todas as redações das cadeias nacionais [...]. A *LCI*[337] retransmite a explosão. A *TF 1* e a *France 2*[338] fazem o mesmo nos seus telejornais das 13h00.» Antes das redações tomarem consciência de terem sido utilizadas e decidirem não voltar a difundir as imagens[339].

Por seu lado, o rapto de Aldo Moro diz respeito a uma *démarche* levada muito mais longe[340]. Tomado como refém a 16 de março de 1978, o corpo

[333] Louis Mountbatten e três dos seus próximos foram assassinados na costa da Irlanda, na explosão de um barco armadilhado pela IRA.

[334] *Le Matin de Paris*, Paris, 31 de agosto de 1979, p. 8.

[335] Estação regional corsa da televisão nacional pública *France 3*.

[336] A sequência de informação das 12h00 às 13h00 compreende um telejornal nacional que começa às 12h25.

[337] Televisão privada de informação contínua.

[338] Respetivamente televisão nacional privada e televisão nacional pública.

[339] *Libération*, Paris, 26 de novembro de 1999, p. 2.

[340] Aldo Moro foi duas vezes primeiro-ministro e sete vezes ministro e era, na altura do rapto, presidente do partido Democracia Cristã.

sem vida do antigo primeiro-ministro italiano e presidente do principal partido político do país foi encontrado a 9 de maio[341]. Oito semanas de cativeiro durante as quais as Brigadas Vermelhas endereçaram uma série de comunicados aos média, desencadeando a publicação de edições especiais e uma violenta altercação entre redações sobre a atitude a adotar perante tais comunicados: publicá-los ou não publicá-los? Porque, desta vez, os média foram utilizados como arma, como agente de destabilização da sociedade italiana, da sua polícia e dos seus partidos políticos, como instrumento de desagregação do aparelho de Estado, procurando obrigá-lo a ceder às exigências das Brigadas Vermelhas. E, em todos os casos, aos olhos destas, a recusa dos média em publicar os seus comunicados provava a natureza censória de um Estado falsamente democrático e liberal[342].

Concorrência e frenesim

Uma constatação salta aos olhos: geralmente tais operações não foram concebidas senão em função da cobertura que os média lhes iriam dar. Por vezes mesmo, não teriam muito simplesmente sido desencadeadas se os média não tivessem acorrido ao convite dos organizadores, que os aliciaram com uma «exclusividade». Ora, face a tal perspetiva, poucos jornalistas ousam recusar convites e manter-se à distância de tais práticas. Porque, desde o século XIX, a história da informação jornalística está marcada pelo cunho da concorrência perante os «confrades». Uma concorrência que se acentuou particularmente com a desmonopolização do sector audiovisual, nos anos 1970-80, e a prática cada vez mais importante da informação em tempo real, que tomou uma dimensão antes desconhecida com a chegada da internet ao campo mediático, por volta de 1990-2000.

341 Michel Wieviorka e Dominique Wolton, *Terrorisme à la une*, Paris, Seuil, 1987, pp. 27–32.

342 Umberto Eco, «Una colossale conferenza stampa», in *Prima Comunicazione*, Milão, nº 55, 1978, pp. 41–46. Giovanni Bechelloni, «Il Colpe di Stato in diretta», in *Problemi dell'informazione*, Bolonha, vol. 3, nº 1, 1978, pp. 3–19.

O objetivo deste sentido desenfreado da concorrência é evidente: vender o máximo de exemplares do jornal, alargar o mais possível a audiência da rádio ou da televisão. Ora, tudo o que é de natureza a afetar a nossa segurança, a dos nossos familiares, a dos que nos são próximos ou que fazem parte do meio a que pertencemos constitui um dos principais centros de interesse das pessoas em matéria de informação. E o que diz respeito à violência pública e mais geralmente ao terrorismo, com o seu cortejo de ameaças e de brutalidades, constitui uma atualidade importante aos olhos dos média.

Para além da omnipresença do sentido da concorrência, outra característica domina a história dos média: um obcecante sentido da indispensável e inevitável corrida contrarrelógio nos que praticam o jornalismo quotidiano e têm imperativamente de respeitar prazos de «fecho» muito estritos. Porque as rotativas e os horários dos jornais radiofónicos e dos telejornais não podem esperar, correndo o risco de verem leitores, ouvintes ou espectadores voltarem-se para a concorrência. O que provoca um stresse que cresce com a aproximação da «guilhotina» horária e impõe corridas frenéticas no seio das redações, com as indispensáveis descargas de adrenalina que estas implicam...

Estas corridas frenéticas fazem porém as delícias da maior parte dos jornalistas de diário, o jornalismo de periódico, de «magazine», fazendo parte, aos seus olhos, de uma postura antes do mais «literária» e «intelectualizante», mesmo que os constrangimentos horários também aí estejam presentes! Mesmo que tais correrias impeçam muitas vezes que se tome o desejável recuo em relação à atualidade e se exerça o não menos desejável sentido crítico perante os acontecimentos.

O instante e a memória

Perante as críticas cada vez mais acerbas de que são objeto, os jornalistas procuram reabilitar-se falando do seu dever de informar e do direito do público à informação. Seria, porém, necessário entendermo-nos sobre o que quer dizer informação e em que consiste o ofício de jornalista.

É verdade que não se pode contestar o facto de que os atos de iniciativa pessoal ou «grupuscular» que põem em risco a segurança e a integridade física das pessoas dizem claramente respeito ao campo de ação do jornalismo, do dever de informar e do direito à informação. A questão que se põe, todavia, é a de saber quantos destes atos são realmente de natureza a ter repercussões na vida quotidiana dos cidadãos. E a de saber, o que no fim de contas é essencial, se muitos destes atos não devem a sua existência unicamente ao eco, à sobre-exposição que os seus autores esperam encontrar junto dos média.

Muitos jornalistas fazem estas perguntas a si próprios e têm consciência de que estas núpcias bárbaras que os partidários da violência como método de reivindicação ou de ação política conseguiram selar com os média só podem ser nefastas para o futuro das sociedades democráticas. E que a importância dada às «estratégias de comunicação» dos apologistas do terror tem como origem, no fim de contas, a cegueira culpável dos média. Mas o jornalismo é demasiadas vezes uma profissão do imediato, do instante, uma profissão desprovida de memória. E, entre uma ética da reserva e a corrida às exclusividades mais estrondosas e vendáveis, os média esquecem demasiadas vezes os seus belos princípios e as suas boas intenções...

Texto revisto e traduzido pelo autor

Edição original: «Médias et terrorisme: des noces barbares», in *Politique*, Bruxelles, nº 59, abril de 2009, pp. 33-35.

Edição em português: «Média e terrorismo: as núpcias bárbaras», in *Jornalismo e Jornalistas*, Lisboa, nº 38, abril-junho de 2009, pp. 22-25.

20
Duas faces da História

A «Revolução dos Cravos» pôs em evidência a liberdade e o arcaísmo dos média e do jornalismo em Portugal, assim como o exotismo e os preconceitos dos confrades estrangeiros...

Sem cair num qualquer chauvinismo egocêntrico pouco recomendável [*de mauvais aloi*], a «Revolução dos Cravos» em Portugal constitui incontestavelmente um momento importante da história política e social europeia contemporânea. Um momento importante da história contemporânea de Europa Ocidental, em todo o caso. Porque constituiu, de certa maneira, o último sobressalto revolucionário. A última vez em que a esquerda – a esquerda não institucional – experimentou o sentimento de que um movimento social de massa podia realmente tomar extensão. E em que uma transformação radical das estruturas económicas, sociais e políticas era realmente viável.

Durante dezanove meses pelo menos, entre abril de 1974 e novembro de 1975, e até mesmo junho de 1976, Portugal passou a ser o centro das atenções dos cidadãos da Europa e de outras partes do mundo. Mas passou também a ser o destino preferido, para não dizer obrigatório, de tudo o que a Europa contava de militantes, de cidadãos comprometidos [*engagés*] ou de simples indivíduos interessados pela coisa política. O custo da vida, extremamente baixo em relação ao da Europa para além dos Pireneus, convidava-os evidentemente à viagem. E, se esta *démarche* turística podia ser embelezada por uma animação social permanente, por sensações provocadas pelo inesperado, mais uma razão para ser tentado pela viagem...

Quanto aos média, a «Revolução dos Cravos» constituiu antes uma estranha combinação de liberdade e de arcaísmo, de exotismo e de preconceitos. Liberdade e arcaísmo para os média portugueses. Exotismo e preconceitos para os média estrangeiros e mais particularmente europeus.

Uma censura horrivelmente severa

Após quarenta e oito anos de um regime ditatorial particularmente severo em matéria de censura e de repressão, os média portugueses (imprensa, rádio e televisão), em poucas horas apenas (na noite de 24 para 25 de abril de 1974), perderam toda a noção da prudência – a extrema prudência que fora a própria condição elementar da sobrevivência – e lançaram-se de corpo e alma na estranha sensação desconhecida, inédita, da liberdade. Uma liberdade desenfreada que provocará muitas vezes a vertigem, numa espécie de gozo sem entraves...

Durante quarenta e oito anos, os média portugueses estiveram submetidos a uma censura prévia miudinha e implacável, exigindo dos jornais que os textos lhes fossem submetidos sob a forma de provas da composição e até, para os menos dóceis, provas de página de jornal devidamente montada. Mesmo que durante os últimos anos do salazarismo, sob o consulado de Marcello Caetano, se tenha autorizado que os jornais submetessem à censura os originais datilografados dos textos, antes de serem compostos. Enquanto para a rádio e para a televisão, os serviços de censura instalavam-se diretamente nas raras estações que faziam informação (sobretudo o *Rádio Clube Português* e, a partir de 1971, a *Rádio Renascença*). Isto mesmo quando todas as redações dispunham de um telescritor pelo qual os serviços centrais da censura indicavam em permanência que despachos das agências de informação e que temas de atualidade não podiam ser evocados pelos média...

Os média eram amordaçados em termos de recolha da informação, de relato e de interpretação desta informação, de difusão da dita informação. Mas, como se isso não chegasse, as próprias estruturas de propriedade dos média tinham evoluído de tal maneira que a maior parte das publicações teoricamente destinadas a um «grande público» tinham passado para a dependência dos bancos durante os últimos anos do regime salazarista, enquanto, até lá, tinham geralmente pertencido a famílias cuja atividade de edição era mais ou menos importante.

Na altura do golpe de Estado de 25 de abril de 1974, Lisboa contava nove diários. Cinco eram matutinos: Época (resultado da fusão de *Diário da Manhã* e *A Voz*, em 1970, propriedade do partido único), *Diário de Notícias* (Caixa Geral de Depósitos), *Jornal do Comércio* (Banco Borges & Irmão), *Novidades* (episcopado) e *O Século* (Banco Intercontinental Português). Os outros quatro eram vespertinos: *A Capital* (conglomerado de empresas, entre as quais se encontrava o Banco Borges & Irmão, o Banco Espírito Santo & Comercial de Lisboa e o maior grupo económico português, CUF), *Diário de Lisboa* (pertencente em dois terços à família Ruella Ramos e em um terço ao Banco Nacional Ultramarino), *Diário Popular* (Banco Borges & Irmão) e *República* (meios de oposição ao regime, sobretudo próximos da componente socialista). Por seu lado, a imprensa diária do Porto contava apenas três títulos, todos matutinos: *O Comércio do Porto* (Banco Borges & Irmão), *Jornal de Notícias* (Caixa Geral de Depósitos) e *O Primeiro de Janeiro* (família Pinto de Azevedo)[343]. Quanto ao resto, a imprensa diária contava ainda com nove títulos no continente (dos quais três em Évora, dois em Beja e dois também em Braga) e com dez nas ilhas (dos quais sete nos Açores)[344]: reduzidos à sua mais simples expressão, com muito poucas páginas e poucos profissionais, estes diários «de província» eram antes do

[343] Alberto Arons de Carvalho, *A Censura e as Leis de Imprensa*, Lisboa, Seara Nova, 1973, pp. 173–176.

[344] Francisco C. P. Balsemão, *Informar ou depender?*, Lisboa, Ática, 1971, p. 102.

mais emanações de notáveis locais, mais preocupados com «visibilidade» e respeitabilidade pessoal do que com edição e jornalismo...

A eclosão de novos títulos

As vicissitudes do 25 de Abril, os seus sobressaltos sociais, políticos e militares, mergulharam os média numa situação com múltiplas facetas, particularmente contrastadas. O diário Época, órgão do partido único, procurou assegurar a sua sobrevivência procedendo a uma mudança de diretor: o que foi perfeitamente passageiro, fechando definitivamente as portas logo a 26 de abril de 1974. Com o sentido de oportunidade que é historicamente habitual na Igreja Católica, o episcopado português começou por fazer suspender (logo a 3 de maio de 1974) *Novidades*, diário que fora durante decénios cúmplice das opções mais conservadoras do salazarismo e do próprio catolicismo. Enquanto os outros diários ditos «nacionais», publicados em Lisboa e no Porto, eram objeto de movimentos de «entrismo» mais ou menos inspirados diretamente por organizações que iam passar a ser a esquerda parlamentar e a esquerda extra-parlamentar. O que dará lugar a mudanças de direções e à integração no seio das redações de novos recém-chegados (nem sempre jornalistas, no sentido académico ou profissional do termo[345]).

Paralelamente a estas mudanças de direções e a estes movimentos no seio das redações, um fenómeno novo apareceu imediatamente: a eclosão de um número infinito de publicações muito diversas, muito políticas ou mais exatamente muito militantes, tendo como origem os mais diversos partidos, movimentos, associações, grupos e grupúsculos, vindos na maior parte das vezes (mas não exclusivamente) da esquerda ou da extrema-esquerda: *Avante* (PCP), *Portugal Socialista* (PS), *Luta Popular* (MRPP), *Revolução* (PRP), *Povo Livre* (PPD-PSD), *Esquerda Socialista* (MES),... Por

[345] J.-M. Nobre-Correia, «Ensino do jornalismo: os equívocos de uma formação», in *Jornalismo e Jornalistas*, Lisboa, nº 30, abril–junho de 2007, pp. 28–36.

outro lado, uma decisão anacrónica virá afetar a imprensa diária: a 1 de junho de 1974, a imprensa deixará ser publicada aos domingos, uma decisão imposta pelos vendedores de jornais, quando, noutros países europeus, os diários começavam a ser publicados sete dias por semana.

Um ano depois do golpe militar de 25 de abril de 1974, outro fenómeno aparecerá: o de publicações lançadas por iniciativa dos meios profissionais. Semanários como *O Jornal* (2 de maio de 1975), *Tempo* (29 de maio de 1975), *O País* (9 de janeiro de 1976), *O Diabo* (10 de fevereiro de 1976), *Opção* (29 de avril de 1976). Diários como *Jornal Novo* (17 de abril de 1975), *A Luta* (15 de abril de 1975), *O Dia* (11 de dezembro de 1975), O Diário (10 de janeiro de 1976), *Correio da Manhã* (19 de março de 1979), *A Tarde* (1 de outubro de 1979), *Portugal Hoje* (5 de outubro de 1979). Todos geralmente anunciados como independentes, mas tendo na realidade posições políticas (e mesmo partidárias) mais ou menos afixadas, na maior parte das vezes de esquerda, menos vezes de direita...

O penoso desaparecimento dos antigos

Esta proliferação de novos semanários e diários passou a ser particularmente manifesta quando, no seguimento da tentativa de contragolpe militar de 11 de março de 1975, o sector bancário foi nacionalizado. Uma nacionalização levada de facto à maior parte das empresas de imprensa, controladas há anos pelo sector bancário. Isto é: a grande maioria da imprensa «grande público» passou para a dependência do Estado. Uma situação que se manteria por cerca de quinze anos e mais precisamente até 1988-90.

Esta estatização da imprensa não foi porém muito feliz: as mudanças de direções dos jornais foram frequentes, fruto das novas relações de forças no seio do poder militar, do poder político ou muito simplesmente do governo, e até decididas de mão no ar em assembleias-gerais do pessoal. O que levou a mudanças de orientação política notórias e, desde logo, a um descrédito crescente junto dos leitores. Isso, acrescentado a uma gestão das empresas assumida por personalidades (políticas e militares) cujas competências na matéria eram geralmente nulas, quando não se tratava muito simplesmente de uma autogestão extraviada, levou a baixas abissais das vendas e ao desaparecimento de títulos com uma história por vezes centenária e por vezes também bastante honrosa, se se tiverem em conta os constrangimentos da ditadura salazarista. Desaparecerão assim, sucessivamente, *República* (a 23 de dezembro de 1975), *Jornal do Comércio* (a 3 de setembro de 1976), *O Século* (a 12 de fevereiro de 1977), *Diário de Lisboa* (a 30 de novembro de 1990), *Diário Popular* (a 28 de setembro de 1991), *A Capital* e *O Comércio do Porto* (ambos a 30 de julho de 2005). Em maior ou menor grau, todos foram vítimas de males que os haviam enfraquecido irremediavelmente, fortemente abalados pelos sobressaltos e pelas irresoluções jornalísticas, editoriais e gestoras da «Revolução dos Cravos».

Os novos lançamentos em matéria de imprensa não foram porém coroados de sucesso, muito pelo contrário. Quer se trate de semanários (*Tempo*, desaparecido a 29 de novembro de 1988, *O Jornal*, a 27 de novembro de 1992, *O País*, a 19 de julho de 1984, ou *Opção*, a 29 de setembro de 1978) ou de diários (*Jornal Novo*, que deixou de ser publicado a 29 de setembro de 1979, *A Luta*, a 9 de janeiro de 1979, *Portugal Hoje*, a 30 de junho de 1982, *A Tarde*, a 31 de dezembro de 1985, *O Diário*, a 13 de junho de 1990, ou *O Dia*[346]). Uma hecatombe que punha cruelmente em evidência projetos editoriais, jornalísticos e comerciais, à qual haviam apenas escapado *O Diabo*, semanário porta-voz de uma certa extrema-direita, e *Correio da Manhã*, que se situa há vários anos como primeiro ou segundo diário generalista em termos de difusão paga.

[346] *O Dia* desapareceu de certa maneira sem deixar uma marca precisa, provavelmente a 21 de maio de 2002, à maneira de uma folha que passara a ser bastante confidencial...

Um audiovisual a contracorrente

A situação em matéria de rádio foi em certos aspetos comparável. Porque Portugal e Espanha eram os dois únicos países na Europa a fazerem coexistir um sector privado e um sector público de rádio. Porém, no seguimento da nacionalização decidida a 2 de dezembro de 1975[347], quase todas as rádios privadas foram absorvidas pela pública *RDP (Radiodifusão Portuguesa*, que sucedeu à *Emissora Nacional* do salazarismo): *Rádio Clube Português, Emissores Associados de Lisboa, Emissores do Norte Reunidos, Rádio Alto Douro* e *Rádio Ribatejo*[348]. Uma única rádio com uma certa importância escapou a esta decisão de absorção no seio da *RDP*: *Rádio Renascença*, a rádio do episcopado, que tirará aliás o maior proveito desta nova situação de única rádio privada. E foi apenas a 31 de março de 1993 que a *Rádio Comercial* (isto é, o canal da *RDP* que emitia publicidade e era de certa maneira o herdeiro do antigo *Rádio Clube Português* privado) seria privatizada, quando as primeiras rádios locais privadas proliferavam no país desde 1977[349]...

A televisão, embora encontrando-se antes em situação formalmente de empresa privada cujo capital era maioritariamente controlado por sociedades detidas pelo Estado – no seguimento da privatização dos bancos e das rádios privadas –, passou, também ela, para o controlo jurídico deste.

Esta situação permite-nos fazer uma primeira constatação: quando os anos 1970 anunciavam um pouco por toda a parte, na Europa, a desmonopolização do audiovisual, o novo Portugal democrático iniciava um processo a contracorrente. Enquanto a liberalização das ondas se anunciava por todo o lado no estrangeiro, um extraordinário movimento de floração de novas rádios e televisões privadas começava a eclodir, Portugal iniciava um processo anacrónico de monopolização e estatização dos média audiovisuais.

[347] Matos Maia, *Telefonia*, Lisboa, Círculo de Leitores, 1995, p. 222.
[348] João Paulo Guerra, *Dossier Comunicação Social*, Lisboa, Avante, 1981, p. 125.
[349] Matos Maia, *Telefonia*, p. 225.

E não apenas do audiovisual, mas também da imprensa «grande público» (mesmo que seja verdade que este processo não foi fruto de uma qualquer decisão que lhe dissesse diretamente respeito, mas de uma decisão que visava o sector bancário). Embora a noção de imprensa estatal ou estatizada fosse totalmente estranha à história da Europa Ocidental, em todo o caso desde a parlamentarização e a democratização da sua vida política, as exceções nesta matéria não fazem senão confirmar a regra.

Por outro lado, como foi deixado entrever, em termos editoriais e jornalísticos, durante todo o período que seguirá ao levantamento militar de 25 de abril de 1974, os média portugueses passaram a ser particularmente militantes. Não necessariamente partidários no sentido estrito do termo, mas no sentido de um alinhamento nas posições de um partido político particular. E tanto menos que as redações dos média tinham passado a constituir magmas de elementos com origens políticas muitas vezes contrastadas: o caso mais emblemático era o do semanário *Expresso*, que, dependendo dos momentos, era a maior tiragem ou uma das maiores tiragens da imprensa portuguesa, considerado como o órgão de expressão do «MRPPD» (isto é: a aliança de facto do partido teoricamente de extrema-esquerda MRPP e do partido de centro-direita PPD).

Lá fora, na Europa Ocidental, nestes meados dos anos 1970, a imprensa estava claramente a tomar distância em relação a partidos e a sindicatos, e até a despolitizar-se, procurando apresentar-se não só como independente, mas mesmo como neutra. Pensava assim recuperar leitores perdidos em proveito do audiovisual ou exasperados por uma informação demasiadas vezes enviesada do «seu» jornal. Em Portugal, durante esse período de tempo, a imprensa iniciava uma evolução em sentido contrário, adotando características que haviam, no entanto, perdido progressivamente terreno desde o fim do século XIX e mais particularmente desde os anos 1950-60. Na maior parte dos casos, passara a ser a fiel porta-voz, e mesmo o fiel megafone, de correntes políticas nascidas no seio da sociedade civil e do aparelho militar.

Uma rutura irremediável

Em termos de média, a comparação entre os efeitos da «Revolução dos Cravos» portuguesa e os da *transición* espanhola é propriamente impressionante. A curto e a médio prazos, o duplo processo de nacionalização e de «militantização» política dos média portugueses provocou a destruição de quase todas as empresas de imprensa e de rádio. Apenas três diários generalistas «nacionais» sobreviveram (*Diário de Notícias*, *Jornal de Notícias* e *O Primeiro de Janeiro*, não sendo este hoje mais do que um modesto diário local), assim como dois periódicos desportivos (*A Bola* e *Record*), que passaram desde então a ser diários. A estes convém juntar a *Emissora Nacional* (que passou a chamar-se *RDP*) e a *Rádio Renascença*, assim como a televisão pública *RTP*. Quanto aos grupos de imprensa, na realidade, desapareceram todos, sem exceção...

Em Espanha, apesar do desaparecimento de um certo número de diários do Movimiento (sobretudo, é verdade, por falta de candidatos à sua recuperação quando foram postos à venda, em 1982) e de rádios do mesmo Movimiento (integradas na *Rádio Cadena Española*, primeiro, e na *RTVE*, depois), os efeitos da *transición* foram totalmente diferentes. Nomeadamente porque muitos dos antigos grupos de imprensa e de rádio prosseguiram o seu caminho em bem melhores condições de liberdade editorial e empresarial desde o desaparecimento de Francisco Franco: será o caso de Vocento (resultado da absorção da Prensa Española pelo Grupo Correo), de Planeta, de Godò, de Cope, para citar apenas alguns exemplos de atores importantes na paisagem mediática espanhola atual.

Sobretudo, a *transición* espanhola deu rapidamente lugar à criação de *El País* (um pouco mais de seis meses apenas depois da morte de Franco), considerado hoje um dos melhores diários do mundo, ou à de *El Periódico* (quase três anos depois), um grande sucesso como diário de «gama média» com múltiplas edições regionalizadas. E isto para citar apenas dois exemplos emblemáticos, que deram, aliás, lugar a dois importantes grupos de média (Prisa e Grupo Zeta). Em contrapartida, foi preciso esperar quatro anos até ser lançado o *Correio da Manhã*, quase onze para o diário desportivo *O Jogo* e quase dezasseis para *Público*, que pretende ser diário de referência, os três únicos sucessos da imprensa diária (aliás muito relativos no que diz respeito a este último, sendo a sua difusão modesta e os seus balanços sempre negativos, desde a origem).

Por outro lado, nenhum grupo de média português conseguiu até hoje impor-se de forma significativa no estrangeiro, contrariamente ao que se passa com Prisa, Unidad Editorial, Planeta ou Vocento, estando os três primeiros aliás presentes na paisagem mediática portuguesa.

Olhares vindos de fora

A «transição» portuguesa, considerada geralmente como indo de 25 de abril de 1974 (data do golpe militar) a 27 de junho de 1976 (a da eleição do primeiro presidente da Segunda República) – com, entre as duas, o 25 de abril de 1975 (data das primeiras eleições constituintes) e o 25 de abril de 1976 (a das primeiras eleições legislativas) –, não foi pois um período particularmente glorioso para o jornalismo e para os média. Mas não se deve, mesmo assim, esquecer o que fundamentalmente representou em termos de liberdade e de democracia, como eclosão de uma nova primavera para os portugueses. Mas também uma primavera que, ousemos acreditar, reforçou nos espanhóis um justo sentimento de esperança no que dizia respeito à liberdade e à democracia futuras...

Ora, de maneira geral, foi esta dupla perceção que muito seduziu os cidadãos europeus e os média estrangeiros, sobretudo os dos países vizinhos. Ir «para o terreno» – onde se desenrolava um estranho acontecimento que misturava militares, partidos políticos e movimentos sociais diversos, que tomava ares de laboratório, onde se esboçava talvez uma nova forma de democracia política e de cidadania – passou a ser assim uma quase obrigação para todo o jornalista, repórter ou editorialista que pretendesse, nomeadamente, provar não exercer o seu ofício longe da realidade [*en chambre*].

Os jornalistas estrangeiros partem para Portugal à procura de sensações fortes, de exotismo. Para os jornalistas europeus, este país tão próximo (geográfica e culturalmente) e tão longínquo (que pertencia antes a estas «zonas cinzentas» descuradas pelos média, onde nada de «importante» se passava, ao que parece) era-lhes propriamente desconhecido. E partiram para lá com os seus pacotes de preconceitos, grelhas de leitura preestabelecidas, modelos de parlamentarismo inquestionáveis, conceções entorpecidas do funcionamento «normal» das sociedades, verdades de pronto a vestir democrático.

Pouco lhes importava que aquele país, Portugal, estivesse a sair de um regime ditatorial que durara 48 anos e que as experiências no fim de contas passageiras em matéria de democracia datassem de há muito tempo. Que este país contasse com a mais alta taxa de analfabetismo da Europa e que os contabilizados como alfabetizados tivessem maioritariamente ido à escola durante apenas quatro anos (o que implicava naturalmente um nível cultural muito baixo). Que este país tivesse o nível de vida mais baixo da Europa Ocidental, como consequência de um subdesenvolvimento industrial manifesto, mergulhado que estivera em guerras coloniais que lhe haviam deixado a economia exangue. Que este país vivesse desde sempre numa desconfortável situação geográfica, entre espanhóis, de quem têm bastante tendência a desconfiar, por um lado, e... peixes do Atlântico, por outro, longe de tudo, longe da Europa para além dos Pireneus, sem a salutar confrontação permanente com outras maneiras de viver e de ser dos seus vizinhos...

Interrogações sobre si mesmo

Para dizer a verdade, cada um chegou a Portugal e procurou encontrar aí respostas a interrogações que eram antes de mais as da política interior do seu próprio país. Os jornalistas espanhóis perguntavam-se se a democracia seria possível depois de Franco. Os franceses interrogavam-se sobre a questão da viabilidade da *union de la gauche* entre os socialistas, comunistas e radicais de esquerda, quando o socialista François Mitterrand acabava de falhar por pouco a sua eleição à Presidência da República, face ao liberal Valéry Giscard d'Estaing. Os italianos procuravam detetar a plausibilidade do *compromesso storico* que o comunista Enrico Berlinguer propunha ao democrata-cristão Aldo Moro. Enquanto para a maior parte dos outros, sobretudo os do mundo anglo-saxão, três questões se punham: Portugal passaria a ser uma democracia parlamentar formal, como a deles? Dotar-se-ia de uma economia de livre mercado, como a deles? As colónias portuguesas entrariam na zona de influência do «mundo ocidental», ou seja: o deles?

Uns e outros desembarcaram em Lisboa e puseram em prática velhas maroscas do ofício[350]: prestariam uma atenção muito particular aos golpes ou tentativas de golpe de Estado, conflitos, amotinações e tumultos; às crises (presidenciais ou ministeriais) ou ameaças de crise; às afirmações de força (dos militares, da esquerda, de direita ou da rua); às negociações para a independência de um país ou declarações de independência; à realização de eleições; e às nacionalizações.

O relato e a análise dos acontecimentos seriam construídos em torno de um número muito reduzido de personalidades. Entre os militares, sobretudo António de Spínola[351] e, em muito menor medida, Francisco Costa Gomes[352], Vasco Gonçalves[353], Otelo Saraiva de Carvalho[354] e provavelmente, depois do «verão quente» de 1975, Ernesto Melo Antunes[355]. Personalidades

[350] Este texto baseia-se numa observação atenta de um grande número de média europeus e, mais particularmente, numa análise de conteúdo de diários belgas, franceses e suíços francófonos, durante o período de 25 de abril de 1974 a 30 de abril de 1975.

[351] Primeiro presidente da Junta de Salvação Nacional e primeiro presidente da República, de 15 de maio a 30 de setembro de 1974.

[352] Segundo presidente da JSN e segundo presidente da República, de 30 de setembro de 1974 a 27 de junho de 1976.

[353] Primeiro-ministro de 18 de julho de 1974 a 19 de setembro de 1975.

[354] Comandante operacional do golpe militar de 25 de abril de 1974 e comandante da região militar de Lisboa até 25 de novembro de 1975.

[355] Considerado o ideólogo do programa político do «movimento dos capitães», ministro sem pasta de 18 de julho de 1974 a 26 de março de 1975, ministro dos Negócios

do poder, mesmo que o verdadeiro poder de Spínola nunca tenha sido muito mais do que uma ilusão de poder, tendo-se aliás mantido durante menos de cinco meses. Spínola era, no entanto, uma figura... como já não se fazem! Monóculo no olho e bastão em punho, este general de cavalaria tinha mais do que uma pitada de *old fashioned*: era um personagem antiquado, muito *vieux Portugal*, no limite da caricatura. E os média afeiçoam-se muito particularmente aos personagens caricaturais...

O mesmo aconteceu com as personalidades políticas. Mário Soares[356] ficou praticamente fora da corrida [*hors course*]. Muito longe vinham Marcello Caetano[357] e Álvaro Cunhal[358]. E, muito mais longe ainda, António de Oliveira Salazar[359] e Adelino Palma Carlos[360]. Durante todo o primeiro ano da «Revolução dos Cravos», Soares será a principal personalidade civil da atualidade portuguesa. As fadas dos média foram menos benevolentes com o secretário-geral do Partido Comunista, porque Cunhal deparou com a estreita concorrência de um homem político... ausente: Caetano. Porque «fazer» a atualidade nos média não está forçosamente em relação direta com fazer a atualidade real. Uma constatação que passava a ser ainda mais surpreendente se notarmos que Palma Carlos encontrava no seu caminho para a glória nos média... um morto: Salazar. Reduzindo desta maneira e exageradamente o número de figuras que «faziam» regularmente a infor-

Estrangeiros de 26 de março a 8 de agosto de 1975 e de 19 de setembro de 1975 a 23 de julho de 1976.

[356] Secretário-geral do Partido Socialista, ministro dos Negócios Estrangeiros de 16 de maio de 1974 a 25 de março de 1975 e ministro sem pasta de 26 de março a 10 de julho de 1975.

[357] Sucessor de Salazar como primeiro-ministro, de 27 de setembro de 1968 a 25 de abril de 1974.

[358] Secretário-geral do Partido Comunista Português e ministro sem pasta de 16 de maio de 1974 a 7 de agosto de 1975.

[359] Ministro das Finanças de 1928 a 1932. Primeiro-ministro de 1932 a 27 de setembro de 1968.

[360] Primeiro-ministro de 17 de maio a 18 de julho de 1974.

mação, os média propunham aos seus públicos uma caricatura da atualidade. Multiplicando até ao excesso as personalidades fugazes, ofereciam uma ilusão de exatidão, de precisão. Se a redução abusiva impedia de perceber a complexidade dos factos, a multiplicação imoderada tornava provavelmente a sua compreensão menos cómoda.

Velhas maroscas do ofício

Por outro lado, os média focalizaram globalmente e antes do mais a vida política portuguesa em torno do Partido Comunista e transformaram uma revolução política e social num duelo permanente entre comunistas e socialistas. É certo que outros partidos são postos em cena, mas o PCP e o PS permaneceram como os dois principais atores, o que traduzia de certo modo o peso social e eleitoral destas formações. Uma tradução da realidade de uma fidelidade, no entanto, muito relativa. Porque a «Revolução dos Cravos» foi também, e talvez sobretudo, a de um certo esquerdismo, de um certo «poder popular». E encontravam-se poucos sinais nos média deste ativismo permanente da extrema-esquerda e desta dinâmica popular que marcaram tão profundamente a vida social e política portuguesa em 1974-76.

Na sequência de ruturas ou de tentativas de rutura institucionais (golpe de Estado, tentativa de golpe de Estado, decisão de nacionalizar o sector bancário,...), nas vésperas e nos dias seguintes aos de eleições parlamentares, os média davam mais importância a Portugal enviando para aí os seus repórteres. Quando não havia acontecimentos fortes, os média não conseguiam perceber a importância de uma atualidade que se revelará historicamente fundamental, porque foi aquela em que os germes da evolução ulterior começaram a surgir. O que explicava tanto mais facilmente que só muito tarde tenham recorrido a correspondentes locais, com algumas raras exceções[361].

[361] Foi o caso, nomeadamente, de *La Vanguardia* de Barcelona e de *La Repubblica* de Roma, e mais tarde de *Libération* e de *Le Monde*, primeiro, e de *Le Matin de Paris* e de *Le Soir* de Bruxelas, depois.

Depois da informação relativa aos grandes acontecimentos, os dias sucediam-se sem que as redações tratassem ainda das suas consequências. O que provocou uma verdadeira descontinuidade da informação. Por isso, quando um novo grande acontecimento tinha lugar, os média mencionavam pessoas e faziam referência a situações de que não haviam falado antes. Pessoas e situações que pertenciam, no entanto, já à atualidade do país em questão e que explicavam aliás a natureza do novo acontecimento.

Nas suas referências às pessoas que faziam a atualidade, os média revelavam uma forte necessidade de símbolos. Pouco importava a sua relação direta com a atualidade real. Para os média o que contava eram as funções atuais ou passadas destes personagens. Era preciso então serem ou terem sido «número um»: chefe de Estado, primeiro-ministro, chefe da força militar, secretário-geral de partido. Em cada um destes casos, os média conheciam aliás um líder e apenas um, uma vedeta que segregava porém a sua própria antivedeta, o seu desafiador [*challenger*]. O homem da rua, os militantes de base e os grupúsculos ativistas (cujo papel é porém tantas vezes determinante num país em revolução) eram muito simplesmente ignorados.

As preocupações de dois mundos

Esquematizando, caricaturando assim exageradamente a vida política e social em Portugal da «Revolução dos Cravos», os média estrangeiros não fizeram mais do que procurar pontos de referência que diziam respeito ao universo de conhecimentos dos seus «públicos médios». Pontos de referência que resultavam na realidade das especificidades históricas e culturais próprias destes média e que não permitiam necessariamente perceber com facilidade a realidade complexa de uma estranha revolução num estranho país europeu tão próximo, mas afinal tão longínquo!...

Os média portugueses terão permitido compreender melhor esta «Revolução dos Cravos»? Nada é menos certo. Porque a sua primeira preocupação não era de modo algum fazer o relato escrupuloso dos factos e analisá-los com rigor, nem mesmo procurar realmente atingir vastas audiências. A prioridade dos que os produziam então era ocuparem antes do mais o terreno, assegurarem o controlo da empresa e o poder na empresa e proporem aos seus públicos uma leitura dos acontecimentos globalmente conforme com a dos que os haviam posto lá, em lugares de poder da empresa. A qualidade do jornalismo e da gestão praticados eram, no fim de contas, preocupações bastante secundárias...

Texto revisto e traduzido pelo autor

Este texto toma como ponto de partida a intervenção do autor no III Congreso Internacional Historia de la Transición en España sob o tema «El Papel de los media de comunicación», a 26-30 de novembro de 2007, na Universidad de Almería.

Edição original: «La Revolución de los claveles entre libertad y arcaísmo, exotismo y prejuicio» (pp. 239-248), in R. Quirosa-Cheyrouze y Muñoz (org.), *Prensa y democracia. Los medios de comunicación en la Transición*, Madrid, Biblioteca Nueva, 2009, 412 p.

21
Repensar a prática jornalística

É urgente sair de uma conceção que privilegia exaltação e conflito, e praticar cada vez mais escrupulosa e serenamente o relato, a perspetivação, a análise e o comentário dos factos...

Basta conversar com as pessoas e observar os média para perceber que a democracia portuguesa está em crise. Crise de que os cidadãos não podem deixar de se sentir corresponsáveis. De que o serão sobretudo os partidos e os mandatários políticos. Mas de que o são certamente também os média e os jornalistas.

A ditadura salazarista constituiu uma anti-história do jornalismo: pela impossibilidade de criar livremente novos média, pela censura implacável e tacanha que imperava e pela obsessiva autocensura que reinava nas redações. Mas o radicalismo dos primeiros anos do pós-25 de Abril foi, em matéria de média, altamente negativo. As empresas foram decapitadas, tanto em termos editoriais como de gestão. Assistindo-se ao seu assalto por partidos e grupúsculos cuja primeira preocupação era transformá-las em instrumentos de luta partidária. Instalando-se gente que tudo ignorava da economia e da tecnologia dos média à cabeça das empresas. Enquanto panfletistas mais ou menos radicais descobriam uma vocação de jornalistas, desconhecendo embora as elementares regras da profissão.

Sair de insuficiências e derivas trágicas

O seguimento da história é conhecido: a nacionalização (indireta) da maioria dos média fez que estes passassem a ser quase sempre armas de arremesso dos governos em relação às oposições. Enquanto se ia constituindo um singular microcosmos em que os meios político e jornalístico viviam uma estranha relação de cumplicidade e conivência. Uma simbiose tanto mais «natural» quanto o meio mediático português é incrivelmente reduzido e quase limitado ao petulante universo lisboeta.

A viabilidade desta simbiose era favorecida pelo facto de o «novo jornalismo português» ter nascido dotado em alto grau de genes militantes e partidaristas. Mas também porque as principais formações políticas de governo não se afirmaram com projetos políticos e socioeconómicos claramente distintos. Uma conjunção de circunstâncias que não era de molde a favorecer a eclosão de um jornalismo de qualidade, comparável com o que de melhor se faz no resto da Europa Ocidental.

O «novo jornalismo português» foi-se assim inspirando no jornalismo desportivo, que foi aquele que, apesar de tudo, dispôs de uma certa margem de manobra no tempo do salazarismo. E, como este se limita à atualidade da competição e dos ases, e sobretudo à tríade Benfica-Sporting-Porto, também o jornalismo político gira em volta da lógica de conflito entre líderes, grupelhos e «famosos» da vida política.

Assistimos assim à eclosão de um jornalismo exaltado que funciona permanentemente numa lógica de conflito. De clã contra clã. De chefe contra chefe. Vendo nestas confrontações duelos puramente interesseiros, calculistas, alheios aos mais elementares princípios da deontologia e da ética. E, por detrás dos contendores, escuras manobras, conspirações e conjuras.

Tratando a atualidade política em termos de competição, como luta de ambições e de pessoas, o «novo jornalismo português» esquece que a vida política é feita de projetos, de programas, de políticas públicas. Matérias que deveriam naturalmente suscitar estudos, inquéritos, reportagens, perspetivações, análises e comentários.

Em vez disso, caiu-se muitas vezes numa mera função de correia de transmissão, de câmara de eco do que se diz no meio político e do que se diz que os políticos dizem dos outros políticos. Muitas vezes sem que isso tenha verdadeiro significado e incidência na vida quotidiana dos cidadãos. Muitas vezes sem que as mais elementares diligências de verificação tenham tido lugar.

A estas trágicas insuficiências vem acrescentar-se uma espantosa deriva: a de delegar em mandatários políticos a função de «comentadores» da atualidade! Em troca da visibilidade e notoriedade que a presença regular nos média lhes dá. Em troca muitas vezes de remunerações sem relação alguma com as audiências, particularmente diminutas, no que diz respeito à imprensa. E, não há que duvidar, em troca de «exclusividades» que estes «comentadores» se farão o dever de fornecer às redações que tão bem os tratam.

Fazer obra de razão e não de emoção

Ora, uma urgente operação de salubridade pública impõe acabar com todos estes «comentadores», mandatários políticos «residentes». Atribuir a função de análise e de comentário a jornalistas especializados, assim como a investigadores e docentes nas áreas das suas competências. Criar nos jornais espaços de opinião abertos a contribuições exteriores pontuais, alargando assim à sociedade civil a possibilidade de intervir no debate público de temáticas que verdadeiramente preocupam os cidadãos.

Mas é urgente também reequacionar a cobertura da vida política (e mais exatamente partidária), subvalorizando-a, desinvestindo-a. Até porque o descrédito da política e dos mandatários políticos é cada vez maior, tanto em Portugal como no resto da Europa. E porque as realidades sociais e económicas do dia a dia interessam muito mais os cidadãos. Pelo que urge enviar os jornalistas dos grandes média para «o terreno», para o interior do país, para longe do microcosmos alfacinha. Onde as pessoas vivem abandonadas pelos média e, «amor com amor se paga», recusam comprar jornais que falam de um mundo que não é o deles...

É claro que é essencial que os média se possam afirmar como contrapoder (e não como antipoder), obrigando os «senhores do poder» a respeitarem a democracia e o Estado de direito. Mas é também essencial fazer obra de razão (e não de emoção) para que os cidadãos compreendam melhor o tempo e o modo do mundo em que vivem. E, para isso, adotar decididamente uma política serena e ponderada de escrita, de titulação e de maquetagem. Saindo urgentemente desta política de terra queimada de insinuações, insultos e difamações que só poderão favorecer um populismo, e mais precisamente um «poujadismo», que fará da democracia um cadáver adiado...

Texto revisto pelo autor
Edição original: «Repensar o jornalismo português», in *Jornal de Notícias*, Porto, 7 de março de 2010, p. 17.

22
Que independência dos média?

A questão põe-se cada vez mais em diferentes países europeus. Mas, para dizer a verdade, o tema reaparece incessantemente nos debates políticos e culturais desde a noite dos tempos...

Se houvesse receitas já prontas para garantir a «independência dos média», sabê-lo-íamos! E sabê-lo-íamos há muito tempo... Porque a questão da independência dos média põe-se desde que a imprensa existe...

Os primeiros impressores, por volta de meados do século XV, começaram por editar o que tinham vontade de publicar. Ou mais exatamente: o que consideravam poder vender vantajosamente junto dos meios interessados pela coisa escrita (meios universitários, administrativos e comerciantes). Mas, muito rapidamente, um quarto de século mais tarde, a censura eclesiástica (episcopal ou papal) começa a seviciar, antes mesmo que a censura do poder civil (imperial, real ou territorial) intervenha por sua vez. Porque tanto o clero como a administração pública consideravam que não era desejável que toda e qualquer informação e opinião pudesse circular livremente e ser levada livremente ao conhecimento da população. Estimavam, com efeito, que os impressos eram de natureza a suscitar interrogações a propósito de «verdades» impingidas como evidências ou sobre a legitimidade de poderes estabelecidos incontestados. De natureza, pois, a destabilizar tais poderes.

Entraves à liberdade de editar foram desde logo multiplicados: é preciso ver-se atribuir um privilégio e uma autorização prévia para exercer o ofício de impressor, mas era preciso também fazer-se reconhecer pela organização corporativa e respeitar minuciosamente a regulamentação do ofício de impressor.

Da independência e da liberdade

Porém, até à Revolução Francesa, a questão da independência da imprensa não se pôs verdadeiramente senão nas Províncias Unidas (Estado republicano federal que reunia a parte setentrional dos atuais Países Baixos, de 1579 a 1795) e na Inglaterra (com a «Gloriosa Revolução» de 1695), duas potências comerciais onde se impõem regimes de Assembleia. As fortunas acumuladas pela burguesia e pela aristocracia destes dois países permitiam-lhes reivindicar e assumir papéis políticos importantes.

Até à Revolução Francesa, a imprensa de informação «grande público» – se nos podemos exprimir assim – tinha como origem os próprios meios da corte: os próprios ministros e soberanos escreviam nela cobertos pelo anonimato ou por pseudónimos. E, apesar disso, esta imprensa estava sujeita a muitas interdições: nada de informação oriunda do estrangeiro, nada de informações políticas, por exemplo... Os outros ocasionais ou periódicos eram apenas publicações com tiragens muito reduzidas e que circulavam, por assinatura e à socapa, unicamente em círculos intelectuais.

A partir do momento em que a Assembleia Constituinte francesa vota, a 26 de agosto de 1789, a Declaração dos Direitos do Homem e do Cidadão, estipulando no seu artigo 11 que «a livre circulação dos pensamentos e das opiniões é um dos direitos mais preciosos do homem; [e que] todo o cidadão pode falar, escrever, imprimir livremente, tendo de responder pelo abuso desta liberdade nos casos determinados pela lei», a porta é aberta a uma proliferação de novas publicações de toda a espécie.

A maior parte destas novas publicações tinha caráter ideológico (filosófico, político, religioso) e militante. Por isso mesmo, eram de certa maneira independentes das pressões exteriores. Mas não tinham propriamente por objetivo informar sobre a atualidade.

Outras, menos numerosas, tinham, no entanto, como preocupação propor um relato dos debates no seio na Assembleia, e mesmo um relato da atualidade, no país e no estrangeiro. O que levou desde logo a administração pública a multiplicar os obstáculos mais ou menos legais à liberdade de editar, sem pôr diretamente em causa o princípio teórico da liberdade da imprensa. Entre estes obstáculos estavam a autorização prévia, o caucionamento, o direito de selo e as ações em justiça mais ou menos severas.

Muito rapidamente, pôs-se a questão de saber o que queria dizer «independência da imprensa». Porque não convém confundir – como é frequentemente o caso – a «liberdade da imprensa» e a «independência da imprensa». Por «liberdade da imprensa» entende-se a liberdade de informar. Isto é: o direito, para um jornalista, para um jornal, de informar livremente os seus leitores, sem receio de sofrer perseguições por parte da administração pública. Mas, para poder informar livre e corretamente, é preciso ainda que o jornal e os seus jornalistas possam ter livremente acesso às fontes da informação. Uma exigência que, nos nossos dias, não é porém sempre aplicável no que diz respeito à administração pública e às instâncias representativas dos cidadãos, do povo soberano, na maior parte dos países da União Europeia.

Partindo da hipótese absolutamente teórica de que os jornalistas podem escrever livremente o que consideram dever levar ao conhecimento do público, a questão que se põe em seguida é a de saber em que medida o jornal onde escrevem é independente. O que quer dizer perguntar se os seus jornalistas são independentes. Mas «independentes» de quê? Independentes dos poderes exteriores ao jornal, isto é, dos poderes de toda a natureza (político, económico, social, cultural, desportivo,...). Mas independentes também dos poderes representados no seio da empresa editora do jornal, que muitas vezes servem de correia de transmissão dos poderes exteriores à empresa. Isto é: independentes de poderes externos ou internos que os impediriam de fazer livremente um relato da atualidade, que os impediriam de pôr livremente em perspetiva a atualidade ou que os impediriam de analisar livremente a atualidade.

O «grande público» entra em cena

Ora, esta questão da independência põe-se de maneira particularmente aguda logo no século XIX. Quer dizer: desde o momento em que os jornais «grande público» deixam de ser tribunas mais ou menos ostensivas de correntes ideológicas precisas, mas passam a querer-se «independentes» («neutros» dizia-se na época), concebidos segundo princípios profissionais que começavam a ser formalizados, princípios em que características como a «objetividade» e os «dados factuais» tomavam importância em detrimento de *a priori* ideológicos.

Porém, era evidente desde o século XIX e ainda mais evidente à medida que se avançava no tempo que a «neutralidade» absoluta, a «independência» absoluta, não existia. Quanto mais não fosse porque esta nova imprensa só pôde procurar conquistar um largo público na medida em que as suas receitas já não dependiam unicamente dos assinantes ou dos compradores avulso, mas também, cada vez mais largamente, dos anunciantes[362]. E geralmente, para não dizer em nenhum caso, um anunciante não aceitava que um jornal pudesse evocar a sua empresa, os seus produtos ou os seus serviços de maneira negativa ou muito simplesmente crítica...

A dependência dos jornais ditos «independentes» em vésperas da Primeira Guerra Mundial e no entre-duas-guerras foi ilustrada por muito numerosos casos. A tal ponto que, quando se verificou que a rádio podia ser também um suporte técnico da informação no sentido jornalístico do termo, uma boa parte dos poderes públicos europeus decidiu instaurar um monopólio público das ondas, e mesmo um monopólio público das emissões. Foi o caso sobretudo na Grã-Bretanha, na Alemanha e na Itália.

[362] J.-M. Nobre-Correia, «Médias et publicité: l'insoutenable dilemme», in *Politique*, Bruxelas, nº 58, fevereiro de 2009, pp. 30–35.

Quando emissores públicos e emissores privados coabitaram na França e na Bélgica no entre-duas-guerras, só tendo o monopólio sido efetivo na Bélgica depois da Segunda Guerra Mundial, uma estranha situação de monopólio legal e de coexistência com quatro «rádios periféricas» foi porém instaurada em França. Na Europa Ocidental, só as ditaduras salazarista e franquista consagraram estranhamente a coexistência de rádios públicas e de rádios privadas. Mas as rádios privadas deviam difundir os jornais falados da rádio pública (no caso de Espanha, até 25 de outubro de 1977, dois anos depois do falecimento do Francisco Franco)...

Fora de Portugal e de Espanha, eram as rádios públicas modelos de «independência»? Digamos antes que eram a voz do governo em funções, dos partidos dominantes, do *establishment*. Por outras palavras: a voz do consenso. E as rádios privadas, as «rádios periféricas»? Estavam de facto mais ou menos sob a influência do grupo político no poder[363]. Neste contexto do pós-Segunda Guerra Mundial e da «guerra das ondas», as rádios passaram a ser monopólios públicos, e as novas estações de televisão seriam lançadas no seio das rádios públicas. Quanto, aos poderes públicos, darão mais importância ao novo média televisão do que haviam dado às rádios nascentes.

Um novo «ar do tempo»

Ser-se-ia tentado a dizer que as coisas começaram sobretudo a mudar nos anos 1960-70, porque começou a soprar um novo «ar do tempo»... O distanciamento em relação aos partidos políticos e ao poder político afirmava-se, e talvez seja mesmo preciso dizer que se assistia a um enfraquecimento da influência do Estado e dos partidos políticos na sociedade civil. Distanciamento que se acentuou ainda com o movimento de desmonopolização do sector audiovisual, que se operou nos anos 1970-80.

[363] Em França, o Estado tinha sob influência *RMC*, *Sud Radio* e *Europe 1* por intermédio da sua sociedade *holding* Sofirad. No que dizia respeito a *RTL*, o Estado intervinha por intermédio de Havas e de Paribas, duas sociedades nacionalizadas na Libertação da Segunda Guerra Mundial.

Paralelamente, um fenómeno tomou cada vez mais importância na sociedade europeia: o dos serviços de imprensa ou do que se chama antes, hoje, as direções de comunicação, que procuram inundar os média de conteúdos que, aparentemente, são do domínio da informação, mas que de facto são do domínio da comunicação promocional em proveito das empresas, das instituições e dos seus dirigentes. E esta influência das direções de comunicação sobre o conteúdo dos média favorece o afastamento cada dia mais evidente do «terreno», da procura da informação, da reportagem, em proveito de conteúdos que lhes são oferecidos gratuitamente pelos «dircoms».

Por isso, nesta altura, a situação dos média torna-se paradoxal: a proliferação dos emissores de rádio e de televisão provocou uma fragilização das antigas estações, mas impediu também que a maior parte das novas estações pudesse realmente impor-se, por falta de audiência, de receitas publicitárias e, por conseguinte, de meios financeiros. Desde logo, a fragmentação das audiências provocou uma fragilização geral das estações de rádio e de televisão, criando uma maior dependência de cada uma em relação às suas fontes de receitas: quer se trate do Estado ou dos anunciantes.

Viram-se então numerosos grupos de imprensa, de rádio e de televisão passar para a dependência de grupos não-média. Quer dizer: grupos cujos interesses são antes do mais exteriores ao mundo dos média, situando-se nos meios financeiros e industriais.

Esta situação tornou-se ainda mais evidente com a introdução massiva da informática nos processos de produção e de difusão dos média. Enquanto a digitalização dos sinais ia provocar uma gigantesca multiplicação da oferta dos média audiovisuais, assistimos sobretudo à entrada em cena de um quarto média, que alterou completamente a paisagem mediática europeia: a internet, chegada aos computadores de grande público na segunda metade dos anos 1990 e sobretudo a partir dos anos 2000.

Tanto mais que a internet provocou uma nova repartição dos investimentos publicitários, em detrimento de todos os média tradicionais e sobretudo em detrimento das publicações impressas. Mesmo quando se assistia, por outro lado, a uma deslocação dos investimentos publicitários dos média para os «não-média» (telemercadologia [*telemarketing*], publicidade endereçada [*mailing*], relações públicas, publicidade nos locais de venda, patrocínio [*sponsoring*], mecenato, mercadologia de rua com «homens-sandes», comunicação acontecimental, jogos de vídeo, ...).

Uma breve síntese da evolução recente levar-nos-ia a dizer que, desde os anos 1960, dispomos de muito mais magazines do que antes, desde os anos 1970-80 dispomos de um número de estações de rádio e de televisão sem comparação com a situação anterior e, desde os anos 1990--2000, graças à internet, dispomos de um leque de fontes de informação e de documentação como nunca na história da humanidade. Ainda por cima com uma particularidade sem igual na história: todo e qualquer indivíduo recetor de informação pode igualmente passar a ser emissor de informação!

Desde logo, assiste-se desde os anos 1980 sobretudo a uma vaga de fundo muito poderosa que pode ser traduzida esquematicamente da maneira seguinte: uma concentração cada vez mais forte de média que dispõem de audiências importantes; uma marginalização de uma imensidade de média com audiências reduzidas, limitadas, que se mantêm dificilmente [*vaille que vaille*] como valorização [*faire-valoir*] da democracia pluralista[364].

As condições da independência

Em tal contexto, a questão da «independência dos média» põe-se de maneira mais pertinente, mais aguda do que antes. Poderia dizer-se esquematicamente três coisas:

- a proliferação dos média desde há cerca de trinta anos fez que, mais do que nunca, haja média «independentes», os quais não são sujeitos a

[364] J.-M. Nobre-Correia, «De la glaciation à l'oligopolisation», in *Politique*, Bruxelas, nº 42, dezembro de 2005, pp. 48–51.

pressões exteriores, mas que são na maior parte dos casos média marginais em termos de audiências;

• os média públicos (rádio, televisão e internet) passaram a ser mais independentes do que antes em relação aos governos no poder. Sobretudo porque a concorrência dos média privados os obriga a serem mais completos e eficientes do que eles. Mas também porque foram criadas autoridades de regulação colocadas entre a administração pública e as instituições de rádio e de televisão. E ainda porque a nova cultura reinante no seio da profissão jornalística e mais particularmente no seio das redações dos média públicos faz que a afirmação de autonomia destas seja mais evidente. Embora a maior dependência destes média públicos em relação aos recursos públicos e mesmo, na maior parte dos casos, às receitas publicitárias fragilize um pouco esta afirmação de autonomia;

• a «independência dos média» privados tem tendência para sofrer uma certa erosão, para se tornar menos sólida, no seguimento das concentrações às quais são sujeitos e do confronto com os constrangimentos comerciais destes média, assim como dos interesses muito mais importantes dos seus grupos proprietários em sectores económicos não-média.

Desde logo, a questão da «independência dos média» pode teoricamente ser formulada desta forma: para ser «independente», para ser capaz de cobrir a atualidade, de fazer o relato desta atualidade, de a pôr em perspetiva e de a analisar com toda a independência, sem se submeter a entraves, coações ou pressões internas ou externas de toda a natureza, um média deve poder gozar de quatro condições essenciais:

• dispor de um desafogo financeiro resultante unicamente da sua atividade como média de informação ou unicamente da atividade média de informação do grupo de que faz parte;

• possuir uma equipa redatorial que partilhe uma mesma conceção da independência do média e da autonomia da informação, que se identifique com um projecto e que partilhe uma mesma conceção do jornalismo;

- ter à cabeça, tanto na empresa de edição como na redação, personalidades impregnadas deste espírito de independência, de autonomia e, no fim de contas, de liberdade;
- poder estabelecer soberanamente a sua própria «agenda» e definir os seus próprios critérios de seleção e hierarquização da informação, independentemente das iniciativas das direções da comunicação e dos «acontecimentos» puramente promocionais.

Desde logo, como garantir efetivamente a independência do chamado «quarto poder»? O que é preciso encarar para preservar a integridade deste pilar fundamental das nossas democracias?

Uma opção parece cada vez mais essencial: fazer que os média de informação no sentido jornalístico do termo adotem gradualmente, progressivamente, uma opção de serviço público, um estatuto de serviço público. O que não quer dizer de modo algum que estejam ligados ao aparelho de Estado ou à administração pública, mas dotados de estatutos do género fundação, associação sem fins lucrativos, sociedade cooperativa e de outros géneros semelhantes, a fim de lhes permitir assumir cada vez mais autonomia, independência em relação aos meios económicos.

Favorecer o estatuto de serviço público

Para isso, seria preciso, por um lado, constituir fundos nacionais e fundos regionais de natureza a favorecer a adoção progressiva deste estatuto de serviço público e, por outro, levar estes fundos a favorecer a criação de equipas redatoriais e de gestão desejando lançar novos projetos e participando parcialmente na constituição do capital inicial da nova empresa.

Estes fundos teriam:

- recursos públicos tendo como origem a União Europeia e o Estado; e

- recursos privados tendo como origem: receitas da imposição sobre a venda de tecnologias de telecomunicação (telemóveis, antenas parabólicas, redes de cabo, computadores, fornecedores de acesso à internet,...); contribuições voluntárias de empresas, dedutíveis da imposição fiscal; contribuições voluntárias de fundações privadas; e ainda outras origens.

Atualmente, nas nossas sociedades democráticas, a independência dos média não se põe tanto em termos de garantias jurídicas, legais, mas em termos de garantias financeiras. Em termos de meios financeiros que permitam aos média serem independentes e praticarem um jornalismo de qualidade, independentes das pressões vindas de outros lados. Porque é a fragilidade financeira que torna os média dependentes.

Como o ensino, os serviços hospitalares, os grandes museus, bibliotecas públicas ou óperas, por exemplo, é preciso que haja média que possam praticar uma função social de informação de serviço público ao abrigo dos constrangimentos do mercado e das pressões dos grupos de interesses, pondo-os por conseguinte ao serviço dos cidadãos. A informação no sentido jornalístico do termo não pode ser considerada como um «produto» qualquer, entregue naturalmente às regras do mercado, mas como uma constituinte fundamental da sociedade democrática que deve desde logo obedecer a exigências éticas de rigor, de qualidade e de pluralismo[365]. Porque, é preciso não o esquecer, uma informação independente e de qualidade constitui um pilar essencial da sociedade democrática e pluralista...

Texto revisto e traduzido pelo autor

Edição original: «Quelles garanties pour l'indépendance des médias?», in *Politique*, Bruxelas, nº 71, setembro-outubro de 2011, pp. 78-82.

[365] J.-M. Nobre-Correia, «Un pluralisme très divers», in *Politique*, Bruxelas, nº 41, outubro de 2005, pp. 50–53.

Edição em castelhano: «La libertad de prensa en Europa. Garantías para la independencia de los medios», in *Infoamérica*, Málaga, nº 6, maio--agosto de 2011, pp. 136-156.

23
Média e poder político

Leitores, ouvintes e espectadores acusam os média de alinhamentos políticos. Quando os políticos estão quase sempre insatisfeitos com os média. De facto, a relação entre eles é desde a origem íntima e conflituosa...

Ao contrário do que geralmente se imagina, a primeira atividade da prensa tipográfica de Gutenberg (1440-50) não foi a imprensa. Foi a de impressos religiosos (Bíblia, indulgências,...), primeiro, de impressos escolares (gramáticas,...), administrativos (avisos, formulários,...) e comerciais (etiquetas, registos de contas,...), em seguida. A imprensa no sentido parajornalístico apareceu mais tarde, em fins do século xv. Com verdadeiras notícias, relatos mais ou menos realistas (batalhas, funerais, festas, vida na corte,...) e elucubrações perfeitamente espantosas (crimes, catástrofes naturais, milagres,...) ou ainda polémicas religiosas e políticas.

Esta primeira geração da imprensa era ocasional, não periódica. Cada nova produção era lançada por ocasião de acontecimentos considerados importantes ou em função da fantasia criadora dos impressores-tipógrafos, tanto num caso como no outro, de modo a rentabilizar os equipamentos técnicos dos ateliês. Como recorda Alfredo da Cunha, as *Relações* (como são chamadas em português) «não tinham data certa (nem sequer provável ou aproximada da certeza) de vir a lume, e não se sucediam em série, surgindo, pelo contrário, inopinadamente, à mercê da importância, singularidade ou estranheza dos acontecimentos que relatavam»[366]. E, tomando como referência o que Fidelino Figueiredo escreveu a este propósito na sua *História da Literatura Clássica*, o mesmo autor avança um exemplo deste tipo de imprensa ocasional: «as *Relações* dos naufrágios foram um dos géneros criados pelo teor da vida que entre nós se vivia naquela época, em que eram frequentes as perdas de navios que demandavam o Brasil e a Índia, por motivo dos ataques dos piratas ou dos inimigos em guerra, e também pelas deficiências da construção naval»[367].

Quando a imprensa adota uma periodicidade, esta é extremamente espaçada: anual (por volta de 1476), semestral (por volta de 1588), mensal (talvez em 1597), quinzenal (1605) e, finalmente, semanal (1609). Até porque a imprensa periódica é filha dos serviços postais regulares que vão aparecendo na Europa a partir de meados do século XV (e, no caso português, em 1520, no reinado de Manuel I).

Os diários apareceram muito mais tarde, duzentos anos depois da «descoberta» de Gutenberg, segundo os dados mais recentes da pesquisa histórica, e mais precisamente em 1650, em Leipzig, com os *Einkommende Zeitungen*[368].

Censura, elites e vasto público

De qualquer modo, todos estes tipos de publicações eram dirigidos a um público extremamente reduzido, a uma elite. Porque a grande maioria da população era analfabeta. E porque estas publicações eram de facto produtos de luxo vendidos a um preço bastante elevado.

[366] Alfredo da Cunha, *Elementos para a História da Imprensa Periódica Portuguesa (1641-1821)*, Separata das «Memórias da Academia das Ciências de Lisboa» (Classe de Letras – vol. IV), Lisboa, 1941, p. 35.

[367] Alfredo da Cunha, *Elementos...*, pp. 36–37.

[368] A literatura dominante continua, porém, a dizer que foi *The Daily Courant*, em 1702, em Inglaterra, o primeiro diário da história. Quando até se sabe hoje que, antes dele, em Inglaterra, foi publicado o *Norwich Post*, em 1701...

Só nos últimos dois terços do século XIX a imprensa passou a ser progressivamente um produto de consumo corrente. Em duas etapas sucessivas: nos anos 1830 e nos anos 1860. No primeiro caso, a introdução dos anúncios como fonte de receita dos jornais (para além das vendas e das assinaturas) fez que estes pudessem ser vendidos a um preço muito mais barato do que antes e assim ser postos ao alcance de um público com meios financeiros mais modestos. No segundo caso, graças à intervenção de novas tecnologias em termos de impressão e, mais tarde, de composição, as tiragens dos jornais puderam ser aumentadas consideravelmente e, por conseguinte, o preço de custo de cada exemplar fortemente reduzido, alargando assim o número dos que passaram a estar em condições de comprar um jornal, tanto mais que a instauração progressiva do ensino obrigatório permitira aumentar consideravelmente o número dos que passaram a encontrar-se em condições de saber ler.

Segundo os países da Europa, a «idade de ouro» da imprensa foi atingida em vésperas da Primeira Guerra Mundial ou no período entre as duas guerras. Mais ou menos na altura em que a rádio apareceu numa fase experimental (antes da Primeira Guerra Mundial), ganhou um público progressivamente mais vasto no período entre as duas guerras e passou a ser um média de informação cada vez mais importante após a Segunda Guerra Mundial. Enquanto a televisão surgiu em estado embrionário nas vésperas da Segunda Guerra Mundial, mas foi sobretudo a partir dos anos 1960 que passou a ser o média dominante em matéria de informação.

Quando a imprensa, a rádio e a televisão deixaram de ser concebidas como simples prolongamento do média anterior (e, no caso da imprensa, o média anterior era o livro) e sobretudo como um mero veículo de divertimento, de distração, os poderes religioso e político passaram a interessar-se por elas. Impondo, nomeadamente entraves legais à possibilidade de lançar novos média e procurando controlar administrativa e judicialmente os conteúdos difundidos por estes. Práticas que mais não eram do que adaptações do que haviam sido as medidas adotadas logo nos primeiros tempos da prensa tipográfica.

Com efeito, já em 1475, surgira em Colónia a censura eclesiástica. Em Portugal, a censura preventiva inquisitorial sobre as «obras que toquem em cousa de nossa santa fee», anunciada em 1537, foi estabelecida em 1540[369]. E, em 1543, o papa Paulo III impusera ao mundo católico o indispensável *imprimatur.* O poder civil seguira-lhe os passos, e a censura fora adotada já em 1524 no que hoje chamamos a Alemanha. No caso português, em que a imprensa foi particularmente tardia, Alfredo da Cunha dizia que «a imprensa periódica em Portugal não principiara bem. A poucos meses do seu começo, a 19 de Agosto de 1642, uma lei de D. João IV proibia as gazetas «que tivessem notícias do reino ou de fora, em razão da pouca verdade de muitas e do mau estilo de todas elas». Claro que se referia às «notícias», visto que naquela data não havia senão uma *Gazeta*, nascida no ano anterior»[370]. E a imprensa portuguesa ficaria depois sujeita à censura das autoridades pontifícias, régia e episcopal, «exercitadas separadamente pelo Santo Ofício da Inquisição, pelo Desembargo do Paço e pelos Bispos»[371].

Monopólio, pluralismo e monopólio

Tanto para o poder religioso como para o poder político, a população não deveria ter o direito de acesso a toda e qualquer «literatura», pelo que convinha controlar previamente o que era suscetível de ser impresso: a informação é claramente encarada como um instrumento indispensável às gentes do poder para que o possam exercer. Assim sendo, o «privilégio» foi instaurado em favor de indivíduos dignos de confiança do poder, que passaram a ser os únicos autorizados a aceder à profissão de impressores-tipógrafos (que na altura eram também editores, livreiros, vendedores de jornais e muitas vezes até autores).

[369] Giuseppe Marcocci e José Pedro Paiva, *História da Inquisição Portuguesa 1536–1821*, Lisboa, A Esfera dos Livros, 2013, pp. 33 e 36.

[370] Alfredo da Cunha, *Elementos*..., p. 4.

[371] Alfredo da Cunha, *Elementos*..., p. 118.

Mas o poder político irá mais longe, tomando em grande parte dos casos a iniciativa do lançamento dos primeiros jornais periódicos. Citemos apenas dois casos célebres. O de *La Gazette*, semanário lançado em 1631 em Paris, por Théophraste Renaudot, um protegido do cardeal Richelieu, primeiro-ministro de Luís XIII, não se privando estes últimos de escrever de forma anónima no jornal. E também o caso da *Gazeta Nueva*, criada em 1661 em Madrid por Francisco Fabro, secretário de Juan José, primeiro-ministro e meio-irmão de Carlos II.

Com a proliferação da prensa tipográfica através do continente, o controlo da imprensa foi-se tornando mais difícil. Até porque países havia, como a Holanda ou o principado de Dombes (que só integrou a França em 1762), que se especializaram em imprimir e exportar mais ou menos clandestinamente jornais para os países onde a liberdade da imprensa era impossível. Mais tarde, com a grande vaga liberalizante do pós-Revolução Francesa e a industrialização da imprensa no século XIX, não houve partido político, sindicato, igreja ou associação que não dispusesse do seu jornal, do seu «órgão oficial» e mesmo de diversos periódicos arautos das correntes internas destas organizações...

Quando, no período entre as duas guerras mundiais, a rádio começou a ganhar audiência, as autoridades políticas de vários Estados europeus decidiram assumir o controlo da situação, adotando uma legislação restritiva na matéria e não autorizando a criação de rádios privadas. Foi o caso, segundo modalidades diversas, da Grã-Bretanha, da Alemanha e da Itália, por exemplo. Noutros países, rádios públicas e rádios privadas coabitaram, como na Bélgica e em França, mas também nas ditaduras salazarista e franquista. Uma situação que deu lugar a um monopólio de serviço público em toda a Europa após a Segunda Guerra Mundial, só sendo a presença de rádios privadas tolerada e estritamente controlada em França e mais modestamente em Itália, para além da estranha situação pluralista em Portugal e em Espanha.

Ora, foi este monopólio de serviço público da rádio que foi quase sempre encarregado de lançar a televisão ao estado experimental pouco antes da Segunda Guerra Mundial e de maneira alargada depois. Pelo que, após a guerra, a rádio e a televisão passaram a funcionar em regime de monopólio de serviço púbico um pouco por toda a parte na Europa. Enquanto a rádio, primeiro, e a televisão, em seguida (sobretudo a partir dos anos 1960), passaram a ser sucessivamente os média de informação dominantes, mais ou menos estreitamente controlados pelos partidos políticos que detinham o poder central ou regional (segundo especificidades decorrentes das tradições político-culturais de cada país, mais ou menos «estatistas» ou autonomistas).

A perda de influência dos partidos

As entradas em cena da rádio e da televisão como média de informação fizeram perder à imprensa o estatuto privilegiado de anunciadora das notícias. E o facto de os cidadãos passarem a ser confrontados com diferentes fontes de informação (imprensa, rádio e televisão), e não apenas com o «monopólio» do jornal comprado «lá em casa», fez desaparecer progressivamente os órgãos dos mais diversos partidos políticos e demais grupos de pressão, que passaram a ser encarados como praticando claramente um jornalismo militante e uma informação enviesada.

Com a desmonopolização dos sectores da rádio e da televisão nos anos 1970, este ascendente dos partidos no poder foi perdendo terreno, dada a nova proliferação dos média audiovisuais e a concorrência exercida pelo sector privado em matéria de informação. Mas também porque uma nova cultura pós-Maio de 68 e uma generalização da formação superior dos jornalistas favoreceram um claro distanciamento em relação às organizações políticas. O que levou até a quase totalidade dos países da Europa Ocidental (sendo a Espanha um exceção notória) a criar instituições que servem doravante de interface entre as rádios e televisões de serviço público, de um lado, e os governos centrais ou regionais, do outro. Do género da portuguesa ERC (Entidade Reguladora para a Comunicação Social), sendo os poderes destas instituições mais ou menos vastos ou restritos, consoante os países.

No entanto, se a informação deixou largamente de poder ser controlada ao nível da difusão, empresas, instituições, partidos e homens políticos vão tentar controlá-la ao nível da recolha, da fonte. Vão assim aparecer, a partir sobretudo dos anos 1960, os mais diversos adidos de imprensa e direções de comunicação. De modo a levar as empresas de média a considerarem que os jornalistas já não têm de consagrar tanto tempo e esforço à recolha da informação, recebendo-a agora devidamente confecionada, por parte das fontes que estão vivamente interessadas nela.

Esta constante da história das relações entre meio político e meio mediático é fundamentalmente posta em causa com o aparecimento da internet como média de informação na segunda metade dos anos 1990. Até porque, pela primeira vez, os meios políticos no poder deixaram praticamente de conseguir controlar a difusão da informação. O que os tem levado a uma sobreprodução de eventos e de comunicados de modo a suscitar a atenção dos média. Até porque todos os partidos políticos consideram desde sempre que estes não falam suficientemente deles, não dão suficientemente importância às suas atividades, iniciativas e tomadas de posição. E que, de qualquer modo, mesmo quando falam, não o fazem suficientemente ao gosto dos responsáveis do partido que está na origem dos eventos ou dos comunicados...

Um eterno desamor inevitável

Este eterno desamor é tanto mais facilmente compreensível quanto a vocação primeira de um média de informação, se quiser ter sucesso, é a de ter em consideração os interesses do seu público (leitor, ouvinte ou espectador, e agora até internauta) e não dos que estão interessados em «produzir» informação. Mas também é a de assumir claramente a função de contrapoder, impedindo que os poderes constituídos (à luz do dia, «discretos» ou obscuros), sejam eles político, económico, social, cultural, desportivo ou outros, tenham muito naturalmente tendência a abusar desse poder, ultrapassando os limites do que é admissível num Estado de direito e numa democracia no pleno sentido da palavra...

Os políticos precisam absolutamente dos jornalistas para comunicarem aos eleitores os seus projetos, as suas iniciativas, as suas tomadas de posição, as suas reações. Os jornalistas precisam absolutamente dos políticos para poderem dispor de uma vasta matéria suscetível de interessar os seus públicos. Só que a conceção que uns e outros têm do jornalismo, da informação e dos centros de interesse dos cidadãos é muitas vezes totalmente oposta e mesmo inconciliável[372]...

Texto revisto pelo autor

Edição original: «Uma relação íntima e conflituosa», in Revista Política, Lisboa, nº 2, dezembro de 2013, pp. 14-19.

Edição em castelhano: «De Gutenberg a Snowden: Medios de comunicación y poder político», in *Telos*, Madrid, nº 97, fevereiro-maio de 2014, pp. 9-11.

[372] Ver, sobre esta temática geral, J.-M. Nobre-Correia, *Histoire des Médias en Europe*, 2 vols., 12.ª edição, Bruxelas, PUB, 2010, 400 p.

24
Razões que explicam a miséria

A paisagem impressa do «Velho Continente», em todo o caso da sua parte ocidental, é fruto de uma história que deixou marcas profundas e mesmo indeléveis. E que explica a situação da imprensa em Portugal...

A paisagem impressa europeia (isto é, o mundo dos diários e periódicos não-diários impressos) não constitui um todo homogéneo, longe disso. É antes uma manta de retalhos nacionais ou regionais contrastados. Um *patchwork* que é consequência da história, e mais concretamente da história cultural, da história económica e da história política da Europa e dos diferentes países que a compõem.

O primeiro ponto de partida desta história é evidentemente o da «descoberta» da prensa tipográfica (da prensa, dos caracteres em chumbo amovíveis e da tinta utilizável direito-verso de uma folha de papel[373]) e o da sua expansão geográfica. «Descoberta» situada por volta de 1434-1451 e atribuída a Johannes Gutenberg (em Mogúncia[374], na atual Alemanha)[375], se bem que outros autores a atribuam a Laurens Janszoon (dito Coster, em Harlem, nos Países Baixos) ou a Prokop Waldfoghel (em Avinhão, em França)[376].

[373] Durante muito tempo, as folhas de papel foram apenas impressas sobre uma das páginas.
[374] Mainz, em alemão.
[375] Patrick Eveno, *Histoire de la presse française*, Paris, Flammarion, 2012, p. 10.
[376] Editorial Salvat, *Histoire Universelle*, vol. 13, Paris, Hachette, 2006, p. 366.

Da expansão à Reforma e Contrarreforma

Uma primeira constatação se impõe, permitindo afirmar que a expansão dos ateliês de prensa tipográfica se vai operar muito rapidamente na segunda metade do século xv, sobretudo em três tipos de lugares que têm grande necessidade de livros e documentos impressos: os centros de negócios, as sedes de universidades e as capitais administrativas. E, por outro lado, esta expansão observar-se-á prioritariamente nos países do centro da Europa e mais especialmente na sua vertente germânica[377].

Outro aspeto de natureza complementar permite compreender a história da imprensa: o aparecimento dos serviços postais de Estado a partir de meados do século xv, mas sobretudo em finais do século xv e princípios do século xvi e, no caso português, em 1520. A consequência desta inovação será o aparecimento da imprensa periódica *grosso modo* no primeiro terço do século xvii, nas regiões mais desenvolvidas da Europa, globalmente no pentágono delimitado por Londres, Paris, Florença, Francoforte e Antuérpia[378].

É claro que, com o tempo, esta periodicidade foi acelerando, tornando-se mais cerrada. Apareceram assim, primeiro, as publicações anuais (os anuários), depois os semestrais (um século e meio depois da descoberta da imprensa, por volta de 1588), os mensários (nove anos depois do primeiro semestral), os quinzenários (oito anos depois do primeiro mensal), os semanários (no início do século xvii, por volta de 1609) e, por fim, os diários (em 1650, em Leipzig: o *Einkommende Zeitungem*, que virá depois a chamar-se *Leipziger Zeitung*[379])[380].

[377] Jean-Baptiste Duroselle, *L'Europe, histoire de ses peuples*, Paris, Hachette, 1998, p. 274.

[378] Patrick Eveno, *Histoire de la presse française*, Paris, Flammarion, 2012, p. 7.

[379] A literatura dominante continua a afirmar que o primeiro diário da história foi *The Daily Courant*, em 1702, em Londres, quando se sabe hoje que, mesmo em Inglaterra, este foi precedido do *Norwich Post*, em 1701...

[380] Na segunda metade do século xix, muitos diários começarão a publicar várias edições no mesmo dia, situação que durará globalmente até aos anos 1970-80.

Segundo ponto de partida: a eclosão dos movimentos de Reforma e a Contrarreforma do cristianismo ocidental. Com a emergência do protestantismo em torno de três personalidades-chave: Martin Luther (e as suas 95 teses, afixadas na porta da igreja do castelo de Wittenberg, em 1517), Henry VIII (em Inglaterra, rompendo com a Igreja de Roma em 1533, para poder casar e descasar à vontade seis vezes) e Jean Calvin (que publica um texto considerado essencial em Basileia, em 1536), uma clivagem duradoura que vai apartar a Europa protestante da Europa católica.

Ora, o protestantismo vai favorecer a alfabetização, enquanto o catolicismo irá travar o progresso cultural. No mundo protestante, o «povo de Deus» terá por obrigação ler a Bíblia e os textos sagrados: a alfabetização será pois fomentada. No mundo católico, pelo contrário, o padre será o intermediário entre Deus e o «povo de Deus», só o padre terá assim necessidade de saber ler para aceder aos textos religiosos, que serão explicados ao «povo de Deus»: a alfabetização não será pois uma prioridade, antes pelo contrário[381]. E os índices de leitura tanto dos livros como da imprensa serão fortemente afetados até hoje por estes pontos de partida diferentes.

A consequência destas opções diametralmente opostas é que, desde o fim do século XVII, se encontram na Europa germânica e escandinava, protestante, populações largamente alfabetizadas. Enquanto na Europa do Sul, católica, registam-se taxas de analfabetismo importantes até pelo menos aos anos 1960-70, ou seja, três séculos depois.

Terceiro ponto de partida: a unificação precoce ou tardia dos Estados europeus. Unificação precoce da França, da Grã-Bretanha ou da Espanha. Mas unificação tardia da Itália (em 1859-70, por iniciativa de Camillo Cavour, primeiro-ministro de Piemonte-Sardenha) e da Alemanha (em 1864-71, tendo como promotor Otto von Bismarck, primeiro-ministro da Prússia). O que terá como consequência, no primeiro caso, uma

[381] Henri Mendras, *L'Europe des Européens*, Pais, Gallimard, 1997, p. 15.

centralização mais ou menos forte da imprensa e, no segundo, uma larga descentralização[382].

Centralização e descentralização

A esta questão da unificação vem acrescentar-se o facto de Londres se afirmar como centro económico e político da Inglaterra desde o século XV. Paris será capital administrativa, mas Lião [*Lyon*] conservará durante muito tempo ainda o título de capital económica, passando Paris a sê-lo apenas a partir de 1709. Quanto a Roma, será capital administrativa da Itália unificada (depois de Turim e de Florença), mas Milão manter-se-á como capital económica até aos nossos dias.

Por seu lado, Berlim será capital administrativa, deixará de o ser depois da Segunda Guerra Mundial, voltará a sê-lo depois da reunificação de 1990, mas nunca será a capital económica, sendo a capital financeira ainda hoje Francoforte, tendo os Aliados de qualquer modo imposto uma estrutura federal, descentralizada, para procurar impedir um poder central forte. Quanto a Espanha, a situação é bastante particular: Madrid será a capital administrativa, mas o poder económico situar-se-á antes do mais na Catalunha e no País Basco, nunca se realizando a unificação linguística, apesar da repressão franquista, e tendo o pluralismo linguístico até tendência para se acentuar depois do regresso da democracia, a partir de 1975.

Consequência destes ritmos diferentes de unificação ou de acentuada descentralização: uma imprensa nacional britânica centralizada exclusivamente em Londres e uma imprensa regional e local com fraca difusão. Uma imprensa nacional francesa centralizada em Paris, mas uma imprensa diária regional forte em termos de difusão (sendo o mais importante título em termos de difusão *Ouest-France*, em Rennes, com 742 645 exemplares vendidos, mais do dobro do primeiro diário «nacional» editado em Paris). Inexistência de facto de uma imprensa diária nacional na Alemanha, com

[382] J.-M. Nobre-Correia, *Histoire des Médias en Europe*, 2 vols., Bruxelas, PUB, 2010, 400 p.

exceção da «popular» *Bild Zeitung*, mas imprensa diária suprarregional e regional extremamente forte. Quase inexistência da imprensa de difusão nacional em Itália, com exceção de *La Repubblica* (de Roma), do económico *Il Sole 24 Ore* e da *Gazzetta dello Sport* (ambos de Milão) e dos magazines periódicos editados tanto em Roma como em Milão. E uma Espanha que tem sobretudo Madrid, mas também Barcelona, como capitais da imprensa nacional diária ou magazine, mas com uma imprensa diária regional que se afirma progressivamente.

Evidentemente, na análise dos dados factuais absolutos que caracterizam a paisagem impressa europeia[383], é indispensável ter em conta:

- os dados demográficos referentes a cada país (sendo as demografias fortes evidentemente mais favoráveis a uma maior pluralidade das publicações e a uma maior difusão destas);
- a situação linguística particular de cada país: homogeneidade ou pluralismo linguístico; língua própria (o que é favorável à existência de uma imprensa específica) ou língua(s) partilhada(s) com países limítrofes (o que permite a penetração das publicações oriundas destes países limítrofes e um confronto com as publicações autóctones na disputa do mercado).

Em termos relativos, os índices de difusão da imprensa diária na Europa põem em evidência a clivagem entre:

- o mundo do protestantismo e o mundo do catolicismo;
- o mundo economicamente desenvolvido e com um poder de compra elevado e o mundo com um nível de desenvolvimento inferior e menos poder de compra;
- o mundo alfabetizado e o mundo com forte taxa de analfabetismo até aos anos 1960-70 (tendo-se alfabetizado esta última parte da Europa já sob o império da rádio e sobretudo da televisão).

[383] J.-M. Nobre-Correia, «A paisagem mediática europeia depois da desregulamentação», in *Revista de História das Ideias*, Coimbra, nº 16, 1994, pp. 555–574.

Aos dados quantitativos que figuram no quadro da página 210 deste livro sobre o número de exemplares de jornais difundidos por mil habitantes, poderão acrescentar-se duas constatações particularmente interessantes:

- a imprensa diária «popular» só existe no mundo anglo-saxónico e é ela que tem as maiores tiragens (confirmando de certo modo a tese «diferencialista» do historiador e antropólogo Emmanuel Todd[384]). No mundo latino, as maiores tiragens são globalmente as dos diários de referência, e a imprensa «popular» é praticamente inexistente (Portugal constitui deste ponto de vista uma exceção interpelante no seio da latinidade),
- a imprensa diária desportiva existe sobretudo na Europa do Sul, com uma ou outra exceção na antiga Europa de Leste. É pura e simplesmente inexistente nos países anglo-saxónicos.

Quanto à situação da imprensa magazine, ela é contrastada: muito forte em França e na Alemanha, bastante fraca na Grã-Bretanha, em Itália e em Espanha[385].

As particularidades portuguesas

Nesta paisagem imprensa europeia, quais são as particularidades da paisagem impressa portuguesa? Algumas destas particularidades são, numa perspetiva europeia, francamente impressionantes:

- os níveis de difusão da imprensa diária são extremamente baixos (como se pode constatar no quadro citado antes), mais de oito vezes inferiores aos do país que ocupa a primeira posição nesta matéria: a Noruega;
- outra característica marcante: o número de publicações nacionais de informação generalista, diária ou semanal, é muito restrito;

[384] Emmanuel Todd, *Après l'empire*, Paris, Seuil, 2002, p. 123.

[385] J.-M. Nobre-Correia, *Socio-économie des Médias en Europe*, 2 vol., Bruxelas, PUB, 2011, 189 + 330 p.

• as empresas de edição de diários estão todas concentradas na faixa costeira que vai de Braga a Setúbal (só Évora, com o seu *Diário do Sul*, é exceção a esta constatação). Todo o Portugal «do interior», de Trás-os-Montes à Beira Baixa, mais o Baixo Alentejo e o Algarve, é totalmente desprovido de imprensa diária própria (o Fundão constituiu durante sete anos uma exceção no Portugal «do interior»: nele se publicou o *Diário XXI*, lançado a 17 de junho de 2002 e desaparecido a 18 de agosto de 2009).

• os diários ditos nacionais estão concentrados antes do mais em Lisboa, sendo publicados no Porto apenas dois. Em contrapartida, os jornais semanais e os magazines (com periodicidades diversas) de caráter nacional estão praticamente todos sediados em Lisboa.

Apesar desta situação de certo modo desesperante, não se desenvolveram até hoje iniciativas profissionais de imprensa digital em linha[386], ao contrário do que se passa há anos em todos os países geográfica e culturalmente próximos, como Espanha, França e Itália, por exemplo.

Esta ausência de uma necessidade de informação escrita, impressa, põe uma questão essencial que é a da articulação do mundo da informação, do jornalismo em Portugal, com os meios dirigentes e particularmente com os mundos da política e da economia. Terão estes conseguido integrar, fagocitar de tal modo o meio mediático e jornalístico para não sentirem necessidade de suscitar ou pelo menos favorecer o lançamento de novas publicações que traduzam outros projetos de sociedade e, por conseguinte, outras sensibilidades na cobertura e no tratamento da atualidade?

Mas, para além desta interrogação essencial em termos socioculturais, há razões para explicar o extremo subdesenvolvimento (não tenhamos medo do termo) da imprensa em Portugal. Evoquemos algumas:

• a censura que perdurou durante os 48 anos do salazarismo lançou um descrédito duradouro sobre a imprensa junto da população que acha

[386] Um projeto nesta matéria, chamado *Observador*, está anunciado para breve.

que ela «fala raramente dos verdadeiros problemas», «não diz a verdade» e «está ao serviço dos interesses de apenas alguns»;

- a esta deficiência de origem veio acrescentar-se o maremoto que devastou o sector da imprensa após o 25 de Abril: as ocupações das empresas jornalísticas, os saneamentos, as nomeações partidárias para postos de direção editorial e administrativa, a sucessão de orientações políticas diferentes e mesmo opostas fizeram que as empresas editoras e os jornais existentes no tempo do salazarismo fossem arruinados e desaparecessem uns atrás dos outros[387]: de uns doze diários «nacionais» editados em Lisboa e no Porto subsistem hoje apenas o *Diário de Notícias*, em Lisboa, e o *Jornal de Notícias* e, a um nível puramente local, o *Primeiro de Janeiro*, no Porto[388].

Destruir e não saber reconstruir

Quando, com o 25 de Abril, foi instaurada a democracia e, por conseguinte, suprimida a censura e declarada a liberdade de imprensa, as publicações surgidas então obedeceram antes do mais a critérios políticos e sobretudo partidários (por vezes caricaturais), sendo os critérios propriamente editoriais, jornalísticos e gestionários geralmente descurados. Assim sendo, estas novas publicações tiveram quase sempre existências extremamente curtas. Só anos mais tarde vieram a aparecer e a perdurar diários como o *Correio da Manhã* (lançado a 19 de março de 1979) e, ainda mais tarde, o *Público* (5 de março de 1990).

[387] Desapareceram assim os diários Época (1971-1974), *Novidades* (1923-1974), *República* (1930-1975), *Jornal do Comércio* (1853-1976), *O Século* (1881-1978), *Diário de Lisboa* (1921--1990), *Diário Popular* (1942-1991) e *A Capital* (1968-2005), em Lisboa, e *Comércio do Porto* (1854-2005).

[388] J.-M. Nobre-Correia, «Histoire et actualité de la presse portugaise», in *Trimedia*, Lille, nº 5, novembro de 1978, pp. 18–22. J.-M. Nobre-Correia, «Los medios de comunicación portugueses de la dictadura a la democracia», in *Telos*, Madrid, nº 49, março–maio de 1997, pp. 20–29. J.-M. Nobre-Correia, «Les médias portugais, de la dictature à la démocratie», in *Médiaspouvoirs*, Paris, nº 1 (nova série), 4º trimestre de 1997, pp. 37–47.

Por outro lado, antigos e novos jornais foram confrontados, num primeiro tempo, com uma taxa de analfabetismo elevada, que era ainda de 25,7% em 1970. E quando, num segundo tempo, esta taxa começou a baixar (embora fosse ainda oficialmente de 5,2% em 2011[389]), os portugueses já tinham entrado em massa na era da televisão (tendo o recetor de televisão sido um dos primeiros equipamentos a serem adquiridos graças aos aumentos dos salários obtidos nos primeiros meses e anos depois do 25 de Abril).

A esta fragilidade congénita viria a acrescentar-se uma desmonopolização do sector televisivo, com a criação de numerosas televisões comerciais, às quais se juntaram estações de origem estrangeira, que, transmitidas por cabo, têm igualmente direito a aceder à publicidade nacional. Pelo que Portugal constitui um dos raros países europeus onde a televisão absorve 74,45% dos investimentos publicitários[390], privando a imprensa de receitas essenciais. Enquanto a proliferação das rádios locais a foi privando dos anúncios de caráter local. Mais recentemente, a internet veio retirar-lhe os anúncios «classificados» e cada vez mais a publicidade de marca dita nacional.

Esta diminuição das receitas publicitárias, particularmente evidente (como no resto da Europa) desde 2008, fragilizou a imprensa, não lhe dando margem de manobra financeira suficiente para poder realizar a reconversão (tecnológica, editorial e gestionária) que se impõe, nomeadamente em termos digitais. Nem para encarar proceder a reformas essenciais que explicam também, há longos anos, a situação pouco invejada que é a sua:

[389] Estes dados sobre o analfabetismo provêm do Instituto Nacional de Estatística. Poderia acrescentar-se que traduzem uma realidade contestável, tanto é certo que uma parte importante da população só frequentou uma modesta «quarta classe» e perdeu em seguida todo o contacto com a leitura e a escrita.

[390] Cálculo a partir dos resultados que figuram no *Anuário da Comunicação 2011–2012*, Lisboa, Obercom, s.d., p. 134.

• um preço de venda demasiado elevado, nomeadamente no que diz respeito ao poder de compra dos potenciais leitores (o PIB por habitante em poder de compra-padrão é em Portugal inferior em 24% à média da União Europeia a 28. E, em relação à Noruega, país onde o índice de difusão da imprensa diária a pagamento é mais elevado, o poder de compra em Portugal é 2,6 vezes inferior[391]);

• uma distribuição altamente deficiente, não atingindo de forma suficientemente capilar todas as localidades do território português. Enquanto nas localidades de média e grande importância demográfica os pontos de venda estão quase sempre situados apenas nas zonas centrais destas localidades, sendo as periferias pura e simplesmente descuradas;

• uma ausência de edições regionais dos jornais publicados em Lisboa ou no Porto[392], aliada a uma quase ausência de cobertura da atualidade «na província», no Portugal «do interior», que faz que os conteúdos propostos sejam largamente desprovidos de interesse para quem vive nesta «província» e neste «interior» e já tomou conhecimento, pelas rádios e televisões de Lisboa, do essencial em matéria de política, economia, cultura e desporto, tanto nacional como internacional...

A situação da imprensa e da informação escrita em Portugal é pois extremamente grave, sem ser necessariamente desesperada. Mas, para sair de uma situação particularmente desprestigiante no seio da União Europeia e atingir níveis de difusão razoáveis, seria urgente lançar um plano de fundo sério em matéria de relançamento[393]. Antes que a imprensa portuguesa venha a desaparecer, morrendo os jornais uns atrás dos outros de severa anemia...

[391] Cálculo a partir dos resultados provenientes do Eurostat, 15 de novembro de 2013.

[392] É certo que *Público* publica diariamente uma edição Lisboa e uma edição Porto, com duas páginas diferentes de uma edição para a outra e um conteúdo regional ultralimitado...

[393] Ver, a este propósito, J.-M. Nobre-Correia, «Repensar as estruturas», in *Notas de Circunstância*, nº 1, setembro de 2013.

Texto revisto pelo autor

Edição original: «Razões que explicam a miséria», in *Notas de Circunstância*, 5 de fevereiro de 2014.

25
Uma história em perspetiva

Nos meses e anos após o 25 de Abril, o sector da imprensa «nacional» foi quase totalmente destroçado. O que não aconteceu noutros países europeus em situações relativamente comparáveis...

Aquele jornal veio a ser, durante cerca de oito meses,
um insólito fenómeno que muita gente não foi capaz de compreender
e muito menos aceitar[394]
José Saramago, diretor-adjunto do Diário de Notícias
de 10 de abril a 25 de novembro de 1975

Ao que parece, não se pode dizer que houve um «maremoto que devastou o sector da imprensa após o 25 de Abril». E, por conseguinte, «as ocupações das empresas jornalísticas, os saneamentos, as nomeações partidárias para postos de direção editorial e administrativa, a sucessão de orientações políticas diferentes e mesmo opostas fizeram que as empresas editoras e os jornais existentes no tempo do salazarismo fossem arruinados e desaparecessem uns atrás dos outros»[395].

[394] José Saramago, *Os Apontamentos*, Lisboa, Caminho, 1990, p. 194.
[395] Ver, a este propósito, J.-M. Nobre-Correia, «Razões que explicam a miséria», in *Notas de Circunstância*, nº 6, fevereiro de 2014.

Ora, é precisamente enfrentando a realidade nua e crua que se poderá tentar compreender uma das «razões que explicam a miséria» em que se encontra a imprensa portuguesa. E o enquadramento do pós-25 de Abril numa perspetiva histórica europeia talvez permita compreender melhor que se possa fazer o diagnóstico que foi avançado.

A continuidade britânica e a rutura alemã

É claro que as situações históricas nunca são idênticas de um país para outro, nem os acontecimentos, quando eles próprios estão distanciados de algumas dezenas de anos. Mas, na Europa Ocidental, situações houve que tiveram aspetos algo comparáveis aos da queda/libertação do salazarismo e da movimentação/revolução social que se lhe seguiu. Assim foram, em meados dos anos 1940, as situações de países que acabavam de sair da Segunda Guerra Mundial e viviam as alegrias e as preocupações da Libertação: a Grã-Bretanha, a Alemanha, a França e a Itália[396]. E, uma trintena de anos mais tarde, em Espanha, a transição da ditadura para a democracia parlamentar[397].

Na Grã-Bretanha, onde não houve presença de tropas estrangeiras durante a guerra, os jornais continuaram a sua atividade normal após o cessar-fogo, ultrapassadas as dificuldades de produção e de distribuição habituais dos tempos de guerra. Muito embora alguns diários célebres se tenham mostrado abertos a concessões para com a Alemanha nazi (como *The Times*), sido particularmente favoráveis ao regime hitleriano de Berlim ou mesmo apoiado claramente a British Union of Fascists durante algum tempo (como o *Daily Mirror* e o *Daily Mail*).

Após a guerra, os leitores britânicos ficaram fiéis aos «seus» jornais e, como acontece sempre em tempos de libertação, as difusões até

[396] J.-M. Nobre-Correia, Histoire *des Médias en Europe*, vol. 2, Bruxelas, PUB, 2010, pp. 213–225.

[397] J.-M. Nobre-Correia, *Histoire des Médias en Europe*, vol. 1, Bruxelas, PUB, 2010, pp. 169–171; J.-M. Nobre-Correia, *Histoire des Médias en Europe*, vol. 2, pp. 273–276.

aumentaram durante alguns anos. A crise das vendas só atingiu os diários populares no início dos anos 1950 e os diários de gama média em meados desse decénio, enquanto os diários de referência foram aumentando as suas difusões durante alguns decénios mais. Sete dos dez diários generalistas ditos nacionais atualmente publicados em Londres existiam já antes da guerra e mesmo antes da Primeira Guerra Mundial, com exceção do *Daily Star*, lançado em 1978, de *The Independent*, em 1986, e do título irmão *I*, em 2010, sendo o *The Sun* o título que substituiu em 1964 o *Daily Herald*, lançado em 1912[398].

Quando Adolf Hitler chegou ao poder na Alemanha, em 1933, o país contava 4703 *zeitungem*. Em 1934, subsistiam 2527 e em 1939 apenas 2288 (este último número compreende também os publicados na Áustria anexada pelo Reich em 1938). Por outro lado, em 1939, a editora do partido nazi, a Eher Verlag, controlava dois terços dos jornais, enquanto em 1944 detinha já 82,5%[399].

No pós-guerra, a situação da imprensa caracterizou-se pela tábua rasa total imposta pelos Aliados. Todos os média existentes antes foram pura e simplesmente proibidos. Para criar um novo jornal, o interessado deveria obter previamente uma licença atribuída pelos Aliados na sua zona de ocupação respetiva. Para a obter, deveria provar não ter estado comprometido com o regime nazi. E esta foi a situação que durou até à criação da República Federal da Alemanha, em 1949[400].

Num clima de destruição geral e de escassez de mão de obra, esta situação foi particularmente benéfica ao desenvolvimento ulterior da imprensa alemã. Favorecendo o aparecimento de empresários desejosos de se afirmarem como editores na nova cena mediática e democrática. Favorecendo

[398] Colin Seymour-Ure, *The British Press and Broadcasting since 1945*, Oxford, Blackweel, 1991, pp. 16–59.

[399] J.-M. Nobre-Correia, Histoire *des Médias en Europe*, vol. 1, p. 167.

[400] Dennis L. Bark e David R. Gress, *Histoire de l'Allemagne depuis 1945*, Paris, Robert Laffont, 1992, pp. 149-159.

ainda a criação de instalações mais modernas e adequadas às novas necessidades, evitando entraves e encargos de edifícios que datavam por vezes do século precedente. Favorecendo também a constituição de equipas mais reduzidas, nomeadamente no plano técnico, o que permitiu na devida altura que a imprensa não fosse entravada no seu desenvolvimento «por pressões malthusianas dos sindicatos operários e lançar-se sem entraves na senda da automatização»[401]. Consequência desta história: todos, absolutamente todos os jornais alemães atuais, foram lançados durante os últimos 70 anos.

A indulgência italiana e o radicalismo francês

A estas situações, britânica e alemã, diametralmente opostas contrapõem-se as situações em Itália e em França, aliás também diferentes entre si. Em Itália, nove meses apenas depois da chegada de Benito Mussolini ao poder, em 1922, os prefeitos viram-se atribuir «a faculdade de notificar e destituir o gerente de uma publicação no caso de entrave à ação diplomática do governo em política internacional, de instigação ao ódio de classe e à desobediência às leis, de conivência com interesses estrangeiros, de ultraje à pátria, ao rei e à família real, ao papa, à religião de Estado, às instituições e às potências amigas»[402]. Uma formulação extremamente larga que abre evidentemente a porta a todos os abusos da parte da administração pública.

Muito rapidamente, a imprensa é fascizada, posta ao serviço do regime. Uma série de diários importantes passarão a ter diretores fascistas logo em 1923. O mesmo acontecerá à agência de informação *Stefani*, em 1924, e aos dois grandes diários de referência, *La Stampa*, de Turim, e *Corriere della Sera*, de Milão, em 1925. No caso de *La Stampa*, o proprietário será mesmo obrigado a ceder a propriedade à família Agnelli, sua atual proprietária e principal acionista (então como agora) do construtor automóvel Fiat.

[401] Pierre Albert, *Histoire de la presse*, 11.ª ed., Paris, PUF, 2010, p. 116.
[402] Giovanni Gozzini, *Storia del giornalismo*, s.l., Bruno Mondadori, 2000, p. 220.

Quando o fascismo e a monarquia foram derrubados, após um período de hesitação, a maioria dos diários italianos fascizados por Mussolini é de novo publicada[403]. Não houve em Itália um movimento de saneamento radical à maneira do operado na Alemanha, nem mesmo um saneamento mais ou menos contrastado, como em França. Praticamente todos os grandes diários atuais das grandes cidades italianas continuaram a ser publicados durante o fascismo. O *Corriere della Sera* e *La Stampa* são ainda hoje o primeiro e o terceiro diários de referência, sendo *La Repubblica*, de Roma, lançado em 1976, o segundo (embora na região de Roma seja *Il Messaggero*, lançado em 1878, que continua a vender mais).

Em França, depois da guerra, foram tomadas decisões radicais que afetaram fortemente, e de maneira bastante negativa e definitiva, o nível de difusão da imprensa diária. Esquematicamente, durante a Segunda Guerra Mundial, parte da imprensa francesa decidiu continuar a ser publicada sob a ocupação e a colaborar com o ocupante alemão. Outra seguiu o governo do marechal Philippe Pétain, que, em junho de 1940, instaura um regime conservador ditatorial de colaboração com o ocupante em Vichy, numa «zona sul» que será ocupada em novembro de 1942. Por seu turno, começa a aparecer uma imprensa clandestina em finais de 1939.

A ocupação teve como consequência o desaparecimento de quase 80% dos títulos existentes antes da guerra em França. E, chegada a Libertação, as disposições [*ordonnances*] de 1944 do governo provisório do general Charles de Gaulle «sobre a organização da imprensa francesa» foram postas em aplicação: as publicações editadas na França ocupada, sob controlo alemão, são suprimidas; para poder lançar uma publicação é preciso dispor de uma autorização oficial (medida aplicada até fevereiro de 1947); as autorizações prévias são atribuídas em prioridade: 1. às antigas publicações editadas na clandestinidade, 2. às antigas publicações que tinham cessado

[403] Paolo Murialdi, *La Stampa italiana dalla Liberazione alla crisi di fine secolo*, Roma-Bari, Laterza, 1998, pp. 3-50.

atividade e, por conseguinte, renunciado a aparecer no tempo da ocupação e, 3. às equipas redatoriais patrocinadas pela Resistência que desejam tomar a iniciativa de criar uma nova publicação[404].

Por conseguinte, a reorganização do sector da imprensa no pós-Libertação é concebida sobretudo a partir de considerações de caráter político. Desde logo, a imprensa não toma a dimensão industrial e comercial que a continuidade permitiu dar à imprensa britânica. Nem a que uma situação de rutura favoreceu na Alemanha. Tanto mais que, para impedir qualquer movimento de concentração, é proibido que uma só pessoa possa dirigir mais de um diário.

Editores e equipas de jornalistas procuraram ultrapassar a situação de perplexidade e desconfiança dos leitores, lançando títulos de modo a fazer compreender aos leitores que se tratava do mesmo jornal de antes, embora com um nome diferente: *France-Soir* ocuparia assim o lugar do antigo *Paris-Soir* (o maior diário do período entre as duas guerras), *Le Parisien Libéré* (hoje apenas *Le Parisien*) do *Le Petit Parisien* ou *Le Monde* o de *Le Temps* (utilizando neste caso não a mesma palavra, mas os mesmos caracteres góticos do logótipo).

Da transição espanhola às constatações gerais

Uma trintena de anos depois, uma situação em certos aspetos comparável pôr-se-á com a morte do ditador Francisco Franco, em 1975, e a transição gradual para um regime democrático em Espanha. Mas, ao contrário dos quatro países evocados anteriormente, Espanha não se encontrava num grau de miséria mais ou menos elevado e mesmo transformada em campo de ruínas provocado pela guerra. Pelo que, se bem que os diários publicados no tempo do franquismo continuassem globalmente a ser publicados, outros foram lançados e passaram até em alguns casos a ser os mais vendidos: os jovens *El País* (lançado em 1976) e *El Mundo* (1989), seguidos

[404] Patrick Eveno, *Histoire de la presse française*, Paris, Flammarion, 2012, pp. 175-191.

dos velhos *La Vanguardia* (1881) e *ABC* (1903), mas também dos novos *El Periódico* (1978) e de *La Razón* (1998), que ocupam atualmente, e por esta ordem, as seis primeiras posições em termos de difusão.

Ora, em 1940 fora criada a Cadena del Movimiento, com 35 jornais[405] confiscados pelo franquismo aos seus antigos proprietários republicanos. As 22 publicações ainda detidas pelo Medios de Comunicación Social del Estado (que havia sucedido à Cadena del Movimiento) foram postas à venda em 1982-84: 17 foram cedidas a particulares em leilão, as outras 5 não encontraram compradores (nomeadamente *Pueblo*, órgão dos sindicatos verticais)[406].

Esta passagem em revista de dois momentos da história em quatro países, em fins dos anos 1940 início dos anos 1950, no primeiro caso, e num quinto país, em fins dos anos 1970 início dos anos 1980, no segundo caso, permite tirar as seguintes conclusões:

- numa situação de libertação de uma guerra, de uma ditadura ou mesmo de uma ditadura em guerra, os cidadãos sentem uma grande necessidade de informação sobre as realidades do presente e sobre as perspetivas do futuro. O que provocava sempre um aumento considerável das difusões dos jornais, em momentos da história onde os jornais em papel ainda dominavam largamente a cena mediática da informação jornalística;
- a imprensa que se encontrava em melhores condições para explorar esta situação de interesse pela informação foi a britânica, que continuou serenamente o seu caminho editorial, industrial e comercial. Mas também a italiana, que, para além de uma agitação de curta duração, pôde voltar ao encontro dos seus leitores habituais. E, numa situação

[405] A que se juntavam 45 estações de rádio, vindo em 1945 a acrescentar-se-lhes a nova agência de informação *Pyresa* (Periódicos y Revistas Españoles, Servicio de Agencia).

[406] Alejandro Pizarroso Quintero, *De la Gazeta Nueva a Canal Plus*, Madrid, Editorial Complutense, 1992, pp. 206–210. Juan Francisco Fuentes e Javier Fernández Sebastián, *Historia del periodismo español*, Madrid, Editorial Sintesis, 1997, pp. 317–335.

totalmente oposta, a imprensa alemã, que pôde criar novos jornais tendo em consideração as novas configurações socioeconómicas do «leitorado», assim como as novas condições técnicas e humanas de produção e de gestão dos jornais;

- o radicalismo adotado pelo governo provisório do general Charles de Gaulle, em França, provocou uma rutura brutal na relação de grande parte dos leitores com a imprensa, tendo os «seus» jornais habituais desaparecido. E as tentativas de adaptação de nome, grafismo ou estilo não foram manifestamente suficientes para recuperar o elo de conivência dos leitores com os novos jornais;
- o caso espanhol situa-se, uma trintena de anos mais tarde, num contexto socioeconómico totalmente diferente do dos outros países evocados e num contexto mediático igualmente diferente, com as rádios públicas e privadas a usufruírem então de uma grande audiência e a televisão a assumir já um papel de informação de uma certa importância;
- em todos os casos se constata uma grande fidelidade dos leitores aos «seus» antigos jornais, a partir do momento em que estes assumem uma certa continuidade editorial adaptada aos novos tempos, à nova situação democrática. Quantas vezes o «velho» jornal é aquele que já era lido pelos pais e mesmo pelos avós, e faz parte de certo modo do quadro tradicional da família do leitor?! Os novos jornais, por seu lado, conquistaram geralmente leitores junto de públicos que antes não liam jornais, dado o sentimento de desconfiança e de hostilidade que estes suscitavam no tempo da guerra ou da ditadura.

A nefasta singularidade portuguesa

Em Portugal, após o 25 de Abril e a Libertação da ditadura salazarista, o mundo da imprensa foi confrontado a situações diferentes[407]. A quase

[407] J.-M. Nobre-Correia, «Histoire et actualité de la presse portugaise», in *Trimedia*, Lille, nº 5, novembro de 1978, pp. 18–22. J.-M. Nobre-Correia, «Los medios de comunicación

totalidade dos diários ditos «nacionais» passara para o controlo dos bancos nos últimos anos do salazarismo. O que significava que, de certo modo, os editores no sentido forte (antigo e etimológico) da palavra, para além de eventuais insuficiências técnicas e de mais que prováveis alinhamentos políticos com o regime deposto, não detinham o poder real nas empresas. Em contrapartida, o novo poder político vagueava ao sabor das ondas mais diversas e contraditórias, num clima de incertezas que não durou apenas do 25 de Abril ao 25 de Novembro, mas durante mais alguns anos[408]. E, ao sabor das vagas montantes, as direções de diários e semanários foram-se sucedendo umas atrás das outras, e as relações de forças no seio das empresas modificando, provocando desarticulações das redações, ruturas de tom, de alinhamento político e de projeto editorial mais ou menos vago, atrasos e irregularidades na distribuição dos jornais por causa de plenários intermináveis e até convites do próprio Sindicato dos Jornalistas para que os leitores «boicotem» um jornal!...

Socializante um dia, comunizante no outro, otelista no terceiro, emeerepumpista ou udepista ou outra coisa no género de vez em quando, pepedista chegada a altura e até mesmo cedesista, os jornais foram desorientando e irritando seriamente os seus leitores tradicionais e mesmo os novos interessados por uma atualidade crepitante. Ao passo que a continuidade indispensável no leme da empresa e da redação foi durante

portugueses de la dictadura a la democracia», in *Telos*, Madrid, nº 49, março–maio de 1997, pp. 20–29. J.-M. Nobre-Correia, «Les médias portugais, de la dictature à la démocratie», in *Médiaspouvoirs*, Paris, nº 1 (nova série), 4º trimestre de 1997, pp. 37–47.

[408] Só os responsáveis de um diário decidiram eles mesmos que o jornal deixava de ser publicado: *Novidades*. O episcopado considerou com efeito «não ter condições para continuar com o jornal, que se extinguiu com o número 26 146, de sexta-feira, 3 de maio de 1974» (Mário Matos e Lemos, *Jornais Diários Portugueses do Século XX*, Coimbra, Ariadne Editora-Ceis 20, s.d., p. 471). O episcopado tinha boas razões para deixar de publicar um diário que servira de apoio ideológico constante ao salazarismo, traduzindo apenas aquele que foi o apoio do episcopado ao Estado Novo: Ver, a este propósito, Duncan Simpson, *A Igreja Católica e o Estado Novo Salazarista*, Lisboa, Edições 70, 2014, 308 p.

demasiados anos de demasiada curta duração. O suficiente para que os leitores se fossem fundindo, como neve ao sol, provocando a morte inevitável de uns e a queda de outros no inferno da fragilidade condenatória. Quedas raramente reversíveis, com os leitores tradicionais a abandonarem, descontentes, o «seu» jornal, enquanto os que não são habitualmente seus leitores não se sentem suficientemente motivados por «novas fórmulas», tendo ancorado no mais profundo dos seus inconscientes a imagem de um jornal que nunca lhes agradou e tem para eles uma má imagem de marca. A missa estava dita, e nos órgãos da catedral mediática soava já um formidável *requiem* particularmente preocupante para a vitalidade da democracia...

Texto revisto pelo autor
Edição original: «Um momento da história em perspetiva», in *Notas de Circunstância*, 5 de abril de 2014.

26
A inconfessável conivência

Ambições diversas da «classe judiciária» levam-na a praticar «fugas» em série para jornalistas «amigos». Fazendo de «segredos de justiça» uma literatura que pouco tem a ver com o «jornalismo de investigação»...

Diz a teoria que, em democracia, coexistem três poderes: o legislativo, o judiciário e o executivo. Cada um deve ser autónomo em relação aos dois outros. Só esta «separação dos poderes» é de natureza a preservar o desejável bom funcionamento da democracia.

Datando esta teoria de há mais de dois séculos e meio, vem depois juntar-se outra que pretende existir um «quarto poder»: o «poder da imprensa», designado hoje por «poder dos média». «Poder» contestado até porque não instituído como tal nas estruturas de um Estado de direito. Havendo mesmo quem prefira chamar-lhe «contrapoder».

Na realidade, nas democracias de pacotilha, o poder executivo domina claramente o poder legislativo e o poder judiciário. Nas democracias formais dos nossos dias, o poder executivo põe os partidos da maioria às suas ordens no parlamento, deixando-lhes diminuta margem de iniciativa e impondo-lhes votos favoráveis em toda e qualquer iniciativa governamental.

Novas e antigas alianças

A evolução da relação entre o poder judiciário e o poder executivo assume, quanto a ela, aspetos diferentes nestes últimos decénios. Tradicionalmente na dependência do poder executivo (em termos de nomeações, colocações e promoções), o poder judiciário tem procurado soltar-se das rédeas que o entravavam, apoiando-se nos média. Procurando tirar proveito da proliferação dos média, sobretudo a partir da desmonopolização dos sectores da rádio e de televisão, e mais recentemente das numerosíssimas, variadas e incontroladas iniciativas em linha. Procurando sobretudo tirar proveito da lógica da concorrência desenfreada entre média e entre jornalistas, também estes muitíssimo mais numerosos do que há uns 30-40 anos.

Ora, nas democracias de pacotilha, esta utilização dos média é tanto mais cómoda quanto estes não só não existem enquanto «quarto poder», como não existem enquanto «contrapoder», dominados que são, cada vez mais, pelo poder económico. Sobretudo se, como no caso português, a fragilidade dos jornais (impressos, radiofónicos, televisivos ou em linha) faz que os meios humanos sejam geralmente muitíssimo limitados e, por conseguinte, seja extremamente reduzida a capacidade de pôr em prática um verdadeiro «jornalismo de investigação».

Os meios judiciários passam assim a utilizar os média, alimentando-os com «fugas» discretas de elementos de informação da instrução dos «dossiês». Atitude que se pode explicar teoricamente pela necessidade que os meios judiciários sentem de aumentar a própria margem de manobra, tornando públicos «dossiês» e impedindo deste modo que o poder executivo ou mesmo a hierarquia do poder judiciário (para não falar já dos mais diversos grupos de pressão) possam travar e até impedir o prosseguimento normal da instrução. Mas também, convém não esquecer, porque juízes, procuradores e demais pessoal judiciário querem pôr-se em evidência, em valor, enquanto «classe» ou, mais geralmente, enquanto personagens eminentes (ou que se pretendem tal) desta «classe».

Ora, é por demais evidente que esta «classe» não vive num qualquer Olimpo, imune às vicissitudes terrenas, às opções ideológicas, aos pequenos rancores ou às grandes sedes de vingança. Sobretudo se conseguir apanhar nas suas redes um personagem que dispõe (ou dispôs) de um poder considerável e até acabou com alguns «chocantes privilégios» da dita «classe». E ainda mais se se situar num campo teoricamente antagónico do conservadorismo que caracteriza tradicionalmente boa parte da «classe judiciária».

Só que, por vezes, a «classe» «perde os pedais», perde o seu desejável autocontrolo e ultrapassa «os termos dos limites». Montando ou dando indicações para que possa ser montada uma formidável operação mediática, de modo que a detenção particularmente anómala da dita personagem seja devidamente coberta por jornais e televisões amigas. De modo que estes possam preparar antecipadamente a «exclusividade», com sobeja matéria para pôr rapidamente no papel ou no ecrã. Haja embora depois alguns desagradáveis percalços: a personalidade a deter não se apresenta no dia previsto, mas só no seguinte à noite, com o semanário privilegiado a ser obrigado a retardar a sua «edição especial» para dois dias depois[409]; e, embora o telejornal das 20h00 comece antes da hora normal, as «medidas de coação» falham o provavelmente desejado efeito do «direto» à hora de jantar de cidadãos sedentos de imagens e informações «espetaculares».

Espetáculo e tirania mediática

Esta montagem da operação mediática faz pensar que a «classe judiciária» não é afinal tão politicamente impune como quer parecer. Até porque a detenção tem lugar em plena movimentação em torno da convocatória de uma «candidatura cidadã» para as próximas eleições legislativas, da

[409] O dito semanário justifica esta «edição especial» afirmando perentoriamente que é «o único jornal que dispõe de informação (pormenorizada) sobre as conclusões da investigação feita ao ex-primeiro-ministro durante um ano»...

convenção de um partido da oposição radical e do congresso do principal partido de oposição do «arco da governação». Isto é: em plena mobilização de formações que se situam entre o centro-esquerda e a esquerda radical, claramente opostas ao conservadorismo clássico da «classe judiciária». Pretendendo embora não fazer política, o ódio de estimação da «classe» leva-a (involuntariamente?, *bien malgré ele?*) a escolher o seu campo, esquecendo (momentaneamente?) tantos antigos e recentes dossiês ligados a gente no poder e adotando claramente atitudes e decisões bem mais radicais em comparação com as que adota com gente de quem, ao que tudo leva a crer, se sente mais próxima...

É claro que ninguém duvida que a «classe judiciária» na origem do «acontecimento do ano» conheça bem um princípio de base do jornalismo *light, very light*, praticado pela grande maioria dos média portugueses: um acontecimento forte escamoteia, faz esquecer os acontecimentos anteriores recentes. Os protagonistas dos escândalos em série dos amigos no poder poderão pois dormir descansados! Até porque, estejamos certos, o poder executivo e os seus homens de mão nos partidos da coligação encarregar-se-ão de alimentar os média amigos. E, no estreito cenáculo mediático português, os média amigos são legião!...

Há realidades incómodas que convém sempre ter presentes: em Portugal como em boa parte dos outros países, mas mais em Portugal do que em muitos destes países, o pretenso «jornalismo de investigação» é de facto e antes do mais um «jornalismo de revelação». Pela boa razão de que se baseia largamente em inquéritos realizados por outros (meio judiciário, polícia,...) que são objeto de «fugas», sem que os jornalistas se interroguem sobre a questão de saber o que motiva as fontes a tal generosidade, dando-lhes informações sensíveis, sujeitas a «segredo de justiça».

Situações há em que as «fugas» são provocadas conscientemente, honestamente, de modo a impedir os entraves ao funcionamento da justiça, em nome do Estado de direito essencial a uma sociedade democrática. Mas é tempo de a hierarquia judiciária proceder a um inquérito aprofundado sobre a origem intempestiva e em rajada de «fugas» em torno do chamado «segredo de justiça». Até porque, repercutidas pelos média, tomam muitas vezes aparência de «jornalismo de delação» e até mais precisamente de «jornalismo de denúncia», em que o «presumido inocente» é executado pela guilhotina da tirania mediática e da *vox populi* antes mesmo de ser condenado...

Texto revisto pelo autor
Edição original: «A inconfessável conivência», in *Notas de Circunstância 2*, Fundão, 26 de novembro de 2014.

Edição abreviada: «A incofessável conivência», in *Jornal de Notícias*, Porto, 27 de novembro de 2014, p. 15.

27
Revoluções na continuidade...

Os movimentos que atravessam desde há alguns anos o mundo dos média e do jornalismo têm talvez necessidade de ser situados numa perspetiva histórica para poderem ser relativizados...

Manifestamente, desde há já alguns longos anos, os média e o jornalismo atravessam uma zona de fortes turbulências. São todos os pontos de referência tradicionais destes dois mundos que se desmoronaram ou, pelo menos, foram seriamente abalados.

Em tal contexto, considerações contraditórias surgiram aqui e ali. Umas, pessimistas, até mesmo catastróficas, detetam na situação atual a derrocada dos média de informação, e, em todo o caso, a da informação de qualidade, quando não o desaparecimento progressivo do jornalismo tal como foi concebido em finais do século XIX, princípios do século XX[410]. Outras, eufóricas, veem na enorme quantidade de novidades tecnológicas que o atravessam a aurora de uma nova era e o nascimento anunciado de um novo mundo, de uma nova maneira de viver em sociedade...

[410] Ver, a este propósito, J.-M. Nobre-Correia, «La crisis des periodismo: Cierta muerte anunciada», in *Telos*, Madrid, Fundación Telefónica, nº 66, janeiro–março de 2006, pp. 14–21.

Porém, à luz da história dos média ditos «tradicionais» (imprensa, rádio e televisão), talvez conviesse relativizar muitos argumentos perentórios que tanto sucesso têm estes tempos nas conversas de café do comércio como nos areópagos mais sábios. Nomeadamente os que estabelecem comparações entre a qualidade da informação proposta nos nossos dias e aquela à qual os cidadãos tinham acesso outrora. Mas também os que evocam uma antiga prática jornalística erigida em referência técnica, deontológica e ética. Quando muitas críticas que são hoje em dia correntes datam por vezes do nascimento da grande imprensa de informação, até mesmo do aparecimento dos próprios jornais impressos: apenas um pouco mais de um século depois, já em 1626, «representou-se em Londres a obra [de Ben Jonson] *The Staple of News*, (A loja de notícias). Trata-se de uma sátira duríssima contra os profissionais da informação, acusados de tratarem os factos da realidade como mercadorias e de não serem escrupulosos na sua informação. Assim, um dos protagonistas chega a informar que o rei de Espanha fora eleito papa»[411].

Vender papel para todos os gostos

Aparecida na Europa entre 1435 e 1450, a imprensa tipográfica[412], «sob o impulso de um punhado de burgueses capitalistas esfaimados de benefícios», cobria de ateliês todo o continente numa trintena de anos, «tecendo uma rede de comunicações culturais calcada sobre a das trocas mercantes». A Europa «constituía-se num mercado onde o pensamento se vendia e se trocava»[413].

Ora, se a imprensa era utilizada em primeiro lugar para reproduzir bíblias, placares, indulgências, calendários, almanaques, gramáticas, logo

[411] Manuel Vázquez Montalbán, *Historia y comunicación social*, Barcelona, Mondadori, 2000, pp. 79–80.

[412] A técnica da prensa tipográfica consiste essencialmente no emprego de caracteres móveis em metal, de tinta gordurosa e da prensa a braços.

[413] Henri-Jean Martin, *Histoire et pouvoirs de l'écrit*, Paris, Albin Michel, 1996, pp. 216 e 252.

no fim do século XV aparecem publicações com caráter jornalístico (ou parajornalístico) por ocasião de um acontecimento importante (e de um só): batalha, funeral de príncipe, festa, vida na corte,... de que fazem o relato. Chamam-nos *ocasionais*. Mas, um pouco mais tarde, assiste-se também ao nascimento dos *canards*, endereçados a um público popular, que fazem o relato de factos sobrenaturais, milagres, crimes, catástrofes naturais e tudo o que diz respeito ao monstruoso, ao maravilhoso, ao extraordinário, muitas vezes ilustrados e escritos numa linguagem simples. Quer dizer: o *faits-divers* e o sensacional, frutos naturais de uma imaginação mais ou menos fértil. Mais tarde ainda, no começo do século XVI, aparecem os *libelos*, centrados na polémica religiosa, primeiro, e na polémica política, depois. São assim centrados na expressão de opiniões e no combate ideológico, sendo a agressividade e a exaltação condimentos muito apreciados[414].

Bem se pode dizer que a preocupação dos editores-impressores em «vender papel» (em «fazer audiência», poderia dizer-se em termos mais latos e mais dos nossos dias) data das origens. Informar não é necessariamente a sua primeira preocupação. E eles não são, aliás, muito meticulosos acerca da qualidade dos conteúdos propostos aos leitores, tendo naturalmente recurso à efabulação e mesmo à pura imaginação, à especulação e ao anátema, a fim de fazerem realçar o interesse do público pelas folhas que lhe propõem comprar. Estimular e aprofundar o mercado era uma preocupação presente no espírito dos editores-impressores, que procuravam assim diversificar a sua produção.

No início, estes diferentes tipos de publicações apareciam de maneira pontual, ocasional. Quando a questão da periodicidade se pôs, os impressos são primeiro *anuais* ou *semestrais*. Estes últimos aparecem quase um

[414] «Logo em 1517, o monge Martin Luther afixara, nas portas da capela dos Agostinhos de Wittenberg, as suas propostas contra as indulgências. Quase imediatamente, as primeiras campanhas de imprensa de caráter moderno desencadearam-se pela Alemanha, com grande contribuição de cartazes, de panfletos e de caricaturas» (Henri-Jean Martin, *Histoire et pouvoirs de l'écrit*, p. 240).

século e meio depois da descoberta da imprensa tipográfica, e é preciso esperar pelo fim de século XVI para os primeiros *mensários*. Quando foram criados os correios postais[415] que partem das cidades importantes uma vez por semana, o correio favorece a criação de *semanários* no início do século XVII. Mas é apenas em 1650, dois séculos depois da descoberta da imprensa tipográfica, que aparece o primeiro *diário*[416].

Como consequência da lentidão dos circuitos utilizados pela informação, da composição manual e da impressão à força de braços, o conteúdo das folhas propostas aos leitores não brilha pela frescura. O primeiro número de *La Gazette*, primeiro semanário francês lançado por Théophraste Renaudot, datado de 30 de maio de 1631, publicava informações provenientes de Constantinopla (datando de 2 de abril), «de Roma (26 de abril), da Alta Alemanha (30 de abril), da Silésia (1 de maio), de Veneza (2 de maio), de Viena (3 de maio), de Estetino (4 de maio), de Praga (5 de maio), de Francoforte do Meno (14), de Amesterdão (17), de Antuérpia (24 de maio)»[417]...

[415] O correio postal foi implantado em todo o território espanhol pelos Reis Católicos, Fernando de Aragão e Isabel de Castela, em 1492. Ver também Asa Briggs e Peter Burke, *A Social History of The Media*, Cambridge, Polity Press, 2007, p. 21.

[416] Considera-se geralmente *The Daily Courant*, lançado em 1702, em Londres, como o primeiro diário no mundo. Porém, sabe-se hoje que antes dele houve o *Norwich Post*, em 1701, no Sudeste de Inglaterra. Na realidade, é em Leipzig que, meio século antes, em 1650, o impressor e livreiro Timotheus Ritzsch lança as *Einkommende Zeitungen*, que são publicadas seis dias por semana, em quatro páginas de 135 x 170 mm, tiradas a 200 exemplares. Mas o privilégio de que dispõe Ritzsch chega ao fim em 1652, e o diário deixa de ser publicado. Obtendo, alguns anos mais tarde, outro privilégio, Ritzsch lança, a 1 de janeiro de 1660, *Neu-einlauffende Nachricht von Kriegs-und Welt-Händeln*, publicado seis dias por semana e mesmo, algum tempo mais tarde, sete dias por semana, até 1668 (ver, a este propósito, Giovanni Gozzini, *Storia del giornalismo*, s.l., Bruno Mondadori, 2000, p. 36; Pierre Albert e Ursula E. Koch, *Les Médias en Allemagne*, Paris, PUF, 2000, p. 7).

[417] Louis Trenard, «La Presse française des origines à 1788», in Claude Bellanger *et al.* (org.), *Histoire générale de la presse française*, vol. I, Paris, PUF, 1969, p. 87.

Das censuras à liberdade antes da massificação

Além disso, a partir de 1478-79, a imprensa sofre os tormentos da censura eclesiástica (episcopal ou papal[418]) e do poder civil (imperial, real ou territorial), devendo todos os textos destinados a impressão ser-lhes submetidos previamente. Muitas vezes, o número de prensas tipográficas será oficialmente limitado (em 1586, a Star Chamber decide assim que o direito de imprimir será limitado às únicas cidades de Londres, Oxford e Cambridge[419]), e será preciso dispor de um *privilégio* para poder estabelecer-se como impressor. Porque a informação é claramente entendida como um instrumento das gentes do poder para que possam exercer este poder. Muitas vezes, os primeiros periódicos são aliás lançados por iniciativa dos próximos [*entourage*] e mesmo dos soberanos: foi o caso, em França, de *La Gazette* de Théophraste Renaudot, protegido do cardeal duque de Richelieu, primeiro-ministro de Luís XIII; mas foi o caso igualmente da *Gazeta Nueva*, em Espanha, lançada em 1661 por iniciativa de Francisco Fabro Bremundan, secretário de Juan José de Áustria, primeiro-ministro de Carlos II, seu meio-irmão.

É preciso esperar por 1695 para que a censura seja abolida na Inglaterra, a Revolução Francesa, um século mais tarde, impondo o princípio da liberdade da imprensa: «a livre comunicação dos pensamentos e das opiniões é um dos direitos mais preciosos do homem; qualquer cidadão pode pois falar, escrever, imprimir livremente, tendo de responder pelo abuso desta liberdade nos casos determinados pela lei.» Embora, durante dois séculos ainda, a censura continue a reprimir um pouco por todo o lado no continente europeu, durante períodos de tempo por vezes muito longos, nomeadamente por ocasião de conflitos armados, sobretudo se o próprio país estiver envolvido neles, ou sob regimes autoritários, e mesmo ditatoriais, de que se conhecem ainda casos hoje em dia na Europa.

418 E, em 1543, o papa Paulo III cria o princípio do *imprimatur*, um visto prévio da censura eclesiástica para toda a obra impressa.

419 Giovanni Gozzini, *Storia del giornalismo*, p. 13.

Como os mecanismos de censura não eram manifestamente suficientes para limitar a circulação da informação, estabeleceram-se novos mecanismos para limitar o público que podia ter acesso a ela. Assim, em 1712, o parlamento inglês decidiu impor aos jornais um *direito de selo* segundo o formato, bem como um direito por cada anúncio publicado. Disposições reforçadas em diversas ocasiões, tornando os jornais cada vez mais caros e, desde logo, apenas ao alcance das carteiras dos meios sociais desafogados. Disposições que só foram suprimidas em 1855[420].

Com a industrialização da imprensa no século XIX, as tiragens aumentam, e os jornais atingem públicos muito mais vastos. Os custos de produção por exemplar diminuem consideravelmente, e a introdução da publicidade como fonte de receitas (para além das vendas) permite baixar fortemente o preço de compra: quando lança *La Presse*, em Paris, a 1 de julho de 1836, Émile de Girardin – inspirando-se na imprensa inglesa, tendo o percursor nesta matéria sido *The Daily Advertiser*, lançado em 1730 – decide recorrer à publicidade, o que lhe permite fixar a assinatura ao seu diário em exatamente metade do que é habitual[421]. Daí uma diversificação tanto das publicações como dos conteúdos propostos aos leitores, dando os *faits-divers* então entrada a diferentes níveis em jornais outrora consagrados prioritariamente à informação política e cultural.

Esta diversificação das publicações e dos conteúdos acentua-se até aos anos 1950-60. Os diários ditos «populares» passam a ser largamente dominantes em termos de difusão, consagrando um espaço por vezes desmedido aos títulos e às ilustrações, aos assuntos de sexo e de sangue, aos espetáculos e aos desportos, procurando suscitar o interesse dos leitores e o ato de compra. Enqunto os diários ditos «de referência», mais sóbrios

[420] Henry Appia e Bernard Cassen, *Presse, radio e télévision en Grande-Bretagne*, Paris, Armand Colin, 1969, pp. 24 e 34.

[421] Émile de Girardin, *Almanach de la France*, citado por Claude Vielfaure (org.), *La Publicité de A à Z*, Paris, Retz, 1975, p. 219. Ver também Giovanni Gozzini, *Storia del giornalismo*, p. 30.

e privilegiando a política, a economia e a cultura, devem contentar-se com difusões mais modestas, de longe inferiores à dos «populares»[422].

Assim, a história repete-se a uma escala diferente. Fala-se de algumas dezenas a alguns magros milhares de exemplares do século XVI ao século XVIII. Mas, nos últimos decénios do século XIX, já se fala de centenas de milhares e mesmo de milhões de exemplares na viragem do século XIX para o século XX[423]. E a lógica financeira impõe-se[424], como consequência de equipamentos cada vez mais pesados e de equipas de produção cada vez mais numerosas[425]. O que implica uma guerra comercial entre jornais em busca de leitores, levando a uma lógica de «exclusividades» e a uma multiplicação de edições ao longo do dia[426]. Porque se trata de anunciar

[422] No Reino Unido, se o *Daily Mirror* tem uma difusão de 4567 mil exemplares, em 1950, e de 4649 mil, em 1960, a de *The Times* é de apenas 254 mil e de 260 mil, respetivamente (Colin Seymour-Ure, *The British Press and Broadcasting since 1945*, Oxford, Blackwell, 1991, pp. 28–29).

[423] A tiragem global dos diários parisienses passa de 2 milhões de exemplares, em 1880, para 5,5 milhões, em 1914 (Marc Martin, *Médias et journalistes de la République*, Paris, Odile Jacob, 1997, p. 83). Ainda em Paris, em 1910, *Le Petit Parisien* tinha uma tiragem de 1,4 milhão de exemplares, *Le Petit Journal* de 835 mil, *Le Journal* de 810 mil e *Le Matin* de 670 mil [Pierre Albert, «La Presse française de 1871 à 1940» in Claude Bellanger *et al.* (org.), *Histoire générale de la presse française*, vol. III, Paris, PUF, 1972, p. 296].

[424] A imprensa passa a ser um sector em que se investe, esperando vir a ser-se rico (ver, a este propósito, José Tengarrinha, *Nova História da Imprensa Portuguesa*, Lisboa, Temas e Debates, 2013, p. 319. Em França, por exemplo, muitos homens de negócios, e até banqueiros, decidiram investir na imprensa no século XIX. Voltaremos a encontrar esta situação no século XX não apenas com a imprensa, mas também com a rádio e a televisão, em França (Jean Prouvost, Marcel Dassault, Jean-Luc Lagardère, Francis Bouygues, Vincent Bolloré...), tal como em Itália (Giovanni Agnelli, Adriano Olivetti, Carlo De Benedetti, Silvio Berlusconi...), por exemplo.

[425] Em 1914, o diário parisiense «*Le Matin* tinha 150 redatores, 550 empregados, 200 operários; *Le Petit Parisien*, 75 redatores apenas, mas 450 correspondentes na província, 400 empregados e 370 operários» (Pierre Albert, «La Presse française de 1871 à 1940», p. 297)

[426] Em finais dos anos 1960, o bruxelês *Le Soir* publicava ainda sete edições ao longo do dia...

«cachas», ultrapassar os concorrentes e propor a informação mais fresca possível, provocando uma espiral de promessas e derrapagens célebres, como quando o parisiense *La Presse*, datado de 10 de maio de 1927, anuncia a sete colunas, na primeira página, a chegada dos aviadores franceses Charles Nungesser e François Coli a Nova Iorque, onde foram acolhidos por uma multidão entusiasta, quando o avião se havia despenhado no Atlântico!...

O declínio da imprensa e a ascensão dos rivais

A imprensa era então um média todopoderoso. Mas a chegada da rádio no entre-duas-guerras vai infligir-lhe ataques violentos, podendo anunciar a informação mais depressa, os prazos de produção da imprensa sendo inevitavelmente mais longos. Em circunstâncias excecionais, a rádio vai mesmo cobrir a atualidade em tempo real: foi o caso, na Bélgica, por ocasião do funeral do rei Alberto I, a 20 de fevereiro de 1934.

O declínio da imprensa como média de informação dominante passa a ser evidente em finais dos anos 1940, início dos anos 1950. Pouco a pouco, a rádio impõe-se como um média de informação performante, acompanhando a atualidade ao longo do dia: em 1947, a rádio pública belga francófona[427] conta com cinco edições diárias, em 1951 com oito, em 1960 com catorze[428]. E a televisão dá os primeiros passos, passando a ser o média a que os cidadãos consagram a maior parte do tempo livre (a leitura da imprensa perde assim terreno) e, nos anos 1960-70, o média de informação dominante. Paralelamente, rádio e televisão vão recolher cada vez mais receitas publicitárias em detrimento da imprensa, que enfraquece, quando nesses mesmos anos 1960-70 tem de se reconverter tecnologicamente na fotocomposição e na impressão *offset*, assim como na quadricromia.

[427] Chama-se então INR (Institut National Belge de Radiodiffusion), mas passará a RTB (Radio-Télévision Belge) em 1960 e a RTBF (Radio-Télévision Belge de la Communauté française) em 1977.

[428] J.-M. Nobre-Correia, *Histoire des médias en Europe*, vol. 2, Bruxelas, PUB, 2010, p. 247.

Porém, durante meio século, o que não era concebível em termos de imprensa foi-o para a rádio, primeiro, e para a televisão, em seguida: um controlo mais ou menos estreito pelo Estado, o que queria dizer, com mais ou menos *nuances*, um controlo do monopólio público do audiovisual pelas forças políticas dominantes, detentoras do poder em cada Estado. Os anos 1970-80 são porém marcados pela desmonopolização do sector audiovisual[429]. Graças à modulação de frequência, às redes de cabo, aos satélites geoestacionários e às antenas parabólicas, assiste-se a uma enorme proliferação das estações de rádio e de televisão: em qualquer país europeu podem hoje captar-se dezenas e mesmo centenas de programas audiovisuais. O que tem três consequências muito importantes: a instauração de um feroz regime de concorrência entre média, a adoção cada vez mais frequente de uma prática da informação em tempo real e uma enorme fragmentação dos investimentos publicitários entre média cada vez mais numerosos.

De facto, confundiu-se alegremente proliferação de emissores e pluralismo, quando a multiplicação das redações e a diminuição das receitas publicitárias provocou um desmoronamento dos meios humanos e financeiros de que podem dispor para cobrir a informação[430]. Por conseguinte, os média recorrem cada vez mais frequentemente a fornecedores de conteúdos exteriores (agências de informações, de fotografias, de reportagens, de análises, de crónicas,...), cujas produções são evidentemente propostas a numerosos assinantes ou clientes pontuais, provocando uma importante

[429] Desde o fim da Segunda Guerra Mundial, rádio e televisão viviam na Europa em regime de monopólio público ou pelo menos de monopólio público em cada uma das comunidades linguísticas de um Estado. Curiosamente, só os regimes autoritários de Portugal e de Espanha reconheciam a existência de estações públicas e de estações privadas em rádio. Enquanto a França, para além da rádio pública, tolerava a existência de quatro «rádios periféricas» privadas emitindo desde a periferia do território francês: *RTL* (Luxemburgo), *RMC* (Mónaco), *Europe 1* (Sarre) e *Sud Radio* (Andorra)...

[430] Ver, a este propósito, J.-M. Nobre-Correia, «L'aube d'un nouveau monde», in *Politique*, Bruxelas, nº 91, setembro–outubro de 2015, pp. 16–18.

homogeneização dos conteúdos dos média. Enquanto uma prática crescente da *informação em tempo real* leva as redações a derrapagens cada vez mais frequentes, fazendo esquecer regularmente princípios elementares da prática jornalística, da sua deontologia e da sua ética.

Quando os recetores passam a ser emissores

Estas tendências acentuam-se ainda com a chegada da internet, na segunda metade dos anos 1990. A *proliferação dos média* passa a ser incomensurável. Além disso, cada um já não é só *recetor*, mas pode também passar a ser *emissor* de mensagens escritas, sonoras e/ou visuais. Além disso, a área de difusão ultrapassa as fronteiras geográficas habituais e estende-se doravante a todo o planeta: pode assim aceder-se a média do outro extremo do mundo, aos quais era absolutamente impossível aceder há apenas dois decénios; mas também é possível, no outro extremo do mundo, viver por procuração numa comunidade longínqua de que essa pessoa é originária ou da qual se sente intelectualmente próxima, guetizando assim o seu próprio estatuto no interior da sociedade onde se vive.

Porém, a internet oferece aos anunciantes formas de interatividade que muito facilitam o contacto com os consumidores. Desde logo, e até porque os anunciantes preferem doravante investir fora dos «média clássicos» [*hors-médias classiques*], a publicidade escapa progressivamente a estes últimos (imprensa, rádio e televisão) em proveito, nomeadamente, dos média digitais[431]. Mas com a particularidade de que, individualmente, as receitas destes são largamente inferiores em valor às dos média clássicos.

Estas últimas evoluções têm consequências trágicas na informação jornalística: muitos diários e semanários em papel deixam de ser publicados

[431] Um estudo recente do gabinete de estudos IHS afirmava que, «em 2015, a publicidade em linha na Europa passou a ser o primeiro média em termos de receitas publicitárias, ultrapassando pela primeira vez a televisão» (Sarah Belouezzane, «La pub en ligne dans le viseur du gendarme de la concurrence», in *Le Monde*, Paris, 25 de maio de 2016, p. 8 do caderno «Éco & Entreprise»).

(os franceses *France Soir* e *La Tribune*, o britânico *The Independent*, o espanhol *Público*,...); os média clássicos, vendo as suas receitas publicitárias diminuir e as suas vendas baixar a olhos vistos, reduzem fortemente as suas equipas de redação; quanto aos novos média digitais dispõem geralmente de receitas muito limitadas da venda dos seus conteúdos (os leitores habituaram-se à gratuitidade da informação na internet), quando as receitas da publicidade são muitíssimo magras.

O mesmo será dizer que, um pouco por toda a parte, na Europa, há cada vez mais jornalistas em situações profissionais precárias ou então muito simplesmente no desemprego. Como consequência, os média veiculam cada vez mais textos, sons e imagens propostos por *serviços de comunicação* de instituições, empresas e individualidades desejosas de verem veiculados assuntos que os valorizam e que dão uma imagem positiva delas. Uma prática desenvolvida a partir dos anos 1960 e muito comum nos nossos dias, lembrando estranhamente os conteúdos que apareciam nos periódicos nascidos no século XVII na *entourage* dos soberanos...

Paralelamente desenvolve-se aquilo a que pomposamente se chamou o «jornalismo cidadão». Quer dizer: qualquer pessoa pode dar conta, interpretar e tomar posição perante factos da atualidade. E muitos editores acolhem com benevolência este «jornalismo cidadão», maneira de preencher gratuitamente páginas do jornal, tempo de antena e espaço de média em linha. Mas tratar-se-á ainda de jornalismo no sentido próprio do termo? Com toda a evidência, a dose de militantismo, de maus fígados e de egocentrismo é nele geralmente muito elevado, enquanto as noções de relato factual e de rigor estão geralmente ausentes, quando não é a total ausência de competência sobre assuntos sobre os quais os «jornalistas cidadãos» se pronunciam sem reserva que se torna manifesta...

A aceleração de um processo

No fundo, as preocupações que se manifestam hoje a propósito da evolução do jornalismo não são particularmente originais. Insuficiências, derrapagens e derivas marcaram a sua história ao longo dos cinco séculos da imprensa e mais particularmente do século e meio da «grande imprensa».

Os média encontram-se numa viragem, como sempre que os suportes e as técnicas de produção mudam: papel de tecido, caracteres em chumbo, prensa a braços, papel de madeira, prensa a vapor, composição mecânica, rotativa, telegrafia, telefone, ondas hertzianas, fotocomposição, *offset*, redes de cabo, satélites geoestacionários, digitalização dos sinais, internet,... Uma sucessão de mudanças que aceleraram cada vez mais o processo da informação, da tomada de conhecimento de um facto à comunicação do mesmo aos cidadãos. Uma aceleração que conduz, chegada a altura, a uma prática cada vez mais lata da informação em tempo real, que é, em muitos aspetos, a própria negação do jornalismo. Porque o ofício de jornalista consiste antes do mais na recolha dos factos, situações e opiniões (seguida de uma rigorosa verificação dos dados factuais avançados), na sua seleção e hierarquização segundo critérios que fazem a especificidade do média, na sua contextualização e interpretação, assim como na eventual tomada de posição que eles pressupõem. E tudo isso em conformidade com princípios deontológicos progressivamente afinados ao longo deste último século e meio, mas também com princípios éticos que caracterizam a nossa vida em sociedade democrática. Um conjunto de pré-requisitos que supõem recuo em relação aos acontecimentos e tempo para realizar a sequência normal das operações que convém efetuar.

A este propósito, a aceleração do processo da informação e a avalanche de notícias que ela provoca era já posta em causa em 1628, na Grã-Bretanha, por Robert Burton, professor na Universidade de Oxford, que «deplora o fluxo contínuo das notícias, tão rapidamente esquecidas como recebidas»[432].

Porém, apesar de derivas e derrapagens, o jornalismo, no sentido forte do termo, sobreviverá. Porque os meios dirigentes das nossas sociedades

[432] Roger Chartier, «Introducción», in Roger Chartier e Carmen Espejo (org.), *La aparición del periodismo en Europa*, Madrid, Marcial Pons, 2012, p. 22.

terão sempre necessidade de uma informação de qualidade (em termos de factualidade e de valor acrescentado na interpretação e na análise) e estarão sempre prontos a pagar para poderem aceder a ela. Aliás, já era o caso tanto na Antiguidade como na Idade Média: para tornar possível a gestão dos seus domínios, as administrações públicas criaram redes de recolha e de difusão de informação, os mensageiros, nomeadamente, assumindo um papel-chave na transmissão, oral ou escrita, das notícias. Mas, à margem das redes «oficiais», os meios dirigentes, nomeadamente os meios económicos, desenvolviam redes «privadas», de maneira a estarem em condições de tomar decisões pertinentes. Tratava-se, para estes últimos, de saber que mercadorias tinham chegado a tal porto ou a tal feira; quais eram os preços destas mercadorias; qual era a situação política em tal país e se era favorável aos negócios; qual a situação financeira de tal cliente; qual o estado das vias de comunicação; quais eram os riscos das viagens,...

As três verdadeiras mudanças

Esta necessidade de informação passou a ser particularmente evidente «com o desenvolvimento de uma economia monetária, das feiras e das cidades»[433]. Dito de outra maneira: «a implantação de redes comerciais permanentes e florescentes requer o aparecimento e a circulação de informações sobre as condições deste comércio»[434]. Desde logo, «para facilitar as suas operações especulativas, as casas de banca, italianas e alemãs, tomaram o hábito de enviar de filiais em filiais umas espécies de boletins relativos à situação dos mercados, chamados *avvisi* ou *zeytungen*»[435]. Encontramos já traços da existência de *notícias manuscritas* em Inglaterra e em Veneza, no século XIII. E, «desde o século XIV pelo menos, as notícias [*nouvelles*] tinham passado a ser uma verdadeira mercadoria, e noticiaristas [*nouvellistes*] [...]

[433] Giovanni Gozzini, *Storia del giornalismo*, p. 4.

[434] Nicolas Will, *Essai sur la presse et le capital*, Paris, UGE, 1976, p. 14.

[435] Louis Trenard, «La Presse française des origines à 1788», in Claude Bellanger *et al.* (org.), *Histoire générale de la presse française*, vol. I, Paris, PUF, 1969, p. 28.

organizaram para príncipes ou mercadores serviços regulares de correspondências manuscritas. Estas notícias à mão [...] deixaram traços por toda a Europa. Tomaram um impulso considerável no século XVI»[436] e, apesar da «descoberta» da imprensa tipográfica, continuaram a existir durante alguns séculos ainda, escapando facilmente às arrelias das diversas censuras[437]. «A difusão das notícias manuscritas, copiadas por escribas profissionais, dirigidas a uma rede de subscritores ou bem vendidas nas lojas dos livreiros londrinos, é um negócio rentável na Inglaterra do século XVII»[438].

Em contrapartida, a grande maioria dos cidadãos são e serão, no futuro, expostos a uma informação gratuita concebida numa perspetiva de divertimento, de distração: com exceção da questão do custo, seria assim tão diferente um século antes? Além disso, esta informação gratuita ou muito barata será largamente fornecida por empresas, instituições e altos dirigentes, limitando-se a intervenção dos média na maior parte das vezes a operações puramente técnicas: mas estes documentos prontos a serem publicados não invadiram progressivamente as redações desde há cerca de cinquenta anos?...

Os média de informação de qualidade foram sempre, são e serão provavelmente cada vez mais instrumentos destinados prioritariamente aos meios dirigentes, e, no fundo, isso não mudou assim tanto ao longo da história. Uma verdadeira transformação é hoje o desaparecimento acelerado dos «editores puros» (aqueles cuja primeira atividade era os média e a informação jornalística) em favor de financeiros e industriais pouco suspeitos de um súbito amor pela atividade editorial ou jornalística, uma transformação que é evidente nos casos de Itália, França ou Portugal. Os média de informação grande público passarão a ser simples órgãos de comunicação das atividades e interesses destes meios financeiros e industriais?...

[436] Pierre Albert, *Histoire de la presse*, 8.ª ed, Paris, PUF, 1996, p. 7. Ver também Manuel Vázquez Montalbán, *Historia y comunicación social*, pp. 54-55.

[437] Manuel Vázquez Montalbán, *Historia y comunicación social*, p. 55.

[438] Roger Chartier, «Introducción», p. 24.

Outra transformação que não é absolutamente nada sem importância: o renascimento da informação com uma sensibilidade «progressista», quando tinha desaparecido largamente dos média clássicos de largo público. Graças à digitalização e à internet, novos média de informação «de esquerda», e mesmo de «esquerda radical», apareceram um pouco por todo o lado na Europa, nomeadamente em Espanha, em França e em Itália. Mas conseguirão eles aguentar-se perante os imperativos económicos de um média de informação? O desaparecimento ou perda de independência de média digitais que tinham conquistado uma audiência importante (como a do francês *Rue89*, por exemplo) é de natureza a alimentar um certo ceticismo...

Terceira grande transformação: a que consiste na possibilidade que cada um de nós tem doravante de aceder a fontes de informação numerosas e de procurar assim confrontar a qualidade da informação que nos é proposta. Contrariamente ao que se passava há um século apenas, nenhum média se impõe hoje aos olhos de um cidadão como «bíblia» fiável, indiscutível, da informação: a dúvida e o confronto das fontes ganhou terreno. O jornalismo dos média grande público poderá continuar indiferente a semelhante evolução comportamental dos cidadãos?...

Uma nova grande viragem da história dos média de informação se anuncia. E, como aquando de qualquer grande viragem, ignoramos qual será verdadeiramente o seu resultado. Mas tudo leva a crer que a informação, no sentido forte do termo (em termos de factualidade, interpretação, análise e comentário), continua a ser um instrumento indispensável dos meios dirigentes das nossas sociedades, que hão de querer desde logo, custe o que custar, preservar a sua pertinência e a sua qualidade...

Texto revisto, aumentado e traduzido pelo autor

Edição original: «Des révolutions dans la continuité», in *Politique*, Bruxelas, nº 95, maio-junho de 2016, pp. 22-25.

Edição em castelhano: «Revoluciones en la continuidad...», in *Telos*, Madrid, nº 105, outubro de 2016-janeiro de 2017, pp. 12-21.

Edição revista e aumentada em francês: «Des Révolutions dans la continuité...», in *Notas de Circunstância 2*, 27 de novembro de 2016.

28
Estratégias que se impõem...

Se não quisermos ser cilindrados por uma mundialização frenética e devoradora, há que dar a *Lusa* a desejável ambição de vir a ser a grande agência mundial de língua portuguesa...

Depois de ter vivido quatro anos em Lisboa, onde casou, Charles-Louis Havas regressou a França e, anos depois, em 1835, fundou a primeira agência de informação da história: a atual *Agence France Presse*. Outras apareceram depois ao longo do século XIX, na Europa e nos Estados Unidos. E hoje a grande maioria dos países dispõe no mínimo de uma agência nacional.

O universo das agências de informação é extremamente diversificado: entre a agência mundial e a local, entre a de informação geral e a especializada, entre a plurimédia e a monomédia. No caso das agências nacionais de informação geral, há países demograficamente comparáveis que fazem opções diferentes: o caso de *Belga*, que, com apenas 100 jornalistas, produz um serviço em francês e outro em neerlandês, e não conta com qualquer delegação no estrangeiro; e o caso de *Lusa*, com 280 jornalistas e delegações em 24 países estrangeiros.

Há porém diferenças fundamentais de estatuto destas duas agências. Se os principais média belgas têm condições financeiras que lhes permitem assinar agências estrangeiras que propõem serviços em francês ou em neerlandês, o mesmo não acontece com a grande maioria dos média portugueses. E a presença histórica da Bélgica no mundo é suficientemente recente e limitada para que no resto do mundo se esteja à espera de uma informação com essa proveniência, quando a presença histórico-cultural de Portugal, da língua portuguesa e de portugueses no mundo é considerável.

A necessidade de uma grande agência de informação em língua portuguesa salta pois aos olhos de qualquer conhecedor do mundo dos média. A agência *Lusa* sofre porém de patologias muito incapacitantes: o Estado como acionista maioritário (o que é de natureza a facilitar instrumentalizações por partidos no poder); uma reduzidíssima presença de média no seu capital (só a Global Média e a Impresa têm presença significativa); total ausência de clientes não-média; e acionistas com origem apenas no território nacional.

A inserção geopolítica de *Lusa* é porém de natureza a que possa vir a ser a grande agência em língua portuguesa. Do momento em que saiba fazer entrar no seu capital uma sociedade representativa dos média regionais portugueses, outra dos meios empresariais e uma terceira dos interesses dos diferentes países lusófonos. Caso necessário, esta última poderia mesmo resultar de sociedades representativas, por exemplo, de diferentes regiões do mundo.

Outra etapa de desenvolvimento é concebível: a entrada, no seu capital, das transnacionais espanhola, *Efe*, e italiana, *ANSA*, agências de países cuja presença migratória e cultural no mundo tem características em muitos aspetos comparáveis às de Portugal. Desta conjunção do mundo lusófono e de dois grandes países latinos poderia surgir uma segunda grande agência mundial europeia ao lado da francesa *AFP*, face às estado-unidenses *AP* e *Reuters*.

Quando tudo no mundo dos média e da informação evolui a uma velocidade vertiginosa, decisões há que têm de ser tomadas a tempo, se não quisermos ser cilindrados por uma mundialização frenética e devoradora... E não é reduzindo a indemnização compensatória do Estado que *Lusa poderá* ter uma salutar ambição...

Texto revisto pelo autor

Edição original: «Ousar estratégias que se impõem...», in *Expresso*, Lisboa, 29 de outubro de 2016.

29
A desoladora anarquia televisiva

Uma primeira impressão deixa o sentimento de um considerável pluralismo. Impressão perfeitamente ilusória: é a multiplicação de mais do mesmo que a caracteriza, numa singular e trágica monotonia...

Para quem viveu longuíssimos anos como espectador e observador de outras paisagens televisivas, o que há de espantoso na portuguesa é a manifesta a-regulação e a não menos notória a-regulamentação. Pouco ou nada na paisagem nacional terá sido antevisto, planificado, programado. E pouco ou nada foi convenientemente enquadrado por uma legislação apropriada, para além mesmo do que estipula a União Europeia nesta matéria.

Portugal teve, no sector televisivo, um desenvolvimento tardio mas superrápido e tecnologicamente ultramoderno. O que provocou uma hiperabundância de canais, sobretudo de proveniência estrangeira. O que é particularmente evidente nos canais destinados a crianças ou consagrados a documentários, a filmes ou a música, por exemplo. Canais com dobragem sonora e vagas adaptações ao público português, no primeiro e segundo casos. Canais em versão original e legendados (com traduções por vezes inacreditavelmente horríveis!), no terceiro e quarto.

Uma verdadeira ausência de escolha

Estes canais de proveniência estrangeira apropriam-se assim de uma parte do público anteriormente espectador de canais nacionais, ao mesmo tempo que, o que é de certo modo mais importante, privam estes de parte dos investimentos publicitários globais. Acrescente-se ainda que, contrariamente ao que é legalmente estipulado noutros países da União Europeia, os canais para crianças têm acesso à publicidade... iniciando-as assim no consumismo e na prescrição de produtos que os levam insistentemente a solicitar os pais para os adquirirem! Sem esquecer o conteúdo largamente marcado pela cultura estado-unidense ou no mínimo anglo-saxónica...

Outra particularidade da paisagem televisiva é o facto de o sistema de portagem (de assinatura) para canais codificados ser apenas utilizado por canais desportivos nacionais, com a *Sportv* a dominar largamente a situação. Outros canais propõem esta modalidade de acesso, mas são quase sempre, no que lhes diz respeito, e na melhor das hipóteses, meras declinações portuguesas de canais estrangeiros.

No que se refere aos canais generalistas, a situação traduz manifestamente aquilo a que se poderia chamar uma autogestão «espontaneísta» caótica. A começar pelo facto de, contrariamente ao que se passa na Bélgica, na França ou na Grã-Bretanha, por exemplo, os grandes telejornais terem lugar à mesmíssima hora nos três canais *RTP 1*, *SIC* e *TVI*. Nos discursos de palavreado inconsistente que tiveram vida duradoura em vésperas de criação das televisões privadas, falou-se muito de pluralismo da informação. Mas onde está o pluralismo quando os jornais têm lugar à mesma hora, e, em princípio, o espectador só pode ver um?

Na Bélgica francófona, a privada *RTL-TVI* emite o seu principal jornal de fim da tarde às 19h00, e a pública *RTBF 1* às 19h30. Em França, a pública *France 3* às 19h30, a privada *M6* às 19h45[439], a privada *TF1* e a pública

439 À mesma hora, 19h45, começa igualmente o telejornal do canal cultural franco-alemão *Arte*.

France 2 às 20h00[440]. E quando, há anos, a privada britânica *ITV* quis pôr o seu principal jornal da noite em concorrência direta com a *BBC 1*, a alta autoridade (que na Grã-Bretanha tem mesmo autoridade e faz aplicar as suas decisões!) obrigou-a a regressar ao horário de origem.

Como se esta manifesta ausência de escolha possível e de um impossível acesso a um verdadeiro pluralismo não bastasse, vêm juntar-se aos três canais generalistas portugueses os canais de informação contínua. Não sendo nada raro que se assista ao mesmo «direto» (esta pseudorreportagem não gravada nem montada, que é apenas a torneira aberta que dá livre acesso a todas as manipulações dos meios dirigentes) em todos os canais generalistas e de informação!

Mais e mais do(s) mesmo(s)

Estes canais de informação não foram manifestamente planificados pela administração pública, tendo cada um nascido pela simples vontade dos seus promotores, que quase sempre foram as televisões generalistas já existentes. Sem que verdadeiros cadernos de encargos lhes tenham sido impostos. O que faz que estas pseudotelevisões de informação pouco mais são do que meras redifusoras de sequências preparadas para os jornais das generalistas. Às quais se acrescentam numerosas emissões de «paleio», quase sempre com os mesmos «comentadores», que falam de tudo e de nada e de muitos aspetos da atualidade sobre os quais são claramente incompetentes. Passando alegremente da política nacional para a internacional, da economia para o desporto, quando não da cultura para a gastronomia!...

Nestas televisões de informação, as grandes reportagens e os documentários são quase totalmente inexistentes. Ou melhor: são praticamente ausentes as emissões que supõem documentação, preparação,

[440] Os belgas francófonos, depois de verem os telejornais de *RTL-TVI* e da *RTBF1*, poderão ver ainda o telejornal de *TF1* ou de *France 2*. Uma formidável sucessão de jornais que, num total de 1h30 a 1h40, permite ao espectador atento tomar consciência de hierarquias de informação diferentes e de modos diferentes de tratar jornalisticamente a atualidade.

contactos, entrevistas, arquivos, reportagem, filmagem e montagem. Vejam-se as francesas privadas *LCI*, *ITélé*, *BFM TV* e sobretudo a novíssima pública *France Info* (lançada em setembro) e compreender-se-á a diferença e tomar-se-á consciência do deserto de conteúdo em que vivem as pretensas televisões de informação em Portugal.

É certo que a televisão em Portugal nasceu torta: com o estatuto de sociedade privada (contrariamente à quase totalidade das primeiras televisões no resto da Europa, nascidas no sector público), com publicidade e emissões patrocinadas (duas características inconcebíveis na grande maioria das televisões nascidas nos primórdios da história da televisão) e pouca produção criativa. E os maus hábitos foram-se reforçando ao longo dos anos...

Será pois bem difícil redesenhar uma nova paisagem televisiva. E, para que tal seja concebível, é indispensável que governo e partidos presentes na Assembleia da República tomem seriamente consciência do papel capital que o média televisão assume em termos socioculturais. De como o conteúdo das suas emissões serve de modelo a conceções de vida privada e de vida social, a projetos de vida profissional. De como, depois da família e da escola (e até, em certos aspetos, antes delas), a televisão é desde há decénios a grande (de)formadora da cultura popular.

O indispensável reenquadramento

Há porém que legislar serena e ponderadamente sobre a paisagem televisiva, sobre as suas estruturas de propriedade, funcionamento e conteúdo. E dotar o sector de uma verdadeira alta autoridade dotada de poderes importantes. Uma alta autoridade composta por gente de real competência, para quem o facto de fazer parte não constitua nem uma agradável situação de prestígio e conforto material, nem um trampolim para novas ambições na carreira socioprofissional ou mesmo no mundo da política.

É urgente que a paisagem televisiva em Portugal venha a ser realmente pluralista em termos de propriedade, de programação, de conteúdos. Com televisões que produzam ou façam produzir por empresas exteriores sediadas em Portugal verdadeiras emissões de divertimento, nomeadamente de filmes, e verdadeiras emissões de informação em que autênticas reportagens e sérios documentários constituam uma parte importante da programação proposta aos cidadãos.

Como as empresas públicas ou privadas que exploram a televisão em Portugal não souberam ser comedidas e propor conteúdos de qualidade, terão de ser os poderes públicos a assumir responsabilidades, impondo-lhes, nomeadamente, cadernos de encargos pluralistas e diversificados. Responsabilidades que deveriam ter assumido logo nos anos 1970, quando a conjugação da descoberta da democracia com a evolução da tecnologia supunha que assim tivesse sido...

Texto revisto pelo autor

Edição original: «A desoladora anarquia televisiva», in *Notas de Circunstância 2*, 9 de dezembro de 2016.

30
Da integração à comunitarização

Em cinquenta anos de tempo, operou-se uma evolução absolutamente revolucionária nos processos de informação, com curiosas repercussões no seio das populações e-imigrantes...

Em meados dos anos 1960, quando um emigrante chegava ao país de destino, dava entrada num meio social onde conhecia velhos amigos, alguns vagos conhecidos ou mesmo ninguém...

Para além deste pequeno círculo de antigos ou recém-conhecidos, o emigrante sentia uma maior ou menor necessidade de estabelecer novos contactos no seu novo meio social, mas também de manter em maior ou menor grau contactos com os que tinham ficado no país de origem. E o grau de necessidade dependia, é claro, da sua própria personalidade, da sua própria sensibilidade.

Meios de comunicação lentos ou caríssimos

Num primeiro tempo, os contactos com o novo país eram geralmente difíceis. Porque o desconhecimento ou o fraco conhecimento da língua dificultavam o acesso às pessoas e aos média. Mas também porque, no caso da emigração portuguesa, a miserável ou débil condição financeira não facilitava estes contactos, nomeadamente no que dizia respeito à imprensa e à televisão.

Quanto aos contactos com os que ficaram no país, só o correio postal praticamente os permitia, embora cartas e postais levassem dias a chegar ao destino. E, quando a PIDE suspeitava que expedidores ou destinatários tivessem tendências políticas «inaceitáveis», as ditas cartas e os ditos postais nem sequer chegavam ao destinatário. Enquanto o conteúdo, em matéria de escritos ou de fotografias, contribuía para os dossiês acusatórios da dita PIDE, a utilizar na devida altura...

Para além do correio postal, o telefone era raro e caríssimo. Tinha de se ir aos correios, pedir um número em Portugal, esperar um tempo por vezes infinito, ter cuidado com o que se dizia (pois a PIDE estava à escuta) e pagar uma pequena fortuna.... para quem era emigrante com magros recursos financeiros, como era geralmente o caso!

Ainda quanto ao país de origem, os jornais chegavam pouco e tardiamente, e as assinaturas eram caras. As rádios portuguesas eram extremamente difíceis de captar e apenas era possível fazê-lo em ondas curtas, geralmente em más condições sonoras. Pelo que era então necessário voltar-se para as emissões em português de diferentes rádios públicas europeias.

É claro que, a acrescentar a tudo isto, havia a imprensa militante e as rádios de oposição ao regime salazarista: a *Rádio Portugal Livre*, do PCP, emitindo a partir de Praga, e a *Rádio Voz da Liberdade*, da Frente Patriótica de Libertação Nacional, que emitia de Argel.

Os próprios emigrantes tinham poucos meios de expressão mediática. Estávamos ainda na era da máquina de datilografar e do estêncil, que davam pouquíssima margem de manobra em termos de grafismo e de paginação. Houve depois as fotocópias, que foram num primeiro momento caras e de má qualidade. Mas, apesar destas deficiências técnicas, apareceram então muitos folhetos e jornalitos, sobretudo ligados a partidos de esquerda ou esquerdistas e a associações de trabalhadores.

Uma mutação tecnológica importante

O 25 de Abril chegou numa altura em que, nos anos 1970-80, se estava a processar uma mutação tecnológica importante no sector dos média, com a fotocomposição, o *offset*, a modulação de frequência, as redes de cabo, os satélites geoestacionários e as antenas parabólicas.

As condições técnicas e financeiras de produção dos jornais impressos passaram assim a ser mais ligeiras, provocando uma explosão de novas publicações destinadas a públicos limitados. E, no caso português, dada a nova conjuntura política no país (favorável à informação, à interpretação como a tomada de posição), o número de publicações destinadas aos emigrantes aumentou consideravelmente.

Depois de uma fase caótica, anarquista, operou-se uma estruturação das chamadas «rádios livres», surgidas então, estruturação que deu lugar ao aparecimento de muitas emissões em línguas estrangeiras, assumidas por gente proveniente de diversas origens estrangeiras.

Paralelamente, as antigas rádios e televisões institucionais passaram também a propor emissões em línguas da emigração: caso da belga pública *RTB(F)* ou da luxemburgo-francesa privada *RTL*, por exemplo.

Já nos anos 1980, com os satélites geoestacionários, as redes de cabo e as antenas parabólicas, os emigrantes passam a ter cada vez mais acesso a televisões dos países de origem. E cada vez mais os lares, sobretudo naqueles em que os casais têm a mesma origem nacional, passam a ter permanentemente ligadas estações de televisão do país de origem.

Acessoriamente, estas novas tecnologias também permitem o acesso à rádio dos países de origem. Mas isso é mais raro. Até porque o média dominante dos anos 1970-90 é a televisão, tanto em termos de audiência como de tempo que lhe é consagrado pelas pessoas. E até porque anunciantes e publicitários estão antes do mais interessados no média televisão e no impacto persuasivo da imagem animada.

Uma nova revolução que vai mudar tudo

Uma nova revolução irá operar-se na segunda metade dos anos 1990 com o aparecimento e rapidíssima expansão da internet, que passou a estar acessível ao público em geral.

Ora, progressivamente, a internet vai permitir ter acesso aos jornais, às rádios e às televisões não só nacionais (como era o caso já antes), mas também aos média regionais e locais (o que era impensável antes no que dizia respeito às rádios e às televisões). O que faz que os média tradicionais tenham perdido vendas, assinaturas e audiências, devendo partilhar estas doravante com muito mais atores nos sectores média.

Mas a internet também vai permitir o aparecimento de um tipo de correio novo: o correio eletrónico (os chamados *e-mails*), gratuito e instantâneo, onde quer que o remetente e o destinatário estejam no mundo. Enquanto o correio postal foi perdendo terreno.

Mais: a internet vai permitir o lançamento, a custos relativamente reduzidos, de jornais escritos, sonoros e audiovisuais digitais, autorizando portanto uma multiplicação dos média que têm os próprios meios emigrantes (imigrantes) como origem.

Mais ainda: o aparecimento de uma série de aplicações (Skype, Facebook, FaceTime, WhatsApp,...) vai dar uma dimensão mundial às comunicações em tempo real, fazendo perder terreno ao velho telefone e sobretudo ao velho telefone fixo. Hoje em dia, é possível não só falar como ver o(s) nosso(s) interlocutor(es) a custos praticamente iguais a zero (se excluirmos o custo dos equipamentos: computadores, tabletes, telemóveis, acesso a redes de telecomunicações, energia elétrica,...).

Esta evolução tecnológica no sector dos média processou-se a uma velocidade vertiginosa e sem igual na história da informação e da comunicação. E, manifestamente, seduziu a grande maioria dos cidadãos no nosso mundo ocidental industrializado.

Consequências inesperadas e contraditórias

No entanto, em termos de populações emigrantes-imigrantes, esta evolução tem consequências surpreendentes, inesperadas e de certo modo contraditórias.

Nos anos 1960-70, a ausência quase total de média do país origem dos emigrantes, assim como a grande lentidão e os custos elevados das comunicações, faziam que a inserção na sociedade de acolhimento fosse o caminho mais curto e mais fácil, de modo a procurar sobreviver social e afetivamente. Aquele para o qual o e-imigrante era naturalmente convidado. Tanto mais quando os filhos iam nascendo e se iam integrando muito naturalmente, graças à creche, à escola e ao conhecimento da língua do país de acolhimento como primeira língua de instrução e de relacionamento social. Até porque as escolas do país de origem (no caso de Portugal) eram raras ou inexistentes. Pelo que os média eram então um fator de integração social.

A partir dos anos 1980 e sobretudo nos anos 1990-2000, assistimos ao aparecimento de uma espécie de vivência à distância no país de origem. «País de origem» que começava de facto a ser cada vez mais o dos pais e mesmo dos avós, e não propriamente o dos filhos ou dos netos destes.

Nos lares de emigrantes, passam a consultar-se os jornais portugueses (publicados em Portugal ou no país de acolhimento), a ouvir-se em permanência rádios portuguesas (também aqui sediadas em Portugal ou no país de acolhimento) e a ver televisões portuguesas (quase sempre baseadas em Portugal). Mas passa também a recorrer-se diariamente a todas as novas aplicações que permitem falar com quem ficou em Portugal e com gente de outros núcleos de portugueses espalhados pelo país de acolhimento e mesmo pelo mundo fora.

A alternativa: viver juntos ou viver à parte

Assiste-se assim a um fenómeno de desinserção da sociedade de acolhimento ou mesmo, no caso dos filhos e dos netos, da sociedade onde nasceram e sempre viveram. E, paralelamente, assistimos ao aparecimento de uma noção de comunidade cada vez mais forte e mesmo, claramente, a um comunitarismo que leva a viver em circuito fechado, em *vase clos*.

Um comunitarismo que transplanta para o país de acolhimento – de forma ainda mais evidente do que antes – tradições, comportamentos e temáticas próprias do país de origem. Um comunitarismo que tem criado problemas cada vez mais inquietantes no seio da União Europeia, numa sociedade onde o viver juntos deixou cada vez mais de ser uma realidade palpável, uma necessidade concreta para que a sociedade democrática possa sobreviver e ser cada vez mais forte e coesa.

A revolução dos média (no sentido mais lato da palavra) provoca assim o aparecimento de uma cartografia composta por ilhéus comunitaristas disseminados através de um território outrora chamado nação, onde identidades socioculturais fortes e diversas impedem agora a concretização de uma mestiçagem indispensável à integração e à coesão social. Integração que, de qualquer modo, não poderá significar homogeneização ou aniquilamento das genealogias dos indivíduos.

A questão que se põe pois hoje em dia em matéria de e-imigração e média é a de um viver juntos na sociedade de acolhimento ou a de um viver à parte, numa forte identidade nacional de origem desinserida da sociedade de acolhimento em redor e, *hélas!*, marginal em relação a esta mesma sociedade...

Texto revisto pelo autor

Texto que serviu de base à comunicação no colóquio Labirintos da Memória II, Fundão, 29 de julho de 2017.

Edição original: «Da integração à comunitarização», in *Notas de Circunstância 2*, 30 de julho de 2017.

31
Interrogações sobre o futuro

A questão da sobrevivência da imprensa, da rádio e da televisão no mundo da internet passou a ser um verdadeiro refrão. Da mesma maneira que se diz que o jornalismo está de pés para a cova...

Um dos temas especialmente em voga nestes últimos tempos é o da anunciada futura substituição dos jornalistas de carne e osso por robôs. Ao que parece, serão estes a ocupar-se de cobrir a atualidade, de maneira até mais isenta, mais factualmente precisa dos que os antigos jornalistas de carne e osso!...

Outro discurso circula também por aí há, pelo menos, uma vintena de anos: os «média tradicionais», e sobretudo a imprensa em papel, vão desaparecer a mais ou menos breve trecho. Só que, mais de vinte anos depois, os «média tradicionais» continuam vivos, ainda que cada um deles já não atinja a audiência global que tinha, por exemplo, nos anos 1950-60.

Uma perspetiva histórica permitir-nos-á melhor compreender a atualidade dos média e do jornalismo e procurar de certo modo antever até o futuro que lhes é e nos é reservado.

A fragmentação do público

A erosão das audiências começou de facto pouco depois da Primeira Guerra Mundial, há precisamente um século, com o aparecimento de novos média:

a *rádio* vai fazer perder leitores à imprensa sobretudo diária; e, uns trinta--quarenta anos mais tarde, já depois da Segunda Guerra Mundial, a *televisão* fará perder leitores à imprensa e ouvintes à rádio.

Esta erosão vai continuar de seguida com a desmonopolização do sector audiovisual ou, mais exatamente, com a proliferação das rádios e das televisões a partir dos anos 1970. Por uma razão muito simples: quantos mais média há, mais a audiência global vai ser fragmentada em maior ou menor porção entre cada um deles.

Ora, nos anos 1970, um pouco por toda a Europa Ocidental, passámos de uma situação de monopólio ou de oligopólio de pouquíssimos atores, quer em rádio quer em televisão, para uma situação em que os emissores passaram a contar-se às dezenas e até mesmo às centenas em alguns países europeus (constituindo o caso português então, nesta matéria, um caso particular anacrónico de passagem de um pluralismo em matéria de rádio a uma situação de quase monopólio da nova RDP, com a emissora da Igreja Católica a constituir exceção a este monopólio!...).

Significa isto que a rádio entrou em crise, que a televisão entrou em crise? É por demais evidente que os média rádio e televisão não entraram de modo algum em crise. Mas é também evidente que nem todas as emissoras de rádio e de televisão tiveram sucesso ou puderam mesmo muito mais simplesmente sobreviver. Até porque, muitas vezes, esta proliferação se operou de maneira caótica, fora de qualquer controlo dos poderes públicos. Porque os legisladores nacionais não foram capazes de antever a profunda mutação anunciada nestes dois sectores. E porque as entidades reguladoras nesta matéria apareceram geralmente tarde e com poderes limitados (tanto em termos jurídicos como em termos políticos) para poderem de facto impor a desejável ordem democrática pluralista.

Recuemos, porém, um século... Quando a rádio apareceu, em vésperas da Primeira Guerra Mundial, e se afirmou, sobretudo depois da guerra, houve quem dissesse que os jornais diários iriam desaparecer, dado que a rádio poderia agora anunciar a informação de atualidade em direto, sem que fosse necessário escrever, compor o texto em linótipos, montar as páginas, imprimi-las, empaquetar os jornais, distribuí-los e pô-los à venda, uma série de operações que demoravam muito tempo. Pelo que, quando os diários chegavam às bancas, traziam uma atualidade que perdera frescura e fora já ultrapassada pela informação na rádio.

A esta grande vantagem era preciso acrescentar ainda duas outras muito importantes nesse tempo: por um lado, as pessoas que viviam em lugares recuados em relação às grandes vias de comunicação (estradas e caminhos de ferro) passavam a poder também ter acesso à informação pela rádio; por outro, a população altamente analfabeta da Europa do Sul de tradição católica (Itália, Espanha e Portugal, nomeadamente[441]) agora também podia ter acesso à informação, sem necessidade de um intermediário letrado que lhe lesse o jornal em voz alta. O que quer dizer que a rádio alargou consideravelmente o público da informação jornalística, integrando de certo modo os que andavam arredados dela e, por conseguinte, da vida da nação.

O radicalismo das mutações

Quando a *televisão* apareceu, em vésperas da Segunda Guerra Mundial, e se afirmou sobretudo depois da guerra, houve quem dissesse que a rádio iria certamente desaparecer, dado que, como se dizia então, a televisão era «a rádio com imagens». E, de facto, a televisão começou por procurar a sua inspiração nos magazines ilustrados (para as imagens fixas, muito frequentes no início), nas atualidades cinematográficas (para as imagens animadas, de que eram as grandes fornecedoras) e na rádio (para a maneira de anunciar oralmente a atualidade diante de um microfone), antes de elaborar progressivamente a sua própria «escrita» da imagem e do som.

[441] Embora de tradição católica, a França, graças às Luzes, ao Iluminismo e à Revolução Francesa, bem como à laicização do Estado e da vida social, pôde ultrapassar estes efeitos negativos do catolicismo.

Mais do que a imprensa (mesmo ilustrada) e sobretudo mais do que a rádio, a televisão, para a grande maioria das pessoas, abriu uma enorme janela sobre o mundo. Fazendo ver paisagens, acontecimentos, pessoas e maneiras de viver diferentes daqueles a que estavam habituadas.

Demos agora um enorme salto no tempo e vejamos o que se passou em termos de informação nos séculos XV a XVIII. Quando o *papel de trapos*, substituiu o pergaminho e o velino, e tanto a *prensa* como os *caracteres móveis em chumbo* substituíram o copista, as primeiras produções das novas tipografias não foram jornais, mas livros (sendo o primeiro a Bíblia), gramáticas, cartazes, indulgências,...

Os primeiros *periódicos* começaram por ser modestamente anuais ou semestrais. E os primeiros semestrais apareceram muito tardiamente: um século e meio depois da «descoberta» da prensa tipográfica, por volta de 1588. Depois, assistir-se-á a uma aceleração com os primeiros mensais já por volta de 1597. E, quando os serviços postais entre as cidades importantes passaram a ser regulares, apareceram os primeiros semanários, por volta de 1609.

Será porém preciso esperar por 1650 para que um primeiro diário seja lançado por Timotheus Ritzsch, que ficará na história como *Leipziger Zeitung*[442]. E não o britânico *The Daily Courant*, em 1702, como se escreve um pouco por toda a parte, nem mesmo o seu compatriota *Norwich Post*, no ano anterior, em 1701.

Ora, quando os jornais impressos em papel apareceram (portanto, em fins do século XVI, início do século XVIII, dependendo da periodicidade), também terá havido quem pensasse que os livros impressos em papel (nascidos, como vimos, em meados do século XV) passariam provavelmente a ser dispensáveis.

E, no entanto, neste segundo decénio do século XXI, o livro, a imprensa periódica, a imprensa diária, a rádio e a televisão sobreviveram.

[442] O nome inicial era, porém, *Einkommende Zeitungen*.

E sobreviverão apesar da internet, reposicionando-se editorialmente, é claro, reformulando os seus conteúdos, adotando novos tipos de suportes, redefinindo os seus público-alvo, reduzindo, é certo, a audiência global de cada um deles.

É evidente que a *digitalização* do som e da imagem provocou uma revolução no sector dos média. E o acesso do grande público à *internet* a partir da segunda metade dos anos 1990 veio provocar outra revolução e um verdadeiro terramoto na história da informação. Nomeadamente porque os «média tradicionais» vão poder transferir-se para a internet, evitando o papel (os custos da impressão e da expedição), as ondas hertzianas, as redes de cabo ou os satélites geoestacionários,... Mas também porque novos média de informação vão poder surgir, fugindo aos figurinos habituais e adotando formatos e linguagens diferentes.

Por outro lado, passamos a viver à escala do mundo, provocando um duplo fenómeno de certo modo contraditório em alguns aspetos: por um lado, a *desterritorialização* dos indivíduos (deixamos de viver intelectualmente na geografia imediata das nossas relações e das temáticas da nossa atualidade imediata); por outro, a *comunitarização* de outros indivíduos (entramos constantemente em contacto com gente espalhada pelo mundo com as mesmas origens geográficas e étnicas, com as mesmas preocupações culturais minoritárias, na sociedade em que fisicamente vivemos). E ainda porque aqueles que tradicionalmente se limitavam quase sempre a serem unicamente *recetores* (leitores, ouvintes, espectadores) passaram a poder ser igualmente *emissores*. Apareceu até, a certa altura, esta estranha noção de «jornalismo cidadão» de que muito se falou e de que muito se esperou, sendo os resultados porém manifestamente dececionantes...

A indispensável informação

Ora, surge aqui precisamente um problema central: o da especificação do que é a *informação* e do que é o *jornalismo*.

A História diz-nos aquilo que todos sabemos: vivendo em sociedade, os seres humanos precisam de comunicar entre si. E precisam de se informar, de estar a par de acontecimentos, de iniciativas ou de declarações de outros, suscetíveis de terem incidências nas suas próprias vidas quotidianas, de maneira a poderem geri-las melhor ou reagirem perante elas.

Para isso, o primeiro instrumento de comunicação foi a palavra. Mas também o olhar, o gesto, o sinal, o desenho, a imagem,... cujos alcances são porém limitados em termos de *distância*. Para ultrapassarem os limites em termos de *espaço*, os homens e as mulheres passaram a utilizar os sinais de fumo, os tantãs, os pombos-correios, os estafetas,... E para ultrapassarem a distância tantro em termos de *espaço* como em termos de *tempo*, passaram a utilizar a escrita, que vai deixar vestígios em tabuinhas de argila, de cera ou de madeira, em ossos, em tecidos, em folhas de arbusto ou de árvore (como o *papiro*, por exemplo), em peles de animais (como o *pergaminho* ou o *velino*).

Para veicular estas mensagens, houve os aedos gregos, os trovadores na Idade Média, os *griots* africanos,... Só que estes mensageiros não eram necessariamente modelos de precisão, de rigor. Ora, as administrações públicas precisavam de uma informação precisa para poderem exercer o poder nos territórios que se encontravam sob a sua jurisdição, a sua competência. Apareceram assim os *mensageiros* e os *arautos públicos*, que eram, no entanto, aquilo a que se chamaria hoje simples «funcionários» da administração pública, encarregados de «relações públicas», e não, é claro, «jornalistas».

Paralelamente a estas «redes públicas» de informação, apareceram «redes privadas» nos meios dos negociantes que procuravam saber que mercadorias tinham chegado a tal porto ou a tal feira, quais eram os preços destas mercadorias, a situação política em tal país e se era favorável aos negócios, qual a situação financeira de tal cliente, o estado das vias de comunicação, os riscos das viagens,... Um conjunto de interrogações indispensáveis numa altura em que redes comerciais permanentes e florescentes começaram a aparecer um pouco por toda a parte, na Europa.

Neste caso, os que se ocupavam de tais informações eram já aquilo que poderíamos designar pelo termo *pré-jornalistas*: gente que procurara ganhar a vida reunindo elementos precisos de informação e transmitindo aos seus clientes estas «*notícias à mão*», estas notícias manuscritas. Roma, Veneza, Hamburgo e Augsburgo passaram na altura a ser grandes centros de recolha e de difusão de informação. No mundo italiano, chamavam a estas notícias à mão *avvisi* e, no mundo germânico, *zeytungen*. E, como em Veneza, a partir de 1563, estas folhas manuscritas semanais tinham como preço de venda uma moeda de prata chamada *gaxeta*, passaram a chamar-se *gazzetta*.

Repare-se desde já que, mais de um século depois da «descoberta» da prensa tipográfica, estas notícias continuavam a ser manuscritas. Porque se destinavam a um número reduzido de clientes e porque assim, manuscritas, escapavam às censuras tanto do poder eclesiástico (episcopal ou papal) como do poder civil (imperial, real ou territorial), tendo nascido a partir de 1478-79.

Os diferentes modelos propostos

Repare-se também que a imprensa propriamente dita nascida a partir de fins do século XV não obedecia a um modelo jornalístico (ou mais exatamente parajornalístico) único. Três modelos de publicações eram propostos aos leitores:

- os *ocasionais*, publicados por ocasião de um acontecimento importante (e de um só): batalha, funeral de príncipe, festa, vida na corte,... de que fazem o relato;
- os *canards*, endereçados a um público popular, que fazem o relato de factos sobrenaturais, milagres, crimes, catástrofes naturais e de tudo o que diz respeito ao monstruoso, ao maravilhoso, ao extraordinário, muitas vezes ilustrados e escritos numa linguagem simples. Quer dizer:

o *faits-divers* e o sensacional, frutos naturais de uma imaginação mais ou menos fértil;

- os *libelos*, centrados na polémica religiosa, primeiro, e na polémica política, depois. Isto é: centrados na expressão de opiniões e no combate ideológico, sendo a agressividade e a exaltação condimentos muito apreciados.

Porém, até à revolução industrial *tout court* e à revolução industrial da imprensa no século XIX, entre os anos 1830 e 1860, a imprensa foi antes do mais um produto que: tinha como origem o meio intelectual, cultural e político, sobretudo; era produzido quase unicamente, e em todo o caso antes do mais, por uma única pessoa, que o redigia, compunha, paginava e comercializava; era destinado a um público de elite que sabia ler e se encontrava em condições financeiras de pagar o produto dispendioso que era o jornal.

Com a revolução industrial, os jornais vão, no entanto, progressivamente, por um lado, multiplicar a variedade de *assuntos* propostos, de modo a tentarem alargar o «leitorado» suscetível de se interessar pelo seu conteúdo e, por outro, baixar o *preço* de venda de modo a conseguir interessar um público financeiramente mais modesto e que antes não comprava jornais. O que implicaria, em fins do século XIX, início do século XX, o aparecimento de jornais com mais do que as habituais quatro páginas. Mas o que implicaria também a constituição de equipas redatoriais cada vez mais numerosas e especializadas.

Produzir um jornal vai, pois, ser, doravante, obra de uma equipa de indivíduos que se constituem como «*classe profissional*». E, como toda a profissão que, nos finais do século XIX, procurava afirmar-se como grupo social específico, as gentes da imprensa: partiram da criação de *mutualidades*, para favorecer a proteção social e médica do seu próprio grupo social; passaram depois a criar *sindicatos*, de modo a poderem impor-se mais facilmente perante o patronato e o poder político; e começaram de seguida a interrogar-se sobre a necessidade de um *ensino* específico do jornalismo, assim como sobre a necessidade de definir uma *deontologia* e uma ética profissionais.

As funções psicossociológicas

No fim de contas, foi por esta mesma altura que foi delimitada, definida, a *profissão de jornalista* e aquilo em que consiste finalmente o *jornalismo*. O que pode ser esquematicamente traduzido da seguinte forma:

- ir «para o terreno», para a rua, para as instituições, para as empresas e ver o que se passa, o que acontece de novo. Frequentar os homens e as mulheres da rua, confrontar-se com os seus problemas, com as suas experiências, com as suas opiniões. Falar com eles, ouvi-los, interrogá-los...;
- transcrever escrupulosamente os elementos de informação recolhidos e verificá-los junto de outros interlocutores, junto de outras fontes de informação e de documentação;
- operar uma triagem na massa de elementos de informação, reter os mais significativos e procurar construir um texto honesto ou sequência honesta em torno de um tema mais ou menos geral ou pontual, com a devida distância do autor do texto ou da sequência em relação aos atores, às testemunhas e aos próprios factos;
- hierarquizar textos e sequências em função de critérios elementares que são o do número de leitores, ouvintes ou espectadores a que o assunto poderá dizer respeito, assim como as maiores ou menores incidências que o assunto é suscetível de ter na vida quotidiana dos mesmos;
- procurar pôr os factos em perspetiva, analisá-los e, se necessário, tomar posição perante eles.

Ora, se estas são, digamos, as características de base da prática jornalística, houve uma evolução que se operou bastante cedo, digamos no último terço do século XIX, quando os *diários «de referência»* e os *diários «populares»* passaram a distanciar-se cada vez mais: na escolha dos *temas abordados*; nas *formas de tratamento* pela escrita, pela titulação e pela ilustração; e nos assuntos que passaram a «subir» para a *primeira página*.

Por outro lado, outras duas características distinguiam estes dois tipos de diários: a do *preço de venda* mais elevado dos diários «de referência», o que é ainda hoje o caso; e a do *nível das difusões* muito mais altos para os diários «populares» do que para os «de referência», o que foi geralmente o caso até aos anos 1950-70, sobretudo nos países da Europa do Norte, de tradição protestante. Mas hoje a erosão das vendas dos diários «populares» é muito mais acentuada do que a dos diários «de referência». E isto porque diversas funções psicossociológicas assumidas pela impressa «popular» passaram a sê-lo pela rádio e sobretudo pela televisão, e agora cada vez mais pela internet. Em contrapartida, a função de informação jornalística propriamente dita continua antes do mais a ser assumida pela imprensa «de referência», nas suas versões em papel ou em linha.

As constantes da História

Esta dupla tendência acentuou-se particularmente a partir dos anos 1970, com a proliferação das rádios e das televisões. Hoje, os conteúdos de qualidade em imprensa, em televisão e na internet, e de maneira menos visível em rádio, têm custos mais ou menos elevados para os leitores, ouvintes, espectadores e internautas. E há cada vez mais exemplos de média que vivem antes do mais das *vendas* e sobretudo das *assinaturas*, tendo a *publicidade* perdido bastante peso, nomeadamente depois da crise financeira iniciada em 2007-08, mas também porque já antes desta crise financeira os anunciantes tinham começado a dar preferência a outros tipos de ações de comunicação alheias aos «média tradicionais».

Por outro lado, os média que propõem conteúdos que são cada vez menos de natureza propriamente jornalística (no sentido forte da palavra), que se preocupam pouco com factos, perspetivação e análise destes factos, mas preferem propor distração, divertimento, relaxamento e sensações fortes aos seus leitores, ouvintes, espectadores e internautas, continuam a ser vendidos a baixo preço, por vezes mesmo a serem gratuitos. Vivem antes do mais da publicidade e de receitas cada vez mais ligadas à comunicação das empresas e das instituições, a patrocínios diversos e à comercialização complementar de produtos diversos (livros, discos, DVD e mesmo talheres ou serviços de loiça ou, num género totalmente diferente, organização de salões e colóquios, vendas de bilhetes para espetáculos,...).

Mas a verdade é que, no fim de contas, sempre foi assim, tanto no tempo das «notícias à mão» de antes da imprensa tipográfica e das primeiras publicações com caráter parajornalístico de fins do século XV, princípios do século XVI, como no da industrialização da imprensa:

- os meios dirigentes precisam absolutamente de uma informação de qualidade, «de referência», para continuarem a dirigir a sociedade e o mundo, para se manterem no poder (sejam quais forem a natureza e a amplitude deste poder). E, por isso, tanto ontem como hoje e amanhã estiveram, estão e estarão dispostos a pagar por essa informação;
- aqueles que não fazem ou não procuram fazer parte dos meios dirigentes contentar-se-ão com os conteúdos que lhe serão propostos, total ou parcialmente oferecidos pelas empresas e pelas instituições em busca de consumidores, as primeiras, e de eleitores, adeptos ou frequentadores, as segundas.

O que quer dizer que, se a imprensa, a rádio e a televisão têm ainda bons dias a viver no futuro, embora sejam levadas a reconceber-se tecnologicamente, a redefinir-se editorialmente, a reposicionar-se sociologicamente, como já fizeram em vários momentos das respetivas histórias, também o jornalismo (no sentido forte do termo) terá certamente o seu futuro garantido. E não serão os «robôs» que virão tomar o lugar dos jornalistas no que há de melhor no jornalismo: naquele que propõe aos cidadãos um valor acrescentado em termos de escrita, de factualidade, de perspetiva e de análise, de rigor, de honestidade e de independência...

Texto que serviu de base à comunicação no colóquio «Media hoje amanhã», no Instituto Politécnico de Leiria, a 22 de fevereiro de 2018.

32
Os média têm de saber resistir

Parece-lhe, à distância, que a liberdade de imprensa está ameaçada em Portugal? Como lê os últimos acontecimentos nesse âmbito?

Se por «liberdade de imprensa» se entende o direito de um jornalista aceder livremente às fontes de informação, tratar livremente a sua peça e levá-la livremente ao conhecimento dos cidadãos, não me parece que os condicionamentos em Portugal sejam maiores do que na generalidade dos países de Europa Ocidental. E, se entende por «liberdade de imprensa» o direito de um média criticar os «senhores do poder» (político, económico, social, cultural,...), então esse direito parece-me bastante mais elevado em Portugal do que na generalidade dos países europeus. Até porque os portugueses não são gente especialmente ponderada e cartesiana, caindo facilmente no exagero e na atitude puramente emocional. Serão os meios governamentais portugueses mais intervenientes no sector dos média? Como se os outros meios governamentais europeus não o fossem! Todo e qualquer poder procura interferir no processo de fabricação da informação. Os editores, os diretores e os jornalistas é que têm que saber resistir...

Qual é o panorama da liberdade de imprensa na Europa comunitária? Há países onde está ameaçada? Qual é a necessidade de promover uma Carta Europeia da Liberdade de Imprensa (assinada a 25 de maio do ano passado)?

Globalmente, a liberdade de informar é uma realidade nos países da Europa Ocidental. Embora os portugueses «idealizem» erradamente a situação. Muitas das insinuações e difamações dos média portugueses, por exemplo, dariam lugar a processo em tribunal e a condenação noutros países da Europa Ocidental. Há países onde a liberdade de informar está ameaçada? Não direi propriamente «ameaçada». Embora o caso de Silvio Berlusconi, primeiro-ministro e ator importantíssimo no sector dos média ponha problema. Repare, porém, que os meios financeiros e industriais controlam cada vez mais os grupos de média na Europa, não só em Itália, como em França, por exemplo. Quanto à Carta Europeia da Liberdade de Imprensa, ela nasceu da iniciativa de 48 diretores e responsáveis de redação da chamada Europa Central e da Europa de Leste, entre os quais 20 alemães, apenas um francês e um italiano e nenhum belga, britânico, espanhol, irlandês, neerlandês, suíço ou português, por exemplo.

Situações como a que ocorre em Itália, em que o chefe de Governo é também o detentor de grandes grupos de média, não colocam em risco a liberdade de Imprensa? Como é que se poderiam evitar tais situações?

O caso italiano põe de facto um sério problema, na medida em que o primeiro-ministro é proprietário do maior grupo audiovisual (com três televisões «em claro»), de um dos dois maiores grupos editoriais (tanto em termos de magazines como de livros), a sua família é proprietária de pelo menos dois diários, e, como primeiro-ministro, Silvio Berlusconi tem instalado os seus homens à cabeça do audiovisual público (só a televisão *RAI 3* lhe escapa ainda). O que não parece preocupar muito os responsáveis da União Europeia. E muitos dos jornais europeus estão mais preocupados com as ingerências de Hugo Chávez nos média venezuelanos do que com o facto de Berlusconi ter suscitado recentes mudanças de direção nos diários *Corriere della Sera* (primeiro diário italiano), *La Stampa* (terceiro), *Il Sole 24 Ore* (quarto e primeiro económico), *Il Giornale* (quinto) e *Avvenire*. Enquanto *La Repubblica* (segundo diário do país), que se lhe opõe frontalmente, é objeto de pressões públicas de Berlusconi no sentido de que os meios de negócios lhe retirem publicidade. As soluções para «evitar tais situações» são perfeitamente concebíveis, mas dificilmente aplicáveis no sector privado...

A emergência de grupos económicos transnacionais detentores de títulos em vários países não será uma condicionante dessa liberdade e, mais do que isso, atentatório da diversidade de perspetivas, visto que os conteúdos transitam de uns para outros e conforme os interesses específicos dos detentores dos títulos?

Até certo ponto, direi o contrário. Se se trata de grupos de média «puros» (como dizem os italianos), pertencentes a gente cujos interesses se situam antes do mais no sector dos média, a tendência é para dar uma grande autonomia aos média dos outros países. Repare na margem de manobra do espanhol Unidad Editorial (editor nomeadamente de *El Mundo*) em relação ao acionista a 96,43% que é o italiano RCS (editor nomeadamente do *Corriere della Sera*). O caso Rupert Murdoch constitui uma exceção a esta «regra», sendo os seus média obrigados a favorecer os interesses do grupo, o que explica a opção conservadora, depois trabalhista (no tempo de Tony Blair) e de novo conservadora dos seus média na Grã-Bretanha, e a hostilidade da *Sky Italia* em relação a Silvio Berlusconi, de quem era amigo antes de se encontrarem em posição de concorrentes!... Por outro lado, a circulação de conteúdos abre perspetivas socioculturais menos «nacionalistas»: o caso dos magazines femininos, exemplo de transnacionalização, é bastante significativo.

O modelo de negócio do jornalismo atual leva à concentração de meios e à rentabilização máxima dos recursos para responder à pressão dos acionistas. A salvação do jornalismo de qualidade poderá estar no modelo de negócio semelhante ao de Le Monde ou não tem viabilidade?

Le Monde é um belo exemplo de jornal de jornalistas, em que estes controlam o capital da sociedade de edição e elegem o diretor. Só que o modelo tem também as suas fraquezas: o regime de «assembleia-geral» enfraquece muitas vezes a capacidade de decisão dos gestores da empresa. Para além de que *Le Monde* sofre desde sempre de um problema de subcapitalização, não sendo os jornalistas propriamente um meio de gente endinheirada, capaz de investir numa sociedade de que são acionistas e empregados...

Há países onde os média declaram o seu posicionamento editorial, designadamente do ponto de vista ideológico. Essa fórmula não será mais coerente e, até, benéfica para a proteção dos próprios jornalistas e para a clareza da escolha dos consumidores? Por que é que em Portugal essa tradição não existe, e todos se declaram isentos e equidistantes?

Não direi que «declaram» mas que assumem. Mas toda a gente sabe que *La Repubblica*, *El País*, *Le Monde*, *The Guardian* ou a *Süddeutsche Zeitung* se situam à esquerda ou no centro-esquerda. E que o *Daily Telegraph*, o *Corriere della Sera*, *Le Figaro*, a *Frankfurter Allgemeine* ou *El Mundo* se situam à direita ou no centro-direita. Até porque o leitor gosta de se sentir confortado nas suas opções e inserido numa dada área de sensibilidade sociocultural. Em Portugal, a ideia dominante é que os média têm de ser «pluralistas». Isto é: um «colunista» com uma «opinião» e outro com uma «opinião» exatamente contrária no mesmo número, na mesma emissão! Lembrar-se-á do *Expresso* com «editoriais» (editoriais!) de José António Saraiva, diretor, que iam num sentido, e de Vicente Jorge Silva, director-adjunto, que iam no sentido oposto! Esta falta de coluna vertebral, de identidade, constitui um grave erro de mercadologia [*marketing*]. Mas Portugal é Portugal!...

Entrevista realizada por escrito (por correio eletrónico) tanto em termos de perguntas como de respostas.

Edição original: «Os média têm de saber resistir», in *Jornal de Notícias* [caderno especial de oito páginas (33-40) consagrado à liberdade da imprensa], Porto, 14 de fevereiro de 2010, p. 40.

J.-M. Nobre-Correia nasceu no Fundão, mas residiu em Bruxelas de 1966 à 2012. Mediólogo e politólogo de formação, foi sucessivamente investigador, assistente e professor em Informação e Comunicação na Université Libre de Bruxelles (ULB), de 1970 a 2011, onde foi presidente do Departamento de Ciências da Informação e da Comunicação (1986-1989) e diretor do Observatoire des Médias en Europe (1993-2011). Paralelamente, foi professor convidado na Université Paris II (1996-2006), professor visitante na Universidade de Coimbra (1996-2001) e membro do conselho científico do Europäisches Medieninstitut, de Dusseldórfia (1995-2004).

Foi diretor do mensal *Média Marketing/Média Magazine* (Bruxelas), coordenador da redação europeia da revista trimestral *Médiaspouvoirs* (Paris) e membro dos conselhos editoriais das revistas trimestrais *Telos* (Madrid) e *Infoamérica* (Málaga). Foi secretário de redação da revista mensal político-cultural *Mai* (Bruxelas) e é membro, desde a origem (em 1997), do coletivo editorial da revista bimestral/trimestral *Politique* (Bruxelas).

Depois de ter assumido uma crónica regular sobre a informação, a comunicação e os média (1983-1993) nos magazines bruxeleses *Pub, Média Magazine, Trends Tendances* e *Le Vif-L'Express,* foi cronista semanal nesta mesma matéria nos portugueses *Público* (1990), *Expresso* (1994-2002) e *Diário de Notícias* (2008-2014).

Autor de mais de 1300 publicações (entre livros, capítulos de livros, artigos científicos e crónicas especializadas) sobre informação, comunicação e média em sete línguas diferentes.

Principais obras como autor único

A Cidade dos Média, Porto, Campo das Letras, 1996, 250 p.

Théorie de l'Information journalistique, 21.ª edição, 2 vol., Bruxelas, PUB, 2010, 397 p.

Histoire des médias en Europe, 12.ª edição, 2 vol., Bruxelas, PUB, 2010, 400 p.

Socio-économie des Médias en Europe, 11.ª edição, 2 vol., Bruxelas, PUB, 2011, 523 p.

Teoria da Informação Jornalística, Coimbra, Almedina, 2018, 362 p.

Média, Informação e Democracia, Coimbra, Almedina, 2019, 362 p.

História dos Média na Europa (em preparação).

Principais obras como coautor

Pouvoir persuader, Bruxelas, UNMS, 1973, 156 p.

Significations de la Publicité, Liège, Université de Liège, 1974, 154 p.

Information et Media, Bruxelas, MCF, 1979, 352 p.

Visages changeants de la Presse écrite, Bruxelas, 1987, 192 p.

Le Guide de la Presse, 7.ª edição, Paris, OFUP, 1990, 1 200 p.

François Féron e Armelle Thoraval (org.), *L'État de l'Europe*, Paris, La Découverte, 1992, 652 p.

Los medios en la construcción de la unidad europea, Madrid, Fundesco, 1993, 144 p.

News Media and European Unity, 2 vols., Madrid, Fundesco, 1993, 64 + 72 p.

Mário Mesquita e José Rebelo (org.), *O 25 de Abril nos Média Internacionais*, Porto, Afrontamento, 1994, 310 p.

Le Guide de la Presse, 8.ª edição, Paris, Alphon, 1994 ,1084 p.

Comunicación social 1994 Tendencias, Madrid, Fundesco, 1994, 336 p.

Anne-Marie Le Gloannec (org.), *L'Etat de l'Allemagne*, Paris, La Découverte, 1995, 440 p.

Miquel de Moragas Spà e Carmelo Garitaonandía (org.), *Decentralization in the global era*, Londres, John Libbey, 1995, 234 p.

Hugues Le Paige (org.), *Le désarroi démocratique*, Bruxelas, Labor, 1995, 304 p.

La Presse pouvoir en devenir, Bruxelas, Éditions de l'Université de Bruxelles, 1996, 318 p.

Relire l'exclusion, Bruxelas, Éditions de l'Université de Bruxelles, 1997, 148 p.

Avril en portugais, Bruxelas, Vrije Universiteit Brussel, 1997, 114 p.

Bernt Stubbe Østergaard (org.), *The Media in Western Europe*, Londres, Sage, 1997, 274 p.

Miquel de Moragas Spà *et al.* (org.), *Televisión de proximidad en Europa*, Bellaterra, Universitat Autónoma de Barcelona, 1999, 428 p.

Miquel de Moragas Spà *et al.* (org.), *Television on your doorstep*, Luton, University of Luton, 1999, 452 p.

Media, jornalismo e democracia, Lisboa, Livros Horizonte, 2002, 140 p.

Le Guide de la Presse, 9.ª edição, Paris, Alphon, 2002, 1 210 p.

Le Nouvel état de l'Europe, Paris, La Découverte, 2004, 216 p.

O Novo estado da Europa, Lisboa, Campo da Comunicação, 2004, 296 p.

Rafael Quirosa-Cheyrouze y Muñoz (org.), *Prensa y democracia. Los medios de comunicación en la Transición*, Madrid, Biblioteca Nueva, 2009, 412 p.